21世纪通识教育系列教材
21st Century Textbooks of General Education

法科生职业生涯规划

Career Planning for Law Students

主　　编 ◎ 石经海
副 主 编 ◎ 张伟莉　张　亚
编写人员 ◎（按姓氏笔画排序）
石经海　申晓敏
张　亚　张伟莉
罗丽琳　夏　璇

中国人民大学出版社
· 北京 ·

出版说明

随着信息时代的来临、经济全球化的深入与文化软实力竞争的加剧，重视大学生人文素养与创新能力的培养，提升大学生的综合素质，已成为各国教育改革与发展关注的重点和热点。人们越来越意识到：高等教育不仅要培养大学生良好的专业素质，更重要的是使得他们在走向社会之后拥有长足的自我拓展能力。只有以宽口径、厚基础、复合型为人才培养目标，才能更好地提高我国高等教育的质量，培育出适应现代社会需求的具备公民意识、社会责任感与创新精神的优秀人才。

从中外大学通识教育的实践来看，通识教育是一项系统工程，而课程体系建设始终是推进通识教育的核心任务，教材建设则又是其中的重要环节。为满足广大高校师生对高质量通识教育教材的需求，中国人民大学出版社组织多学科、多领域的专家学者，在广泛调研与深入研讨的基础上，组织编写了这套“21世纪通识教育系列教材”，为推动高等学校通识教育教材建设进行了努力的探索。

本套教材分为人文、政法和经管三大板块，定位为非专业统开课教材，突出“通识”的特色，强调内容阐释的“基础”和“宽度”，力求突破单纯的“专业视域”或“知识视域”，引导学生调整知识结构，拓宽文化视野，以达成人才培养效果上的“宽度”，从而实现高等教育培养复合型人才的目标。

本套教材中的每一本均由该学科领域有影响力的专家学者领衔编写。通识教材的“基础”与“宽度”，需要特别重视教材纲目与内容的适用性、可拓展性和灵活性。唯有在该领域具有丰富教学经验及精深学术水准的名家，方能“取精用弘，由博返约”，编写出体现“通识”特色的高水平教材。

本套教材形式与内容和谐统一，教材内容基础适用，语言简洁生动，并辅以典型、有趣的案例、图表，轻松活泼的栏目和插图等，图文并茂，引人入胜，照顾到青年学生群体的阅读习惯。

作为出版者，我们特别希望通过加强通识教育教材建设，推进高校课程体系的融会贯通，提高学生跨学科、跨文化的理解能力，为学生未来的职业生涯与人生发展奠定良好的知识和能力基础。这套通识教育系列教材只是开始，期望更多的专家学者共襄此事，推进通识教育教学的改革与发展。

中国人民大学出版社

前 言

开启规划的大学生涯，启程掌控的职业人生

“是金子在哪都发光”，大学生的使命就是把自己打造成“金子”。这是大学生获得良好就业与职业发展的真理所在。为此，2007 年 12 月教育部颁发了《大学生职业发展与就业指导课程教学要求》，以指导大学生的就业与职业发展。各相关出版社因此组织编写了不下 20 本相应的教学用书，不过，尚没有针对法科生的。为填补这个方面的空白，助推法科生的生涯成长与职业发展，中国人民大学出版社于 2021 年组织我们编写了这本《法科生职业生涯规划》，旨在针对法科生在学习、就业与职业方面的特点与问题，帮助法科生做好自己的大学生涯及就业与职业发展规划，思考和践行如何把自己打造成“金子”。

因此，本书的编写，既注重法科生在大学生培养、就业与职业发展上的共性，又注重其个别性。注重个别性，不仅是因为法科生要肩负国家法治使命，而且是因为我国当前法学专业的**学生体量大**（全国 1/3 以上高校设置了法学专业，与汉语语言文学一起成为学生数最多的专业之一）、**就业门槛高**（公、检、法机关招录的人员不仅要通过公务员考试和法律职业资格考试，而且原则上要有基层工作经历）、**素质要求高**（代表国家履行法治职责和解决复杂的矛盾纠纷等问题，需要有很高的政治素养、扎实的专业功底，较强的表达能力、创新能力和组织协调能力）、**职业成就感强**（有些法律职业代表国家履行公平公正职责，解决复杂的矛盾纠纷，属于社会公众心目中的“高大上”工作）和**就业观念偏**（部分法科生认为就业和职业须与专业对口，若不是从事法律工作，特别是法检的司法工作，就是专业不对口，所学专业就“白学了”）。正因为如此，法学专业学生的在学要求高、就业竞争大。那些达不到以上要求和就业观念不合时宜的学生，必定要么找不到理想的工作，要么因不适应职业而反复地换工作，从而不仅让法学专业成为“红牌”专业，而且很难让这些学生成长为“职业精英”。

本书的编写思路是以当前法科生较为普遍存在的“生涯迷茫与就业挑战”为问题导向，以我国深入推进全面依法治国的大环境和新时代国家经济社会发展对法治人才培养的新需求为政策指导，以法科生在职业发展上所需的坚定理想信念、扎实专业功底、良好表达能力、必要创新能力和较强协作能力等要素（以下简称“法科生职业精英要素”）为内容统揽，以能切实帮助法科生作出有启发、能指导、可操作的有效生涯规划与职业

选择及职业发展为编写目标，从而帮助法科生在生涯规划与职业发展中查找问题、端正理念、明确目标、顺利成长。

关于本书的使用，需要首先明确，我们不能用老眼光来看待法学专业、法科生就业和法律职业。在我国尚处于“劳务大国”和高等教育还只是满足国家经济社会发展的“技术需要”和“人数要求”的年代，专业确实在很大程度上需要与职业对接即专业对口，学什么专业最好就从事什么职业，所谓的高等教育，在很大程度上承担着职业部门尚难以实现的“职业技术培训”任务。然而，随着我国社会治理和国家治理从“管理”向“治理”以及从我国“劳务”“制造”大国向“技术”“创新”大国的转型，我国的高等教育也需从基础性高等教育“大国”向技术型、创新型高等教育“强国”转型，从传统的注重“升学率”“覆盖面”“专业对口”的规模发展，向当今基于经济社会发展重大战略需求的新文科、新工科等复合型学科建设和“立德树人”“专业功底”“学习能力”“创新能力”等素养型内涵建设转变。如此“转变”后的专业人才培养，并非就一定要求就业与职业对口。就法学专业而言，新时代培养的法科毕业生，不仅要能胜任在国家机关（立法机关、监察机关、行政机关、检察机关、审判机关等）、企事业单位、社会团体、国际组织等中的法律工作，也要能胜任具有同样职业精英要素要求的相关非法律工作。

本书在编写中，编者总结提炼了西南政法大学的一些可供本校学生弘扬和其他高校学生借鉴的精髓与经验。西南政法大学是改革开放后国务院确定的 88 所全国重点大学之一的唯一一所政法类全国首批重点大学（1978 年），长期恪守“博学、笃行、厚德、重法”的校训，坚持“教学立校、人才兴校、科研强校、依法治校”的办学理念，逐步凝练出“心系天下、自强不息、和衷共济、严谨求实”的西政精神，全面贯彻党和国家的教育方针，突出“务实教育、论辩文化”的人才培养特色，故被誉为法科人才培养的“黄埔军校”。其中，在以本为本的人才培养上，西南政法大学坚持将育人理念、育人目标、育人方法和育人资源融为一体，将“品格教育优位”“培养目标定位”“教学方法对位”“平台建设升位”合为一体的人才培养模式，通过整合与优化校内外、境内外、课内外和线上线下资源构建协同育人共同体，拓展实践教育基地，统筹运行多层次实训项目，建立多元竞赛训赛体系，着力参与式论辩文化建设，为新时期法治人才培养提供全方位、多元化的保障，以适应国家治理体系和治理能力现代化对法治人才的新需求。此一模式，于 2018 年获得国家级教学成果奖二等奖。应当说，以上人才培养的探索与发展，是可供全国法律院校共同弘扬的法治人才培养与职业发展的共享资源。

本书编写人员具有满足以上编写需求的多元性。其中，主编石经海，现为西南政法大学法学院教授、博士研究生导师、刑法学科带头人，曾任中国法学教育研究会理事、教育部本科教学工作审核评估专家、重庆市高等教育教学管理专家、重庆市高等教育教学改革研究项目骨干专家，长期坚守教学一线为本科生讲授多门课程、领衔本科课程改革、指导本科生创新项目研究，并曾于 2010—2018 年担任西南政法大学法学院副院长、校教务处长、本科招生办公室主任、创新创业学院院长等职，有着丰富的主管与探索本科和研究生培养管理等工作经历；副主编张伟莉，现为西南政法大学民商法学院党委书记、教授、硕士研究生导师，曾先后担任西南政法大学校团委书记、研究生工作部部长，长期从事思想政治教育、学生管理、学生就业等工作；副主编张亚，现为西南政法大学法学院党委书记，GCDF 全球职业规划师、BCC 全球生涯教练，历任西南政法大学学生就业指导中心副主任、学生工作部副部长、学生就业指导服务办公室执行主任等；编写组成员罗丽琳，现为西南政法大学思政政治教育专业教授、硕士研究生导师，长期担任本科生和研究生辅导员，有着丰富的人才培养和就业指导经验；编写组成员申晓敏，现为西南政法大学马克思主义学院副教授、硕士研究生导师，主要从事高校思想政治教育、大学生职业规划与发展的教学和研究，长期担任本科生和研究生辅导员，有着丰富的职业发展规划教学经验和就业指导经验；编写组成员夏璇，现为西南政法大学法学院副教授、硕士研究生导师，既是民事诉讼法和司法文书专业的一线教师，也潜心于学生的创新项目研究指导和就业指导。

本书由主编石经海提出编写思路，经全体编写人员多次会商，并与相关司法机关、企业人事招聘资深人员座谈交流后，由各编写人员执笔完成相应章节的编写，最终由主编石经海统稿及与副主编张伟莉、张亚共同审定。具体编写分工为：张伟莉合作执笔编写第一章，夏璇合作执笔编写第一章和第二章部分内容，石经海合作执笔编写第二章和执笔编写第三章，申晓敏执笔编写第四章和第六章，罗丽琳执笔编写第五章，张亚执笔编写第七章。

在编写过程中，我们参阅了诸多相关文献资料，也借鉴了诸多著述的精华和全国各政法院校在法科生培养、就业等方面的经验做法。在此，我们一并向相关专家、相应高校深表谢忱。同时，由于我们的编写视野所限，书中存在的疏漏与不当之处，谨请广大同学和同仁批评指正。

编　者

2022 年 4 月于重庆

目 录

第一章
法科生的大学生涯迷茫与就业状况

第一节　法科生的大学生涯迷茫

一、专业的迷茫

近些年来，一方面，法学专业是文科生的考研热门专业，报录比居高不下；另一方面，法学专业的就业率又持续低迷，连年成为就业红牌专业。这种“冰火两重天”的情形，在困扰法学教育的同时，也成为法科生在大学生涯的最大迷茫。

（一）法学专业面临严峻的就业形势

1. 法科毕业生规模日益扩大

自2006年起，我国高考报考人数已经连续16年保持在900万以上，其中2020年更是高达1 071万。而近10年，我国高考录取率均保持在70%以上的比例。这标志着我国已从高等教育大众化阶段正式进入普及化阶段，也意味着将产生庞大的高校毕业生群体。高等教育的普及化不仅仅体现在规模和数量的变化，还需要有与普及化相适应的新教育观。我国政府部门、教育界到社会公众，包括大学生本人，他们的教育观还停留在精英教育阶段，由此导致高等教育的结构和质量与社会需求脱节、高校毕业生就业期望和社会现实脱节。社会的教育焦虑并没有因高等教育普及化而缓解，甚至随着严峻的就业形势而加重。法学专业就是这个严峻就业形势的典型代表。在过去较长的一段时间内，法学专业无论是以法官为代表的传统就业单位，还是近年来以律师为代表的新兴就业单位，被过多地赋予了“权力”和“金钱”的色彩。这为毕业时不恰当的就业选择，埋下了观念上的伏笔。

2. 法科毕业生规模和市场需求之间存在结构性供需差异

法学专业是高校较为普遍开设的专业。据不完全统计，目前，有近700所高校开设了法学专业。各个专业的毕业生人数因高校的专业设置情况和规模不同而有所差异，虽然教育部门和高校一直注重专业的动态调整，但总有一定的滞后性，难以和快速变化的市场需求保持一致。法学专业的毕业生规模随着高考人数、招录人数的增加而不断增加，就业竞争日益激烈。

根据专业调研机构麦可思公司每年发布的《中国大学生就业报告》，法学专业在最近几年均被列为红牌专业。红牌专业指的就是失业率较高，就业率、薪资和就业满意度综合较低的专业。同时麦可思公司也会公布当年的绿牌专业，比如2020年本科就业的绿牌专业包括：信息安全、软件工程、信息工程、网络工程、计算机科学与技术、数字媒体艺术、电气工程及其自动化。绿牌专业则是指失业率低，就职率和就业综合满意度较高的专业，多数为需求增长型的专业，无论是从前景还是“钱景”来看都很不错。这些专业就普遍受到企业的欢迎，人才市场尚未饱和，学生的就业率通常较高。

3. 人工智能的冲击

互联网冲击所导致的职业结构更迭也为就业带来不小的压力。据《英国金融时报》报道，随着互联网技术的发展，人工智能正在取代初级律师等基层岗位，人工智能技术已经造成法律行业约3.1万份工作流失，有39%的法律岗位是未来20年里可能被裁员的“高危岗位”。企业也在加紧削减法律服务的开支成本，律师事务所的商业模式开始承压，与此同时，有相当一部分的律师事务所已经引进智能机器，来完成低级别律师的重复性工作。2018年9月，京东举办“法律智能一起改变未来——京东法律机器人发布会”，京东法务首款智能产品“法咚咚”正式发布。虽然不少专家都认为人工智能尚不能完全取代律师，但都承认人工智能会让法律行业产生巨大的改变。

毕业人数多、就业率低、人工智能冲击力大等客观因素，使“法学专业的毕业生毕业即失业”成为共识，进而法学专业被大家列入高失业风险类专业。由于法学专业学生面对就业率持续走低的就业困境，因而他们相较于其他专业学生通常承受着更为巨大的社会就业压力。就法科生而言，本就处于人生观、价值观和世界观形成期，更是站在人生的十字路口，对大学生涯会充满更多迷茫。

（二）法学专业是否应在就业时坚守

所谓专业是指一个人在某个领域所擅长的知识或能力。专业匹配度指的是毕业生个人专业与就业岗位的匹配程度，专业匹配度关乎人才资源是否得到合理分配和最大限度的发挥。

1. 法学专业情结坚守与选择的迷茫

大学生普遍有着“专业”情结。一方面，专业是填报志愿时的重要衡量因素，一定程度上代表着学生的兴趣特长和职业规划；另一方面，4～5 年的相关专业课程体系的浸润使学生产生不舍情绪。特别是在新高考改革的背景下，“专业+学校”的录取模式使学生以专业填报志愿。这种打破原来录取批次、设定高校录取等级的模式将更加强调专业建设，将使学生更早、更深建立专业情结。

法科生更为浓厚的专业情结影响着就业。与其他专业学生相比，法科生有着更为强烈的专业情结。法科生普遍会在毕业前参加国家统一法律职业资格考试，因为不只是担任律师、法官、检察官、公证员需要通过该考试，担任从事行政处罚决定审核、行政复议、行政裁决的工作人员，以及法律顾问、法律类仲裁员也需要参加并通过该考试。该考试也因考试内容庞杂、通过难度大、考生人数多等原因被考生戏称为“天下第一大考”。这种备考和参考经历会成为法科生的独特学习经历和印记，也强化了他们的“法学”专业基因思想，使其在就业中更坚持选择与法律相关的行业或岗位。

然而，对专业的坚守在就业现实面前极易碰壁。据《2019 年中国大学生就业报告》研究显示，2018 届的毕业生中，工作与专业相关度较高的专业分别为：医学、教育学、文学、工学，工作与专业相关度较低的专业分别为：管理学、法学、经济学、农学。其中，医学学科的毕业生，其工作与专业相关度为 93%，为所有专业中的最高水平。农业学科毕业生所从事的工作与专业相关度最低，仅为 57%。而法学专业位列两者间中等偏下水平，即其毕业生所从事的工作与专业相关度为 65%，排行倒数第三。

因此，对法科生来说，一面是倾之以情感的专业，另一面是不以个人意志而转移的就业市场现实，何去何从成为法科毕业生尤其是本科生心中的迷茫。

2. 法学专业岗位需求与就业市场岗位供给的错位

根据“前程无忧”发布的《2022 年春节后才市供需行情》数据，2022 年 2 月 7 日—2 月 16 日期间，在“前程无忧”上的日均社招岗位超过 400 万个。但新增职位发布量位居前五名的行业是电子技术/半导体/集成电路、计算机软件、机械/设备/重工、互联网/电子商务和建筑/建材/工程。其中，电子技术/半导体/集成电路行业的节后（2月7日—2月16日）新增岗位发布量超过6.7万个，计算机软件行业新增超过6.4万个，机械/设备/重工行业新增超过6.1万个，互联网/电子商务行业和建筑/建材/工程行业均新增超过4.4万个。而从岗位需求来看，靠近企业业务前端的岗位仍呈现较大的招聘需求，虽然局部疫情对于人才流动性产生一定影响，但2022年春节后销售和销售管理岗位和往年同期呈现出相同的需求特征，即缺口较大，覆盖到各行各业和各区域。“前程无忧”发布的同一份数据报告显示，职位发布量前二十名的行业节后新增发布职位中，销售人员的招聘总量达到7.6万个，平均每3个招聘岗位中就有1个为销售或者销售管理类工作。

此外，根据中智咨询发布的调查报告显示，2021年科技型企业人才需求持续扩张，九成企业在2021年有校招需求；科技型企业热门技术和紧缺岗位人才，例如AI、大数据、算法、智能硬件、云计算等热招岗位，薪酬水平每年的涨幅高于行业平均涨幅。

2020年，因为新冠肺炎疫情对全球经济、生活的普遍影响，就业市场也受到极大的冲击，就业需求的方向和数量都相应发生变化。根据人社部官网发布的2021年第四季度数据，在全国“最缺工”的100个职业中，营销员、餐厅服务员、商品营业员、车工、家政服务员、保安员、包装工、客户服务管理员、保洁员、快递员排行前十名。

不难发现，无论是在当前就业市场的发展大趋势中，还是在后疫情时代，法学专业的岗位都不在社会急需岗位的范围内。一方面，如果坚守专业，必然面临着“僧多粥少”的激烈就业竞争，有限的岗位仅能提供给部分毕业生；另一方面，金融、贸易等需求量大的岗位也是欢迎法科生的，但选择与法学专业相关度较弱的领域在他们的观念中通常意味着对专业的舍弃。面对专业和社会的错位，是否坚持专业匹配成为影响法科生就业的重要因素。

二、毕业去向的迷茫

大学生的毕业去向通常包括升学（含境外留学）、就业、参军入伍、自主创业、灵活就业等几种选择，这几种情况也是教育部门、人社部门统计就业率的常用口径。总体而言，面临就业与升学两个大方向的选择时，到底是该工作还是考研？这是目前大多数法科生面临的第一个选择迷茫。

（一）“哪个好”的去向迷茫

“升学好还是工作好？”这几乎是每一个法科生都会在毕业前夕甚至一入学就会思考和询问的问题。而事实上，没有人能够直接给出一个标准答案，法科生会凭借网络、媒体、课堂、亲友等各种途径反馈的信息作出主观判断，“升学好”则成为日趋一致的看法。

1. 升学深造成为越来越多毕业生的主流选择

2019 年 2 月 26 日教育部发布信息称，中国已建成了世界上规模最大的高等教育体系，高等教育毛入学率达到 48.1%，中国即将由高等教育大众化阶段进入普及化阶段。这个数据意味着中国接受大学教育的在校人群接近同年龄段人口的一半，意味着高等教育的“温饱问题”已经得到解决，追求更高层次的教育成为大学生的主流选择。据麦克思研究公布的数据，近两年，“双一流”高校本科毕业生高升学率表现更为突出，升学率超过 50%以上的 27 所高校中，一流大学建设高校就占了 21 所，如表 1-1 所示。

表 1-1 2018 年国内部分“985”大学的本科毕业深造率①

重点大学	本科毕业生数	国内升研比例	境外留学比例	合计深造比例
清华大学	3 025	52%	26.3%	78.3%
北京大学	2 693	44.2%	30.3%	74.5%
浙江大学	5 774	37.4%	22.9%	60.3%
上海交通大学	3 510	41%	26.3%	67.3%
复旦大学	2 599	37.6%	31.7%	69.3%
华中科技大学	6 837	43.7%	14%	57.7%
南京大学	3 047	40.4%	22%	62.4%
中山大学	6 970	33.3%	18.2%	51.5%
武汉大学	7 015	40%	20.1%	60.1%
西安交通大学	3 736	49.2%	12.8%	62%
四川大学	8 988	32%	10.6%	42.6%
山东大学	6 157	40%	9%	49%
厦门大学	4 370	29.7%	16.5%	46.2%
吉林大学	9 960	38.3%	7.2%	45.5%
湖南大学	4 690	31.8%	14.1%	45.9%
兰州大学	4 473	37.6%	5.6%	43.2%

2. 升学给学生就业带来的双重影响

一方面，高学历带来相对较高的收入和就业满意度。《2020 年中国大学生就

① 数据来源：中国教育在线网站。

业报告》指出，升学在对大学生就业起到分流与缓冲作用的同时，持续为中国产业链稳定发展提供人才支撑。该报告显示，大学毕业生升学比例持续上升。本科生国内读研比例从2015届的13.5%上升至2019届的15.2%，高职毕业生读本科的比例从2015届的4.7%上升到2019届的7.6%。学历提升带来的教育回报随着时间延长而显现。以读研人群为例，2014届本科生毕业五年内获得研究生学历人群的平均月收入（10 408元）明显高于未读研人群的平均收入（9 683元）。另一方面，毕业时间差也可能使升学深造的目的受到影响。部分毕业生是为了达到特定的就业门槛而选择升学，但就业市场随着社会经济发展而快速变化，可能致使深造毕业时心仪单位的入职条件也已经发生变化，升学初衷难以达成。

（二）“哪个好”的标准迷茫

1. 人才高消费现象使“哪个好”的标准有单一化倾向

随着高等教育的普及，本科学历在就业市场上已经不再鲜见，“人才高消费”成为中国就业市场上的常见现象，各高校的《毕业生就业质量报告》显示，作为中国就业市场举足轻重的大雇主民营企业，比如华为、BAT、网易等，往往把招聘重点放在硕士、博士毕业生上面。法科生的就业市场同样存在类似现象，以律师行业为例，虽然法学本科毕业生参加并通过法律职业资格考试即可获得法律职业资格证，就可以申请成为执业律师，但在实际生活中，相当一部分律师事务所均把招聘的入门门槛定为“硕士研究生”，这事实上限制了法学本科生的毕业选择，也迫使部分毕业生仅仅就是为了达到特定的就业门槛而投身考研大军。

2. 就业市场释放的信号使“哪个好”的标准表象化

本科毕业生无论是选择升学还是就业，最终都要面向就业市场接受检验，以寻找到一份心仪的工作实现个人价值和社会价值。因此，学生更易于通过分析就业市场释放出来的信号进行个人毕业抉择，而这个信号通常都是由用人单位所罗列的岗位聘用条件而释放。当前，人才消费市场释放出的高学历信号直接消减了学生的就业意愿，继而选择加入逐年增长的考研大军以提升自身入职匹配度。2018年研究生报考人数为238万，2019年研究生报考人数达到了290万，2020年考研人数为341万，2021年达到了377万，创下了历史新高。近10年，考研人数持续上涨，每年保持10%的上涨幅度。2020年9月，教育部、国家发展改革委、财政部发布《关于加快新时代研究生教育改革发展的意见》，明确提出扩大研究生招生规模，随之诸多高校纷纷增加研究生招生名额，这更增强了法科生的升学意愿。

事实上，职业发展的决定性因素肯定不是岗位聘用时的门槛条件，而是毕业生自身素质和能力。《2020 年中国本科生就业报告》指出，根据麦可思研究院跟踪调查的数据显示，学生在毕业 3 年和 5 年后反馈的信息表明，有四成以上的毕业生认为对职位晋升帮助最大的是课上所学的知识和技能以及课下自学的知识和技能。但是由于大学生在读期间很难透过复杂的就业市场进行综合分析，因而容易被较为简单和表面的形式条件所引导。

直接就业还是升学，两个毕业选择并没有对错之分，也没有标准答案。但是无论是选择直接就业还是选择升学，都要有自己清晰的目标和坚定的信念，目的都是更好地在未来发挥和实现自我价值，学历并不是目的而只是提升的途径。

三、大学生涯的规划迷茫

规划，是个人或组织制定的比较全面长远的发展计划，是对未来整体性、长期性、基本性问题的思考和考量，并设计整套行动的方案。相较于中小学而言，规划不仅需要，并且对大学生的成长发展和未来的职业发展有着非常重要的作用。

（一）学业规划的迷茫

学业规划是通过求学决策与学业管理来实现和完成的，其中，求学决策是指求学者对下一阶段学习专业、学校与方式的选择，而学业管理则是通过学生对自己的学习计划与安排完成学业，进而顺利实现自己的阶段性职业或事业目标。

1. 学业完成方式发生转变

根据《法学类教学质量国家标准》（教高厅函〔2021〕17 号），法学类专业基本学制为 4 年，各高校可实行弹性学制，完成各专业培养方案规定的课程和学分要求，考核合格，即准予毕业。由此我们可以看出，大学和中小学在学习安排上有着较大的差异，不再像中小学按部就班的由学校安排学习科目、教材、教师和学习进度，尤其是实行选课制的大学，学生拥有一定范围内安排自己大学期间学习进度、时间、课程等的自由。但是对从未有过类似经历的大学新生而言，如何选课、课程内容是什么、授课老师是怎样的等通常都是最为集中的疑问。

近年来，不少高校在推动学分制改革。学分制是用学分计算教学量和学习量，通过绩点和学分衡量学生学习质量的教学管理模式。如西北大学2018级新生全面实施学分制，学生学习年限变为3至6年，可定制个性化学习计划，自由选择学习专业、课程和教师。学分制改革更加突出以学生为主体，鼓励学生根据自己的兴趣和规划来制定学习方案，在最大限度上激发学生的主观能动性。同时，在全面实施学分制的背景下，学生提前或延后毕业将是常态，整个大学生涯的灵活性大大增强，这对大学生的规划统筹能力也提出了更高的要求。

2. 对专业的认知缺乏

对专业的概念，学生们通常是在高考填报志愿时才开始初步了解，而大学学习生涯的开启通常和专业知识的学习密切相关。而专业是什么？自己所学的专业要学习什么？我所学的专业未来能够做什么？这对学生而言通常是模糊和抽象的。

认知引导行为，对专业模糊甚至可能偏差的认知会影响学习的行为。不了解所学专业的培养目标、课程内容和就业方向，就谈不上对自己未来想从事职业进行综合分析，更无法对大学期间为了达成学业目标、有针对性地做好职业准备作出规划。

3. 对自身的认知缺乏

学业规划的前提或者说第一步就是清晰地认识自我，了解自己的能力特长、兴趣爱好，进而确定目标定位和未来的发展方向。当然，自我认知，是可以通过一定的方法和工具进行的，但是目前我们的中小学甚至大学并没有将这一点作为学校教育的必需内容，学生普遍对自我认知的重要性缺乏了解。有些学生在大学阶段会产生厌学情绪或者找不到好的学习状态，通常和自我认知的缺失有着密切关联。要想学得好，需要你先了解自己，认清自己的需要，确定自己的学习目标和学习方式。没有清晰的自我认知，就不可能有正确的学习行为，也就不可能形成强大的学习能力。自我认知影响着学习的针对性和有效性，可以说自我认知不足是最大的学习障碍。

（二）职业规划的迷茫

职业生涯规划，是指个人对职业的选择、职业的适应和职业的发展所进行的设计和规划。[①] 对大学生进行职业生涯规划，旨在帮助大学生定位、定向、定点、

① 谭忠. 大学生职业生涯规划与发展. 北京：高等教育出版社，2013：12.

定心、定志[①]，依据自身综合条件最大化的发挥主观能动性，实现个人发展。

1. 高校职业生涯规划指导不够

近年来，高校日益重视对学生职业发展规划的相关指导和服务。2009 年首届全国大学生职业生涯规划大赛举行，各省市同类比赛也相继推出，意在通过比赛引导学生普遍树立职业规划的主动性和积极性。各高校也纷纷设立“职业生涯规划指导”“就业指导”等课程，成立大学生职业生涯规划指导中心，为学生提供各类职业测评工具等，以强化大学生的职业规划意识。但是，从《2020 年中国本科生就业报告》中毕业生对母校求职服务的满意度测评可以看出，高校虽然开展了较为广泛的“职业发展规划”服务（42％的受访毕业生表示参与过），但是从有效性来看，该服务的有效性（72％）在各类求职服务中排名靠后，学生对职业规划的迷茫尚未能通过就业指导得到普遍良好的解决。

2. 认识短板带来就业准备不足

由于缺乏对职业生涯规划重要性的认知，不少学生把就业作为毕业年级才考虑的事情，使就业和学业产生割裂。法科生就业形势严峻，如何应对严峻的就业形势恰是对学习期间如何规划学业、提高能力提出的要求，这样就实现了将就业准备贯穿在整个大学生活之中。初入学的新生，在摆脱高考压力后，只想轻松度过大学生活，却忽视了大学前几年也是就业准备的重要阶段，同时是其知识、能力等提升的关键时期。这与学生对大学教育的目标存在误读有关。大学教育不再是单纯的知识获得，《中华人民共和国高等教育法》规定：“高等教育的任务是培养具有社会责任感、创新精神和实践能力的高级专门人才，发展科学技术文化，促进社会主义现代化建设。”这意味着，我们培养的学生必须能够适应社会主义现代化建设和发展社会主义市场经济的需要，需在大学生涯构建相应的知识、能力和素质体系，为日后实现职业生涯发展做准备。

《法学类教学质量国家标准（2021 年版）》（教高厅函〔2021〕17 号）规定，法科生应掌握法学类专业的思维方法和研究方法，具备良好的人文素养和科学素养。养成良好的道德品格、健全的职业人格、强烈的法律职业认同感，具有服务于建设社会主义法治国家的责任感和使命感。具备健康的心理和体魄。国家对法

① 金海燕. 大学生人生规划与择业指导. 杭州：浙江科学技术出版社，2012：36.

科生的培养有着明确的标准，包括知识、能力和素养三个核心要素。其中，知识要求：了解人文社会科学和自然科学的基础知识，牢固掌握本专业的基本知识和基本理论，并形成合理的整体性知识结构。能力要求：具备独立自主地获取和更新本专业相关知识的学习能力；具备将所学的专业理论与知识融会贯通，灵活地综合应用于专业实务之中的基本技能；具备利用创造性思维方法开展科学研究工作和创新创业实践的能力；具备较高的计算机操作能力和外语能力。素质要求：热爱祖国，热爱社会主义，拥护中国共产党的领导，掌握中国特色社会主义理论体系，牢固树立正确的世界观、人生观、价值观。

法科生需达到国家的培养要求，成为“德才兼备，具有扎实的专业理论基础和熟练的职业技能、合理的知识结构，具备依法执政、科学立法、依法行政、公正司法、高效高质量法律服务能力与创新创业能力，坚持中国特色社会主义法治体系和熟悉国际规则的复合型、应用型、创新型法治人才及后备力量”，才能更好地投身于国家的法治事业。而无论是熟练的职业技能、合理的知识结构，还是良好的综合素养，都不是一蹴而就的，都要建立在对自身实际、目标定位和职业特点的清晰认知和分析的基础上，法科生仅靠毕业前对形式要件的准备，无法弥补自身知识、能力和素质与市场岗位需求之间的差距，即使在条件上和岗位要求形成了匹配，在日后的职业发展中也会暴露出事实上的差距和不足，从而影响整个人生的职业生涯发展。

3. 学业迷茫带来职业迷茫

专业与志愿错位会带来学业迷茫，也必然带来职业迷茫。高考调剂制度给更多高考学子带来录取希望的同时也带来事实上录取专业和学生志愿之间出现错位。出现学业困难的大学一年级新生，有相当一部分是录取专业和当时的志愿不符，从而形成巨大的心理落差，对所学专业不感兴趣甚至出现心理抵触。这种情况下，他们自然不会对日后该专业所从事的职业进行深入了解和规划。

个体特点与专业要求错位也会带来职业迷茫。学生在填报志愿时可能存在对专业了解不深入、不具体的情况，也可能报考时缺乏对自身兴趣、特点和特长的准确把握，入学后发现与日后该专业主要从事的职业领域的相关要求不吻合，从而内心产生失落，缺乏学习动力，不知何去何从。

四、择业原则的迷茫

如果在毕业时选择直接就业，将会面临与用人单位的自由双向选择，学生常常出现因缺乏明确的择业原则而陷入迷茫，导致在就业决策过程中迟疑不决、错失良机，或者草率签约，继而违约，给自己的职业生涯发展带来一些阻碍和挫折。就业对人生来说是一件极其重要的事情，涉及工作领域、未来发展、经济待遇、个人兴趣、生活习惯、户口编制等很多问题，究竟如何判断和选择，涉世未深的学生经常茫然而不知所措。法科生在择业时会遇到哪些引起择业迷茫的代表性问题呢？

（一）择业的职业选择迷茫

根据西南政法大学发布的《2019 年就业质量报告》，该校 2019 年共有毕业生 6 249 人，其中就业 5 750 人，选择律师事务所就业的人数为 814 人，进入党政机关工作的毕业生为 761 名，分别占总体毕业人数的 13.03%和 12.19%。这是除去升学深造之外占比最高的毕业去向，与法学密切相关的司法机关等政府及公共管理职位和律师成为法科生的主流职业选择。

律师是指接受委托或者指定，为当事人提供诉讼代理或者辩护业务等法律服务的人员，须通过法律职业资格考试并依法取得律师执业证书。近年来，随着社会经济的飞速发展，中国律师业不断成熟、完善，律师在国家经济、政治和社会生活等领域发挥了愈来愈重要的作用。根据司法部发布的 2020 年律师、基层法律服务工作统计分析报告，截至 2020 年年底，全国共有执业律师 52.2 万多人，律师事务所 3.4 万多家。在新时代，律师业务领域将不断拓宽，不仅包括传统的法律服务，还涉及金融、证券、房地产、知识产权、国际贸易、反倾销、高科技、企业兼并等新兴的法律服务领域。因此，律师事务所已经成为法科生最为重要的就业领域，其岗位条件也不断提高，研究生成为律所青睐的对象。如，西南政法大学 2019 年就业质量报告数据显示，本科毕业生选择律师事务所的比例是 8.63%，研究生选择律师事务所的比例是 24.46%，进入律师事务所工作的研究生所占比例大约是本科毕业生所占比例的 3 倍。律师职业一方面因其较为宽广的职业发展空间、良好的经济收入、奋勇创新的工作氛围对法科生而言具有极大吸引力，但另一方面律师所面临的高工作强度、极大的心理压力、快节奏的生活等也使法科生心生怯意。

党政机关泛指国家财政拨款的机关单位，广义上不仅包括党的机关、行政机关、人大机关、检察机关、审判机关、政协机关，还包括各级党政机关派出机构、直属事业单位及工会、共青团、妇联等人民团体。党政机关历来都是法科毕业生青睐的就业领域，然而，党政机关的竞争却日趋激烈，报考人数年年攀增，尤其是在疫情的冲击下，企业的容纳能力受到较大挤压，不少高校人才在大城市和企业遇冷后，又转身踏上考公务员的道路，他们有了一定的社会经验，无论是思维方式还是情商能力，都强于应届毕业生，这又更为加深了党政机关的就业竞争激烈程度。2021 年 3 月 28 日，被考生称为“联考”的全国 20 余省份公务员笔试举行，招考规模约 11 万人，较之 2020 年有着明显下降。如去年内蒙古计划招录公务员共计 7 270 人，今年拟招录规模为 5 310 人，较去年度明显回落；相较于去年接近一万人的招录规模，河南今年拟招录人数下降至 7 901 人，压缩规模超过 20%。面临着往届毕业生的回头再战和众所周知的低招录比，法科生对党政机关热情不减，却也压力重重。一方面，党政机关因其较高的社会地位、稳定的社会收入长时间保持着对法科生的吸引力；另一方面，其严格的纪律约束、传统的发展模式、有限的经济收入及极其残酷的竞争也必然让毕业生内心犹豫。

（二）择业单位的流向迷茫

毕业生与岗位存在结构性矛盾。从需求角度来看，2020 年智联招聘的统计数据显示，应届毕业生的求职意愿中，半数以上的学生首选国有大中型企业、事业单位，仅有不到四分之一的学生期望进入民营企业。智联招聘发布的《2020 年冬季中国雇主需求与白领人才供给报告》也显示，求职竞争指数（竞争指数＝简历投递量/发布职位数量）最高的是国有企业，上市公司位列第二，民营企业排在第三。而从供给角度来看，一方面，目前就业市场上的工作岗位，大部分还是由民营企业提供的，其是雇用本科毕业生的主力军，另一方面，中小微企业是吸纳本科毕业生的重要载体，这意味着初创型企业针对应届本科毕业生释放了更多的就业机会。从麦可思提供的 2019 届本科毕业生就业数据可以看出，49%的本科毕业生就业单位是 300 人及以下的企业。

供需错位加剧择业迷茫。不难看出，毕业生心仪的岗位主要是国有企业和大型企业，而社会所提供的岗位主要源自民营企业和中小微企业，这就使工作机会的供需错位存在明显的结构性矛盾，这种矛盾也最终呈现为法科生严峻的就业压力，加重了他们的择业迷茫。

（三）择业区域的迷茫

1. 影响就业区域选择的主要因素

大学生在就业区域的选择上考虑的因素一般有三个，即区域经济发展状况、个人性格喜好以及熟悉程度。

（1）区域经济发展状况。毕业生在选择就业区域时，如果对职业定位比较笃定，则必然选择最适合这个职业发展的区域，已经形成行业特色的区域能够形成彼此相互促进的良性互动关系和特殊的城市经济结构，而这种经济结构决定了这座城市对特定行业类人才的吸纳能力。

（2）个人性格喜好。现代大学生个性独特、思维开放，选择行业与区域时往往有着鲜明的个性色彩，会综合考虑地方的文化、特色，甚至衣食住行、生活成本等。中国高校传媒联盟曾在2018届全国毕业生中做过大学生择业影响因素的调查，结果显示62.37％的受访者认为择业应重点考虑个人兴趣。

（3）熟悉程度。大学毕业生在就业时往往愿意选择熟悉的区域，因为地缘关系而形成的人与人之间的连接可以成为其融入当地的基础，通过“熟人”织就的网络可以更为容易地建立沟通关系，构建舒畅的生活与工作环境。

2. 法科生的就业区域选择状况

（1）在就读城市就业。法科生如果毕业后从事律师工作，案源将成为影响其业务开拓状况的最为关键因素，期望通过血缘、地缘、学缘等构建的熟人网络获取人脉成为法科大学生的通常思路。因此，从法学教育的传统院系即“五院四系”的就业特点来看，选择在就读的城市就业的毕业生所占比例都有着绝对优势。华东政法大学2019届就业报告显示，虽然该校2019年的毕业生区域流向涵盖全国31个省、直辖市、自治区，但是留在华东区域工作的学生占比高达78.95％。同样，西南政法大学2019届毕业生中有60.07％的选择在西部就业，其中选择重庆的占比最大，为43.01％。

（2）在经济发达地区就业。根据中国高校传媒联盟的调查，84.12％的受访者表示择业时会重点考虑工资福利，这就促使高校毕业生更倾向于流向经济较为发达地区，法科生尤为如此。从事律师行业已经成为占比最大的法科生的职业选择，而在全国有影响力的品牌律所则主要集中在经济发达地区（如表 1-2 所示），这充分印证了律师市场和经济发展程度呈正相关。

表 1-2　部分品牌律所在全国城市的分布状况

	金杜	君合	方达	海问	中伦	总数
北京	√	√	√	√	√	5
上海	√	√	√	√	√	5
香港	√	√	√	√	√	5
深圳	√	√	√	√	√	5
广州	√	√	√		√	4
成都	√	√		√	√	4
青岛	√	√			√	3
南京	√				√	2
杭州	√				√	2

除了传统一线城市，“新一线”城市对毕业生的吸引力在不断增强。《第一财经周刊》于 2013 年首次提出“新一线”城市概念，依据商业资源集聚度、城市枢纽型、城市人活跃度、生活方式多样性和未来可塑性五大指标，每年评出 15 座“新一线”城市。2020 年，进入“新一线”的城市依次是：成都、重庆、杭州、武汉、西安、天津、苏州、南京、郑州、长沙、东莞、沈阳、青岛、合肥、佛山。《2020 年中国大学生就业报告》显示，毕业大学生涌入一线城市就业的传统就业局面正在改变，“北上广深”的就业比例仍持续下降，“新一线”城市对毕业生的吸引力不断增强，还相继出台不少就业优惠政策，往“新一线”城市就业的走向趋势已在持续加强。

（3）回家乡所在地就业。1982 年 9 月，党的十二大把计划生育确定为基本国策，到 2016 年我国“全面二孩”时代正式到来，在此期间绝大部分家庭都仅育有 1 名子女，近些年来的毕业生年龄基本都处于这个时间段。“养儿防老”“熟人社会”传统观念长期存在，不少家长都希望孩子能够回到家乡工作，以避免因养老、照顾孙辈、资源享有、生活成本等方面所产生的问题。由于法科毕业生更青睐于到党政机关及事业单位就业，报考人数、录用比例等竞争压力在家乡尤其是地级城市及以下地区也会明显减小，熟悉的人文环境、适应的生活习惯、较小的就业难度等也对法科毕业生有着一定吸引力。

(4) 基层就业。一线城市的就业和生活压力不断加大，也促使毕业生就业区域重心不断下沉。特别是2020年以来，受疫情影响，国内就业规模及就业率受到较大冲击，是去大城市闯一闯还是回小城市安安稳稳过日子？或者说，是选择大城市一张床还是小城市一套房？这成为后疫情时代摆在毕业生面前更加困难的选择。大学毕业生的就业城市分布“重心下沉”的现象这几年已初步呈现，在疫情的影响下将更为显著。乡村振兴也提供了更多的就业发展空间。2021年2月21日，《中共中央 国务院关于全面推进乡村振兴加快农业农村现代化的意见》，即中央一号文件发布，这是21世纪以来第18个指导“三农”工作的中央一号文件；2021年2月25日，国务院直属机构国家乡村振兴局正式挂牌，要做好乡村振兴这篇大文章。2021年3月，中共中央、国务院发布了《关于实现巩固拓展脱贫攻坚成果同乡村振兴有效衔接的意见》，提出重点工作。实施乡村振兴战略，是解决新时代我国社会主要矛盾、实现“两个一百年”奋斗目标和中华民族伟大复兴中国梦的必然要求，具有重大现实意义和深远历史意义。加快乡村振兴，人才是关键，不少地方大力实施人才驱动战略，创新举措，积极扶持返乡大学生创业，大学生返乡创业蔚然成风，成为影响大学生就业区域选择的因素之一。如2019年，海南澄迈为了扶持返乡大学生创业，出台了《关于鼓励和扶持返乡大学生自主创业的实施意见（试行）》《澄迈县促进普通高等学校毕业生就业创业扶持工作实施意见》等系列政策文件，构建了较为完善的支持创新创业发展的政策体系，建立了县委统一领导、组织部牵头、职能单位、各镇参与的创业扶持体制机制，成立“大学生自主创业工作领导小组”，统筹全县大学生返乡创新创业扶持工作，吸引了2 900多名大学生返乡自主创业，促进乡村振兴的农村资源要素进一步被激活。

3. 就业区域选择的困惑

(1) 生活经历的单一性与就业区域选择的复杂性之间的矛盾。大学生生活经历相对简单，生活经验主要局限在家庭、校园所在的有限范围内，所接触到的也仅仅是复杂社会生活的部分领域。因此，大学生在毕业时很难凭借生活阅历和理论知识对就业区域作出全面与深刻的分析判断，从而产生迷茫与困惑心理。尤其是现阶段，大学生的毕业流向已经不是主要集中在一线城市，而是呈现多元化趋势，但法科毕业生又因工作特点更倾向于选择经济发达地区。是坚持到发达地区去“偏向虎山行”，还是因势而动剑走偏锋？这对未出茅庐的法科生而言，很难作出判断和选择。

（2）稳定的就业思维和职业流动之间的矛盾。知识经济时代，人才是推动经济发展的核心资源，人才的流动也已经成为社会普遍现象，就业也不是一选定终身。但是法科生就业集中在律师、党政机关等单位的特点使法科生更注重就业区域的稳定性。无论是在律师行业所积累的一定区域、领域的业界口碑、人际资源等，还是考入党政机关“过五关斩六将”的求职付出都使法科毕业生更倾向于保持一定的就业区域稳定性，避免形成过多对就业区域选择的干扰。

五、大学生涯的能力提升迷茫

（一）理论和实践在大学生涯难以结合

1. 课堂学习和实践教学效果有限

法学从本质上来说是一门实践学科，需要在职业环节实现从理论到实践的转化。我国法学本科教育借鉴的是大陆法系的培养模式，大陆法系国家的法律规则比较抽象，教育内容也比较注重对抽象概念和原理加以阐释。基于这种情况，法学的理论教育在中国的法学教育中占了比较大的比重。但是条文是抽象的法律规则，这使教师和学生在教授的过程中严重脱离实践，虽然学校也组织诊所教育、模拟法庭、旁听审判、辩论赛等形式的实践课程，但法科生规模的扩大使实践课程的全覆盖成为横亘在法科院校人才培养过程中的难题。虽然大部分院校也在就读期间安排一段时间进行专业实习，给予了一定的学分，但是这种制度设计在实际操作中易因实习基地建设管理不规范等原因而流于形式。这使法科生隔离于“象牙塔”而很少投入真正的法律案件中，毕业时即使具备了一定的理论素养，也很难外化为有效的具体实操，当面对纷繁复杂的案件时，他们就感到无从下手。

2. 第二课堂效能发挥不足

高校一般把课堂教学之外的有利于学生全面发展的课外活动，作为第一课堂教学活动的延伸和拓展，且一般由各层面的团学组织来组织。第二课堂是大学生进行自我提升的重要载体，主要形式有科技创新竞赛、校园文体活动、志愿服务、讲座论坛等。在第二课堂中，学生在组织者的引导下，可以锤炼理想信念、增长见识、建立更为科学有效的学习思维方法，也能在这个过程中建立和拓展良好的人际关系、树立团队合作精神等。如中国政法大学、西南政法大学、中南财经政法大学等法律院校均成立了法律诊所，让有兴趣的学生通过几年的诊所教育和实践，不仅巩固了他们的法律知识根基，也进一步了解了社情民意，强化了作为法律人的责任感。

第二课堂活动的效能发挥有着较大差异。长期以来，高校形成了第二课堂是学生自己“搞着玩”的事情的局面，其属于高校学生培养过程的补充和从属角色，领导和教师的参与面和参与程度远远不够，在经费投入、人员参与、活动设计、政策引导等诸多方面呈现不足，活动效果参差不齐。近年来，尤其是“三全育人”理念不断深入，各高校日益重视第二课堂活动的组织，出台了设置第二课堂学分、纳入人才培养体系、作为党员发展培养的考察因素等措施，第二课堂活动也更加蓬勃丰富。但是“学生社团活动组织不够好”等仍然是毕业生认为母校学生工作最需要改进的内容之一。

第二课堂活动自主性较强，在每个人的大学生涯中作用发挥程度不一。第二课堂活动总体来说具有非强制性，学生一般根据自己的时间、精力、爱好等自由选择参加。这使积极性不够、自我约束能力不强的同学很容易就放弃和失去了第二课堂这个重要成长平台，难以利用这个宝贵渠道促进自己专业知识的知行合一。

（二）学生综合素质和社会要求不匹配

法学进入实践环节后，和社会生活将会进行最为紧密的融合，如房地产、教育、金融、投融资、重组与改制、劳动人事等，可以说无处不在。随着中国社会主义法治建设进程的加快，法律工作的客户需求日益细分、行业竞争愈发激烈，也对法科生的视野、能力等综合素质提出越来越高的要求。除了法学专业素养，综合对法律实务部门的调研情况，要求良好的团队合作能力、学习能力、沟通表达能力和写作能力是用人单位的普遍共识。因此，用人单位除了通过笔试、面试的实际考察，通常注重简历中呈现的学习与实践经历。

我们在看学生简历时，非常注重看学生是否是中共党员，是否担任学生干部，有没有到律所等实务部门实习的经历，有没有团队参赛的经历等，这些一定程度上可以反映毕业生的综合素质。

——重庆某律师事务所高级合伙人　陈卓

面对社会提出的高要求，学生的实际状况则表现为参差不齐。在我国，高考中存在调剂制度，填报志愿时设计了“服从专业调剂”栏，解决因考生填报专业志愿不均衡、专业录取生源冷热不均而可能产生的专业出现计划空额或者爆满的矛盾。这事实上导致部分对法学并不青睐的学生也进行了法学专业的学习，该部分学生如果性格上再较为内向拘谨、语言表达能力不突出，会对社会上的招聘条件产生不自信，惧怕、抵触就业。同时，每个学生在大学的成长并不等量，“一分耕耘一分收获”用在对学生素质的培养和能力的积累上非常贴切，部分学生进入大学后没有明确的学习目标，缺乏持续的学习动力，也没有尝试新技能、新事物的勇气，毕业时其综合素质在就业考察中与他人的差距将非常明显。“我成绩平平，不善人际交往，沟通能力较差，基本上本科期间没有得过奖，各种比赛我也没有去参加过，去律所或法院实习的机会非常少，简历上有含金量的东西很少，投出去很多份简历，但是都没有了下文。我不想马上就业，找到一份合适的工作太难了。”一位即将毕业的普通法科生表达了他的真实想法。

（三）就业能力培养的长期忽略

大学生就业能力是指大学生获得和保持工作的能力，即获得初次就业、保持就业及在就业之后能够胜任本职工作的基本能力和素质，具体包括专业知识、职业技能、语言交际能力、思想道德素质。[①] 就业能力不仅包括狭义上理解的找到工作的能力，还包括持续完成工作、实现良好职业生涯发展的能力。当前，大学生的就业问题正在受到越来越多的关注，存在很多影响大学生就业的因素，而就业能力则是影响大学生就业最根本的原因。

一般认为现代高等学校具有四种职能：培养专门人才、发展科学知识、为社会服务和传承文化。基于对培养专门人才的狭隘认识，高校通常把教学的基础职能表现为对专业知识的传授。而事实上，专门人才是指具有一定的专业知识或专门技能，进行创造性劳动并对社会作出贡献的人。这就意味着大学生投身于一定的劳动是成为人才的前提，就业是其中的必经连接环节，就业能力的培养是高校的内在价值诉求。对就业能力的认识不足，致使高校存在就业指导师资数量匮

---

① 邓张升，王丽红，邓立治. 创新创业教育对大学生就业能力的提升研究. 中国商论，2021（03）：183-185.

乏、专业化程度低、培养体系没有形成、评价与反馈机制缺失等问题，严重影响了学生的就业能力和就业意识的培养。据麦可思公司发布的2018年就业报告数据显示，在“基本工作能力评价”调查中，麦可思参考美国SCANS（劳工部技能委员会）标准，调查分析的“理解与交流能力”“科学思维能力”“管理能力”“应用分析能力”“动手能力”等五大类型35项基本能力中，工作岗位要求达到的基本工作能力水平为64％，而2017届毕业生毕业时掌握的基本工作能力水平仅为54％，即毕业生毕业时对基本工作能力掌握的水平低于工作岗位要求的水平。

第二节　法科生大学生涯迷茫的缘由

一、社会因素

（一）职业准入条件的指挥棒效应

1. 职业准入的学历要求日益提升

用人单位竞相聘用高学历、高技能的劳动者是就业市场的普遍现象。企业青睐高学历毕业生，原因在于追求效率，即高效找到具备强大学习能力、能够快速适应企业并能持续带来盈利的人。企业聘用高学历毕业生在提高其社会声誉度的同时还可以利用升学的过程对毕业生在学习能力、自律能力、抗压能力上进行了一次筛选，更有利于企业高效率地发现人才。而党政机关对学历的要求也在日益提高。2020年，一张杭州市余杭区的招聘公示，引发了社会广泛关注和热烈讨论。在这份杭州市余杭区街道办基层职位的公示名单里，被录用者的“毕业院校”是清一色的清华、北大，学历也均为硕士或博士研究生。为了吸引清北毕业生，该单位给出了超出一般的福利待遇：博士研究生参照事业副处级薪酬水平，硕士研究生参照事业正科级薪酬水平，政府中级雇员年薪为博士研究生约38万元，硕士研究生约35万元；此外，提供生活安家补贴、人才公寓使用、租房购房补贴等方面的优惠政策。而这种提供丰厚的福利吸引名校毕业生的做法并不只存在于杭州市余杭区，不少基层公务员甚至县城及农村的公务员招聘，都毫不掩饰对名校高学历毕业生的情有独钟。

高学历要求在法律相关单位也表现得十分充分，律师事务所作为现阶段法科毕业生数量最多的就业行业，其准入门槛有着强大的引导性，事实上国内较大规模的律所几乎均把硕士研究生毕业、通过法律职业资格考试作为进入面试的先决条件。以重庆为例，接受访谈的律师事务所仅寥寥几家明确表示愿意接受本科生，其他均是将硕士研究生作为最低学历条件。

原则上只要研究生，三年以下职业经验的肯定只要研究生。三年以上的要看这几年在哪些领域有所沉淀。总体来说，研究生综合能力是不一样的，处理基本案件本科生、研究生都会，但是面对复杂疑难案件的时候，在破解能力、挖掘能力上本科生还是要弱一些，理论功底还是不够。简单的案子谁都会做，都是程序化的东西，稍微一复杂就拉开了差距。

——某律师事务所管理委员会周主任

我们律所以研究生为主，我接触了很多本科生，他们不够成熟，表达能力、思想、商务礼仪上都不成熟。其实商务礼仪很重要，本科生没有这个沉淀，进入研究生阶段有压力之后，他会考虑更多，会考虑怎么提升形象、着装，做简历，考虑得越细越多，会让我们觉得这个人越靠谱、越沉稳。”

——某律师事务所管理委员会陈律师

我们这边如果本科不是好学校的，面试机会都不会给，哪怕是合伙人推荐的。

——某律师事务所重庆分所合伙人杨律师

2. 对高学历追求的愿望和实现条件之间有差距

经济发展与产业转型升级，使社会对高层次人才需求释放的信号更加显著，本科生毕业时期望通过读研深造提升竞争力的意愿也不断增强，但学生强烈的升学需求和目前社会所能提供的实现条件之间有着明显差距。从数据上看，硕士研究生报名人数从2016年的177万人，增长至2020年的341万人，5年时间内，报名人数增长近2倍。虽然研究生招生也在逐年扩大，特别是疫情之后，但是其增长比例远没有达到报考人数同比增长比例。具体情况见下图。

这个差距对法科生而言更为显著。虽然国家在2020年扩招研究生，但扩招的重点在服务国家战略和社会民生应急领域，重点投向临床医学、公共卫生、集成

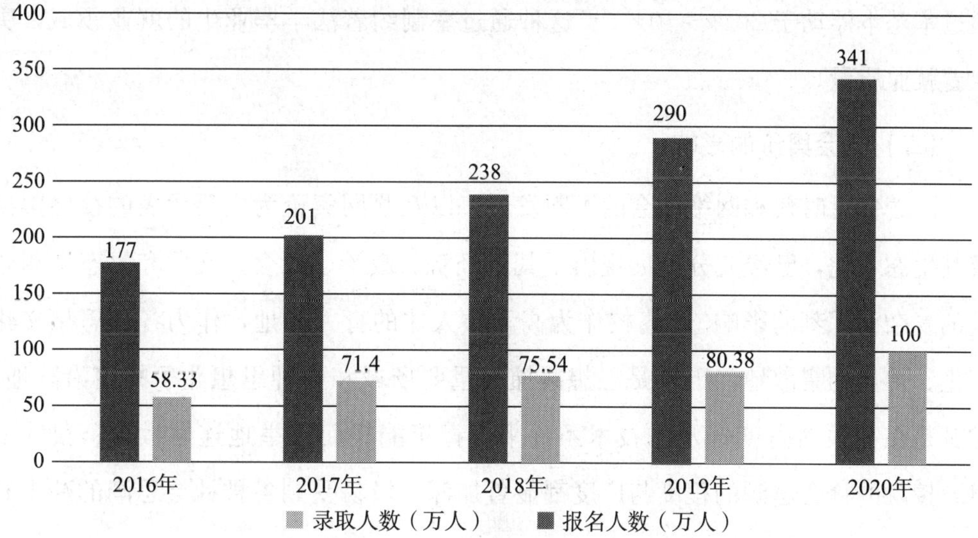

图 1-1　硕士研究生报名和录取人数（2016—2020 年）

电路、人工智能等专业①，因此，法学学科的研究生招录人数也有一定程度的增长，但这个增长的比例十分有限，大量落榜生在失去深造机会的同时，也丧失了求职的最佳时机，加剧了低就业率的形成。这种状况还催生了庞大的法科本科毕业生考研“二战”“三战”一族，甚至催生了以封闭集训、24 小时全程督导为卖点的考研机构等产业，并进一步激化了应届本科生的考研竞争。

3. *法律职业准入资格考试是法科生的基本求职门槛*

该考试是中华人民共和国司法部依据《中华人民共和国法官法》、《中华人民共和国检察官法》、《中华人民共和国律师法》、《中华人民共和国公证法》、《中华人民共和国仲裁法》、《中华人民共和国行政处罚法》、《中华人民共和国行政复议法》及《国家统一法律职业资格考试实施办法》的有关规定设立的职业证书考试。担任法官、检察官、律师、公证员、法律顾问、仲裁员（法律类），以及在政府部门中从事行政处罚决定审核、行政复议、行政裁决的人员应当通过法律职业资格考试。法院、检察院、监察委员会等多以通过该考试作为招聘的准入条件。取得该证也是律师执业的必备条件。其因竞争激烈，考试范围广泛，内容要

① 国务院新闻办公室. 国务院联防联控机制举行鼓励企业吸纳高校毕业生、农民工就业相关政策发布会. 2020-02-28.

求高、通过率低，被社会誉为“天下第一考”。往常，虽然在读本科生可以参加考试，其通过率高于平均水平，但是由于A证通过率长期被设定在10%左右，其通过率基本浮动于20%～40%。[①] 这种通过率制约着法学毕业生的就业领域，决定着就业质量。

（二）社会舆论的影响

随着信息时代和网络社会的不断发展，以互联网舆论为主要代表的社会舆论及其生态变化，已经充分地展现出了其对经济、政治、社会、文化和生态文明建设的复杂而深刻的影响。[②] 高校作为高素质人才的育人基地，作为各种思想文化产生、传播的集散地，历来是思想碰撞的重要场域和各种思想斗争的前沿阵地。尤其是在互联网高度普及的技术条件下，青年能轻而易举地连通世界、获取信息，接触的社会思潮的程度与广度都显著加深，极易受到各种社会思潮的冲击和影响。

社会思潮对大学生就业的影响，具有两面性：一方面，与社会发展和主流意识形态相一致的思潮，对大学生的人生观、价值观、世界观具有积极影响，有利于形成大学生正确、科学的就业观。另一方面，与社会发展和主流意识形态相悖的思潮，影响大学生的价值塑造，造成法科生就业焦虑与迷茫。

1. 爱国主义和民族精神对大学生的择业行为产生着深刻影响

毕业生到基层就业的人数年益增加，2020年，超过2万高校毕业生选择参加西部计划到基层就业。而同样以到农村基层从事支农、支教、支医和扶贫工作为内容的“三支一扶”项目从2006年开始启动，2019年该项目在全国招募了2.7万人，而2020年就增加到3.2万人。2018年，中国青年报社社会调查中心联合问卷网对1 976名在读和已毕业的大学生进行的一项调查显示，82.3%的受访大学生考虑到基层就业，75.9%的受访大学生认为到基层就业对自身发展影响大。随着中国综合国力的不断增强，“强国一代”青年学生在思想和行为上最大的变化就是自愿、自觉地将爱国精神在日常行为上给予阐释表达，内化在毕业生的就业价值选择中。

---

① 参见“各大院校2017年司考通过率”（http://bbs.xuefa.com/article-11225-1dhtml）。

② 张向达，李宏. 着力构建良好的社会舆论生态. 光明日报，2018-08-17.

2. 不良社会思潮对大学生就业观产生较大的负面冲击

我国正处于改革进一步深化的时期，在社会主义市场经济的发展过程中各种思潮也随之涌入，移动终端的普及、互联网的迅猛发展，更加速了各类思潮的广泛传播。改革开放几十年来，中国已经成为全球第二大经济体，经济建设的成就、物质财富的积累为享乐主义等思潮的产生提供了物质条件和社会环境。同时，市场经济本质上是追求效率和增长的经济制度，追求利润最大化是根本目的，因此，随着社会主义市场经济制度的建立和健全，人的功利思想也被极大激发，拜金主义、消费主义、功利主义、享乐主义、泛娱乐主义等不良社会思潮叠加，造成大学生就业选择受到经济利益的驱动，坚持物质利益至上，上大学成为升迁、致富的一种手段，大学生更倾向于经济收入高、社会地位高、工作环境好、就业福利好、工作轻松的岗位，而较少关注国家与社会的需要、个人才智的发挥、事业成就等因素。

二、家庭因素

大学生的就业不仅是教育问题，也是民生问题；不仅关系到个人发展，也关系到千家万户。家庭因素是影响学生就业观的重要因素。

（一）家庭高期望值影响大学生的就业价值观

家庭是社会的基本细胞，是人的第一所学校，父母就是人生的第一位老师，个人的人格养成、习惯性格、行为方式等都受着家庭深刻的影响。每个父母都有着望子成龙的心切，“不能输在起跑线”的理念深入人心，父母通常为了子女有更美好的未来在教育上不吝重金，教育过程中的高成本、高付出使家庭对跃入龙门的大学生有着较高的期望。这就导致家庭往往会引导甚至强迫学生去选择他们所理解的最优道路，最大限度实现就业与教育投入和期待成正比。然而，多数父母并不真正了解就业形势和专业的供需状况，仅以孩子毕业后薪资收入和公众印象中的社会地位的高低来规划职业发展，认为读了法学专业的学生，就理应去做律师或进法院、检察院工作，就理应收入稳定、薪资高。部分家境不好、为了培养孩子甚至背负经济负担的家庭更希望通过孩子的就业改变家庭状况。在家长的高期望面前，涉世未深的大学生显得心有余而力不足，最终造成了“宁缺毋滥”“高不成低不就”的就业状况。

（二）家庭价值观念影响大学生的就业选择

中华民族的传统文化形成于五千多年的社会实践中，深刻地影响着人们的生活和思维模式。中国自古就有非常浓厚的家庭观念，个人在大事的选择上，要听取父母或长辈的意见，因此，学生父母的就业价值观念，在很大程度上就决定了毕业生的职业领域和就业区域。如“学而优则仕”的观念一直根深蒂固，形成家庭对公务员的高度认同并执着地将考公务员作为法科生首要的选择，以获得一份轻松、体面、稳妥的工作。特别是进入后疫情时代，中小企业在疫情中艰难生存的境遇使很多家庭更将“稳定性”作为择业的首要考虑要素，这直接体现在2020年报考公务员人数的迅速上升。以省级公务员考试为例，2019年报考人数为360万，2020年报考人数为513万，而2021年报考人数又升至537万。“父母在，不远游”“万般皆下品，唯有读书高”等观念也是促使法科生选择就业单位和区域的重要因素。

其实我自己并不是那么喜欢法院的工作，但是这是我父母一直以来的愿望，我没有办法拒绝，也找不到拒绝的理由。

——毕业后进入黑龙江某基层法院工作的学生王某

三、高校因素

（一）法学教育同质化

1. 高等教育规模化带来法学专业的盲目性发展

自1999年高校扩招以来，高等教育发展速度呈高增长趋势，相较于欧美发达国家，我国在较短时间内实现了高等教育大众化。从国家统计局网站发布的数据来看，从2000年到2013年，全国万人拥有在校生数从50.77人/万人增加到183.93人/万人，增加了2.62倍。而从师资来看，从2000年到2013年，全国万人拥有高校专职教师数从4.66人/万人增加到11.66人/万人，增加了1.5倍。大学扩招带来的不仅仅是生均师资资源的下降，也导致基础设施严重不足，教育教学资源难以及时同速跟进等，进而影响人才培养质量。另外，2003年我国开启高等教育产业化进程。高等教育产业化是高等教育产业形成的过程，是一个引入市场机制的过程，是使高等教育机构更具有竞争性、自主性和广泛适应性的过程。

随着高等教育产业化的发展，一方面办学资源不断丰富，供需矛盾得以缓解，另外一方面也使一些高校尤其是民办高校办学理念偏离教育宗旨，专注于办学经济效益，忽视人才培养质量。面对市场化，部分教师不再专注教学，不再专心传道、授业、解惑，直接影响人才培养质量。

在扩招过程中，高等院校为了迎合市场需求，在专业设置时往往求全、求热，这就导致较大数量的培养出的人才存在专业趋同的问题，形成了巨大的在校法科生规模和连年被亮牌警告的惨淡就业率之间的强烈反差。法学属于人文社会学科，办学成本低廉，高校一般都设立了法学专业。特别是在高校产业化的过程中，为了降低办学成本，不少民办高校在学科设置上都集中在外语、经济、管理、法律等文科专业。因为对于同样一个班、同样的学生规模，理工科专业的投资是文科的数倍，不仅需要投入实验室和实习场地，器材设备包括教师费用都相对较高，提高了办学成本。而法学，只要有基本的教材、教室就可以完成教学，这导致法学毕业生规模急剧扩大。1977 年，全国只有三所大学招收法律专业学生，法律专业学生不到 200 人，发展至今，高等法律院系已达近 700 所，各类法科在校生人数近百万。

2. 同质化的培养模式加剧结构性失业

结构性失业即劳动者自身所具备的客观条件、素质能力和主观意愿与空缺职位的要求不相适应而产生的失业。法学毕业生在年龄、体力等客观条件上具有相似性，都正值青春壮年。前面我们已经分析过就业价值观带来的就业率低下现象，这里我们重点来看素质能力对结构性失业的影响。

市场对人才的需求必然是多样化、多层次的，这要求高校培养的法科毕业生也应是具有特色和针对性的，而事实上各高校“工厂式”的人才培养模式几乎没有差别，更加剧了人才的相似性。这些都导致高校毕业生在寻找工作时面临同质化竞争，容易造成结构性失业。

从当前我国法学专业建设现状来看，法学院系的高速扩张使法学人才培养实现规模化的同时失去了精细化与个性化，各法学院系在人才培养模式上几乎趋同，人才培养目标定位、教学计划、课程体系设计、教学方法等基本类似或者大同小异。在这种单一化的培养模式下，法科毕业生作为相同培养模式下的教育产出在知识和能力上有着严重的同质化现象，不符合市场多样化法科人才的需求。

历史上从来没有像今天这样重视法治，可以说迎来了法学教育的春天，然而与此格格不入的是法学教育不仅没有进入黄金时代，甚至成为“就业难”的代表专业，其根本原因就是大众化时代的法学教育难以回应社会发展对人才的多样化需求。如传统法学教育重视诉讼法律人才的培养，而市场上大量急需的则是从事非诉讼等新型业务的法律人才；我国正处于社会转型期，需要大量的法律制度建构和法律服务人才，需要既懂管理又懂法律的人才，而我们培养的学生多数不具有这种复合型特点。加上职业院校、普通本科院校之间，专科、本科、硕士、博士研究生等不同教育层次之间在培养目标上定位也并不清晰，这又加剧了不同学历层次之间法科毕业生的同质化问题，不同类型院校、不同层次学历之间的核心竞争力难以形成。

（二）法学教育中对职业能力培养的缺失

1. 教育资源限制了职业能力培养的实现

法学是世俗的学问，甚至很多是实践性的、技术性的，因此，单靠课堂教授是不够的。[①] 一方面，在课堂教学模式上，法学教育的应用性决定了其课堂教学规模不宜过大，然而我国学生规模及教学资源的矛盾决定我们在普通情况下难以做到小班化教学，讲授—聆听的传统教学模式很难改变。另一方面，在实践教学环节，很多高校在培养方案中设计了专业实习、社会调查等实践教学环节，然而事实上由于高质量的专业性实习基地的建立和维护是需要社会协同的过程，并不能保证实习资源和法学院系形成最优化的配置。法学生最为青睐的司法机关、律师事务所提供的少量实习机会通常会集中性地流向部分法学名校，难以在全社会范围内形成实务单位和教学单位的协同均衡。

2. 培养模式与就业岗位要求脱节

法律的根本目的是解决生活中的现实问题，其功用归结到底是它的实践性。虽然近年来各高校已经意识到学生职业能力的欠缺，大力推进课程改革，优化实践培养环节，然而“重理论、轻实践”“硬考试、软实习”的现状并未根本改变，学生动手能力不强仍然是我国法学高等教育亟待解决的问题。一些用人单位抱怨法学

① 苏力. 当代中国法学教育的挑战与机遇. 法学，2006（2）：3－21.

院毕业生法律专业功底不扎实，实际工作经验欠缺，法律以外的知识储备不够。[①]

法学的培养方案需与时俱进。中国法学教育与法律职业之间缺乏制度联系，使法律职业与法学教育长期处于分离的状态，导致法学教育走上自我办学、自我完善和自成一体的发展道路，使中国法学教育的学科化、知识化和学院化现象成为主流，也使法科生在培养环节相较于市场需求存在滞后性，专业调整、教学模式变革难以敏锐地捕捉到市场变化。

法学人才的一体化培养体系没有形成。学校在人才培养的过程当中，虽然设计了专业实习等实践教学环节，并期望通过此培养学生处理案件和解决问题的能力，但实效欠佳。目前，各法学高校的法学本科生一般会把专业实习的时间控制在2～3个月。其实，在这样一个比较短暂的实习周期，实习生往往还没有熟悉工作流程就面临实习结束，因此，法院、律所等实习单位通常也倾向于把一些简单而基础的事务性工作交给他们完成。加上实习单位的在职人员工作本就繁重，也并不熟悉实习生在高校的受教育情况，在时间、精力、方法上都很难对实习生形成有效指导。因此，如果实习生本身缺乏足够的自觉性和主动性，整个实习可能会沦为形式，只是走走过场，难以达到通过实际操作提升职业能力的目的。

3. 培养目标与市场需求之间的错位

高校把知识传承和人才培养作为基本职能的重要内容，法科院系也同样如此，因此，知识积累和技能培养成为高校的教育重点。学生通常会将优秀的成绩、丰富的实践经历、良好的语言表达等能力作为自己求职最为重磅的砝码。事实上，这些直观性很强的要素确实能够帮助法科生进入求职的大门，然而在进一步的考察中，当失去在高校获取的上述标签时，法科生极其容易遭遇求职滑铁卢。本编写组在所进行的访谈和调研中，就发现招聘者和就业者的关注点是错位的。对招聘者来说，最为看重的是职业品格，如品性、忠诚度、合作意识等个人品质，其次才是能力和知识。他们表示，能力和知识是在工作中容易补齐的短板，而品格等在高校一旦形成则具有惯性，难以改变或者改变成本极高。而当前高校法科人才培养是把知识、技能放在第一位的，缺乏对职业品格的养成引导，这体现了法学教育目标和市场需求之间的脱节。

---

① 韩大元．全球化背景下中国法学教育面临的挑战．法学杂志，2011（3）：17－20.

四、个人因素

（一）职业期望与就业现实的落差

职业期望是劳动者对某项职业的向往，也就是其希望自己从事某项职业的态度倾向。职业期望直接影响人对职业的选择，并进而影响人的整个生活。职业期望是大学生的个体主观行为，是就业价值观的外化表现，也是个体人生观、世界观的折射。智联招聘在2016年发布的《应届毕业生就业力调研报告》显示，应届毕业生认为就业难的首要原因是期望值和现实之间落差太大，占25.4%，其次是大学所学知识无法满足实际工作所需，占21.0%；再次是对职场和职业信息了解不充分，占18.9%，以及缺乏实效性的职业发展建议，占13.8%。由此可见，就业难既是一种客观表现，也是一种主观感受，当职业期望和就业现实的吻合度越低，求职者就会觉得就业难度越大。

法科生的心理期望值一般比较高，在经历大学生涯后更加高涨，与实际的社会需求有较大相悖之处。据调查显示，约50%的法科毕业生希望到律师事务所工作，还有21.3%的毕业生选择到国家机关、高等院校和其他事业单位工作。许多学生择业时多考虑物质条件，不但要求月薪高、生活好，还讲究住房、奖金等林林总总的物质享受。社会心理学认为，期望值越高，心理上的冲突越大。高期望值致使学生心理冲突大，缺乏信心和竞争力更加剧了学生的心理矛盾冲突，因而法科毕业生易产生焦虑与不安。

（二）就业价值观与社会发展之间的错位

价值观在就业选择和职业评价时的体现就是就业价值观，即大学生在校学习过程中形成的对于职业评价、职业选择、职业价值取向的总体看法，反映了其对职业的信念和态度，具体包括职业理想、职业选择、职业评价、职业价值取向。就业价值观在大学生择业的过程中发挥着重要的作用，成为影响大学生就业的重要因素。习近平总书记指出，青年的价值取向了未来决定整个社会的价值取向，近年来，随着各种社会思潮的涌入，受多元价值观的影响，部分大学生出现了以自我为中心、只关注个人发展、仅强调自我价值实现的趋势，其有着从众心理和攀比心理，具体表现为理想信念模糊、集体意识淡薄、功利思想严重，只想找地域好、待遇高、轻松体面的工作，而不顾国家和社会的现实需要。事实上，国家治理的基石是基层治理，基层固则天下安，基层富则国家强，基层治理现代化很大意义上决定了国家治理现代化目标的实现。有调查表明：来自大城市的毕业生都希望在大城市就业，44.7%来自中小城市的毕业生希望在大城市就业，98%来自乡镇农村的毕业生不愿回乡就业。像西部这样的欠发达地区，无论是现实需求还是长远的发展需求，都需要更多的法律专业人才，但问津者寥寥无几。这样，在人才市场就出现了“热门难进，冷门更冷”的怪现象。近些年来，一方面法学专业年年因低就业率被亮红牌，另一方面，基层法治工作者却一才难求，不少县一级的法院连一个正规法学专业毕业的大学生都没有。这种严重错位折射的正是法科生就业价值的偏离。

（三）个人能力与岗位要求之间的不匹配

面临从事法律相关职业必须经历的“天下第一考”，考试的指挥棒作用使学生在理论和条文学习上花费了大量功夫，这也一定程度上引导学生夯实了理论基础，夯实了法科生的法学功底这一核心素养。现代社会分工既不断细化又高度综合，呈现出高专业化、高技术化、高复合型的特点，法律服务的专业化和复合性也日益增加，传统的律师服务除涉及传统的民商事纠纷、刑事侦查起诉审判、婚姻、继承等外，还向影视娱乐、医疗、旅游、环境保护、金融、公司战略部署、风险防控、合法（规）性审查等方面拓展①，因此，仅凭核心素养，法科生已无法适应社会，单一背景知识的法治人才已不能契合法律服务市场的客观需求。比如一名律师接触的案件所涉及的领域以及完成案件服务所要使用的技能可能包括设计、工程技术、会计审计、金融商业、项目管理，甚至包括如何高效地运用先进工具。市场需要的远比法学院传授的知识多，成功律师的门槛远比法律职业资格证的门槛高。

（四）模糊的职业认知和现实职业体验之间的失落

对职场和相关职业信息了解不充分，是大学生产生就业迷茫的又一原因。在调查中，很多大学生表示对法律职业，尤其是律师职业的直接认知都来源于律政电视剧。从20世纪90年代起，我国就掀起了律政剧的热潮。不仅是中国，其他国家对拍律政片的热情也从未中断。一部《何以笙箫默》中钟汉良扮演的何律师激发起多

---

① 杨桦．论法治人才培养与市场需求．法治社会，2018（4）：122。

少人的律师职业梦想，能说会道、西装革履、冷酷帅气又富有成为律师职业在观众心目中的标准形象。然而，正如“干得好的律师就像是《何以笙箫默》里的何以琛，干得不好的就如《爱情公寓》里的张伟”这句调侃，现实与电视剧终究有着巨大差异，律师与律师之间亦如此。

让我们一起来看一个知乎上的高答问题：真实的庭审是什么样的？在该问题下，一位律师网友回答：“律师职业听起来很风光，其实就是高级一点的乙方，除了远方的公平正义，还有眼前难以伺候的甲方。”听起来是一句玩笑话，但实则真实表达了律师角色的定位，律师所做的就是服务工作，虽然不用刻意讨好，但其角色的定位就决定了律师需要有服务意识，要体现在服务客户、服务团队、服务高级合伙人，以及同事日常沟通等方方面面。

对专业的认知模糊会带来对职业的认知模糊。我国的高考志愿填报虽然是按专业和院校进行的，但事实上对每一种专业的具体学习内容、培养方式、对应行业、适配职业以及发展前景，绝大多数家长和考生是难以清楚把握的。这种对专业的认识缺乏，也进而导致职业规划意识薄弱，规划能力较低，学生不知道所选择的专业是什么、学什么、怎么学、做什么（就业规划）。相对而言，法学是一门职业目标较为明确的专业，即使如此，绝大多数法学毕业生也是缺乏深刻的职业理解和真实的职业体验的，他们中很大一部分的第一次职业体验来源于大学期间的实习实践。这种实习实践因时间短、参与的程度较浅以及指导人员的个体差异，带给学生的职业体验未必真实全面，甚至带来错误认知。

第三节　法科生的就业状况

面对困惑，最重要的就是解决困惑，而了解现状是解决困惑的关键所在。就业不仅仅是找工作，更要考虑每一个学生应该的发展、可能的发展以及如何实现这样的发展。要实现这样的目标，我们就要全面、系统地了解法科生当前的就业现状和经济社会发展趋势，了解就业市场的需求和供给，从而探索和寻求实现自我发展和成长的路径。

一、法学毕业生规模与结构

据教育部发布的 2020 年全国教育事业统计的主要结果，2020 年全国共有普通高校 2 738 所，其中，本科院校 1 270 所（含本科层次职业学校 21 所），高职（专科）院校 1 468 所。各种形式的高等教育在学总规模 4 183 万人（见图 1-2），其中，在学研究生 313.96 万人。

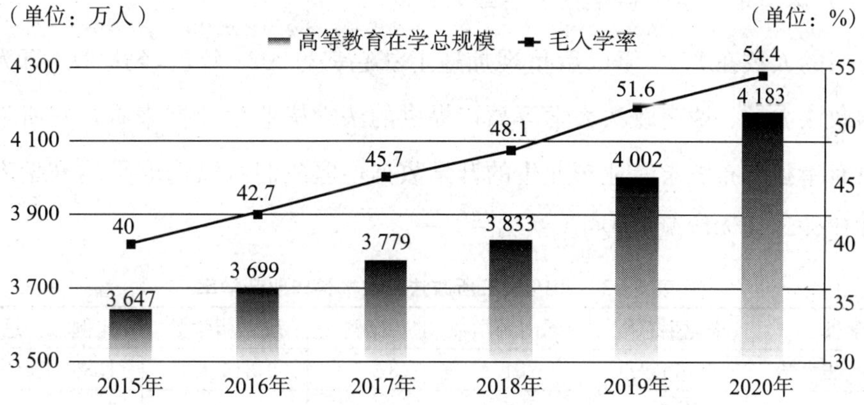

图 1-2 全国高等教育在学总规模及毛入学率

据不完全统计，在 1 270 所本科院校中，开设法学专业的院校约有近 700 所（见图 1-3）。根据 2017 年全国高等学校学生信息咨询与就业指导中心所公布的数据，法学、汉语言文学等 10 个普通高校本科专业的毕业生规模最大，其中法学毕业生规模是 7.5 万～8 万人。

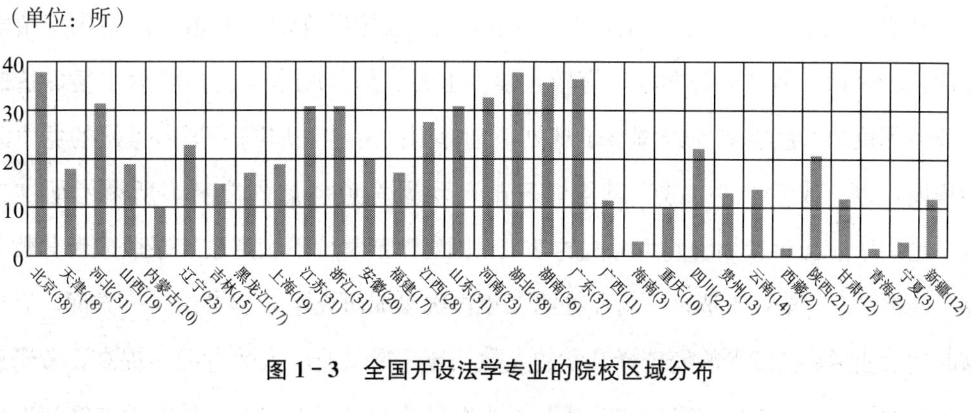

图 1-3 全国开设法学专业的院校区域分布

二、法科生的就业去向

了解法科生行业就业情况对分析法科生的就业去向和就业质量有着重要的意义。我们选择了中国政法大学、西南政法大学和华东政法大学三所位于不同区域的具有代表性的政法院校2019届就业质量报告中的数据来了解一下法学本科毕业生的走向。

（一）深造是法学本科毕业生的最大去向

考研的人数在2017年以后呈现加速上涨趋势，2021年已经达377万人。根据中国政法大学、西南政法大学等高校提供的法学毕业生数据来看，三所学校虽然都没有单独公布法学专业毕业生的升学数据，但我们可以选取平均升学率来作参考和比较，具体情况见表1-3、1-4。

表1-3　2019届三所政法院校本科毕业升学率

学校	毕业生总数	国内升学数	比例	境外留学数	比例	总比例
中国政法大学	2 071人	781人	37.7%	244人	11.8%	49.5%
西南政法大学	3 975人	930人	23.4%	277人	7%	30.4%
华东政法大学	2 684人	410人	15.3%	319人	11.9%	27.2%

表1-4　2020届三所政法院校本科毕业升学率

学校	毕业生总数	国内升学数	比例	境外留学数	比例	总比例
中国政法大学	2 092人	1 418人	68%	141人	6.7%	74.52%
西南政法大学	4 341人	1 000人	23%	206人	4.75%	27.78%
华东政法大学	2 837人	539人	19%	288人	10.2%	29.2%

从表1-3、1-4可以看出，2020年由于新冠肺炎疫情的冲击，出国出境留学比例相较降低，但国内升学率均有较大幅度上升。部分原本本科毕业后出境深造的毕业生因疫情和经济等原因调整了规划，选择国内升学，加剧了国内考研的竞争激烈程度，也导致考研“二战”甚至“三战”现象呈愈演愈烈之势。所谓考研“二战”是指毕业当年参加研究生考试的学生，因对调剂学校不满意放弃录取或者分数不够未能被录取的毕业生选择不就业在第二年再次参加研究生入学考试。一方面，后疫情时代就业形势持续严峻使选择升学的人数相较选择就业的人数有明显提高，考研意愿显著增强；另一方面，往届“二战”毕业生日益增多，再加上境外留学在客观上可行性降低，国内升学正在成为法学本科毕业生最为重要也最为广泛的毕业选择。

(二)法科生的就业行业分布状况

第一，公职类：公检法（公安、国家安全机关、检察院、法院），政府监管部门，审计部门（司法会计）。

第二，市场类：律师［根据工作分为诉讼律师与非诉讼律师，其中非诉的工作内容为公司法务、法律顾问、知识产权、证券从业，金融领域（银行、基金、证券交易所、理财公司），代理合同等］，公证部门，司法鉴定部门，会计师，审计师。

第三，交叉边缘职业：法医（属于医学），法律英语翻译，新闻（法制媒体主持、编辑、记者）等。法学就业范围很广泛，包括但不限于以上职业。新型职业亦在不断出现。具体情况见表1－5～表1－7。

表1－5 中国政法大学2019届本科毕业生主要就业单位分布情况①

单位性质	本科	
	人数	比例
其他企业	225	46.78%
党政机关	54	11.23%
国有企业	59	12.27%
其他	88	18.30%
其他事业单位	12	2.49%
高等教育单位	2	0.42%
三资企业	7	1.46%
部队	19	3.95%
中初教育单位	4	0.83%
科研设计单位	0	—
医疗卫生单位	5	1.04%
城镇社区	6	1.25%

表1－6 西南政法大学2019届本科毕业生主要就业单位分布情况

单位行业	就业人数（人）	占总就业人数（人）比例
租赁和商务服务业（含法律服务）	547	29.24%
建筑业	237	12.67%
批发和零售业	212	11.33%
制造业	207	11.06%
金融业	167	8.93%
公共管理、社会保障和社会组织	162	8.66%

① 数据来源：中国政法大学2019届毕业生就业质量报告。

表 1-7　华东政法大学 2019 届本科毕业生主要就业单位分布情况

序号	单位性质	人数	比例
1	党政机关	86	10.97%
2	事业单位	32	4.08%
3	部队	30	3.83%
4	律师事务所	155	19.77%
5	国有企业	82	10.46%
6	三资企业	6	10.20%
7	其他企业（律所除外）	304	38.78%
8	国家地方项目	15	1.91%

（三）后疫情时代法科生就业结构性矛盾加剧

从调查所了解的状况可知，后疫情时代的法科毕业生更注重“求稳”，因此，通过考试进入公检法机关或者事业单位工作，成为法科毕业生的首选。

沈某强是一名人体运动科学专业的应届高校毕业生。2019 年，他曾与一家健身房达成就业意向。“此前我非常看好这个行业，觉得未来健身行业一定会大有可为。”但受疫情影响，许多健身房迟迟未能开门营业，有的健身房经营甚至难以为继。沈某强开始重新思考自己的就业选择。居家期间，他买来了教师资格证复习资料以及事业单位备考资料。“工作稳定”成为他择业的重要考虑因素：“以前觉得学校体育老师的工作没有太大的变化，不如健身教练有意思，可现在我的想法逐渐转变了。”①

这种求职心理的变化加剧了公务员和事业单位考试竞争的激烈程度。公务员考试近些年一直是毕业生关注的焦点，录取比例在一比几百到几千不等，通过考试层层筛选进入体制内工作的人占比非常小。根据中国政法大学、华东政法大学和西南政法大学发布的 2019 届毕业生的就业质量报告，当年中国政法大学的本科毕业生在这三所政法院校中进入党政机关工作的人数占比最高，也仅为 11%。尽管如此，公务员报考人数在居高不下的情况下，于 2020 年又创新高，在报考公务员的考生专业中，法学专业占比又位列前茅。具体情况见下表和图。

---

① 疫情下高校毕业生找工作求“稳”　就业困难正逐步好转．[2020-04-27]．人民网．

表 1-8　2017—2020 年国家公务员考试招录信息

2017—2020年国考招录信息汇总表				
年份	招录职位（个）	招录人数（人）	报考人数（人）	审核通过（人）
2020	13 849	24 128	139万	127万
2019	9 657	14 537	137.9万	92万
2018	16 144	28 533	165.9万	113.4万
2017	15 589	27 061	148.6万	98.4万

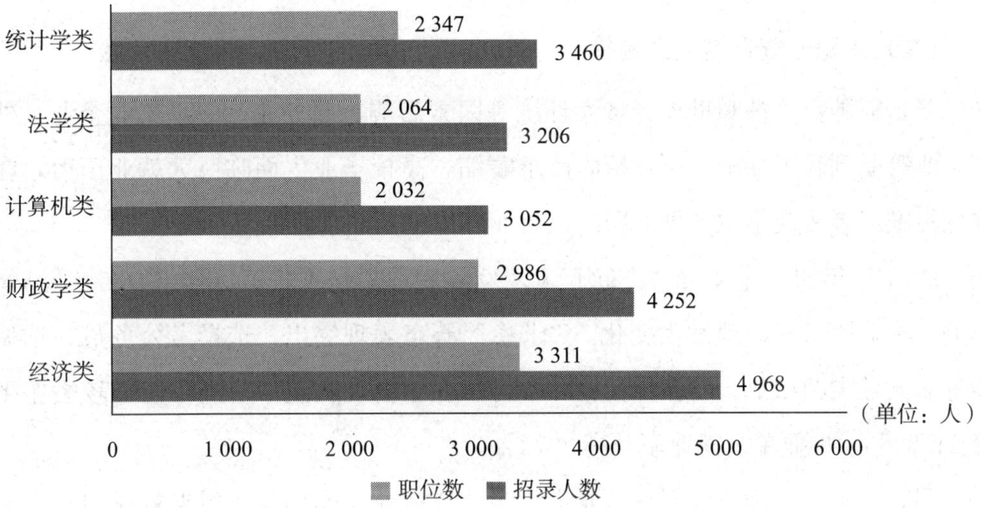

图 1-4　2019 年国家公务考试最热门专业

三、法科生就业的基本特点

(一) 法科生升学“内卷”明显

在以往本科法学毕业生的就业率统计中，占比最大的就是升学、考取公务员、就职于律师事务所、就职于各企业单位和自主创业等。但近年来考研热度只升不降，升学人数占据了法学毕业生的主体，且所占比例越来越大，考研大军“内卷”严重。内卷（involution）本来是一个社会学术语，大意是指社会文化模式发展过程中的停滞，但现在被很多高校学生用来指代非理性的内部竞争。研究生教育尤其是学术型研究生教育的重点是培养高级专门人才，更注重的是形成学生知识的体系化和创新性，而在当前相当数量的考研大军中，有的是为了学术理想，有的是为了提升学历、提高能力，有的是为了获取进入某个职业、单位的敲门砖，也有的考生只是为了缓冲就业压力。

江西师范大学地理与环境学院研究生高丽青说："当年本科毕业时，在一些单位实习过、笔试过、面试过，但感觉工作不理想，就选择继续读研。"[①]

当毕业生被"内卷"为考研大军，一方面，为了就业"镀金"功利性的考研行为必然带来招生质量和培养质量的下降，违背研究生教育的初衷，形成教育资源的浪费；另一方面，研究生教育成为高考指挥棒效应向上传递的承载者，使就业供给和市场供给之间结构性的矛盾更为突出。

（二）求稳心理遏制创业选择

受新冠肺炎疫情和世界经济大环境等因素影响，服务业、中小工业企业、外贸企业等受到较大冲击，企业招聘需求萎缩，高校毕业生面临巨大就业压力，在降低标准或者改变求职计划的同时，就业心理则更加求稳。

2021 年年初，武汉大学公布了《2020 年就业质量报告》。报告指出，受疫情影响，毕业生求职心理发生变化，"求稳"心态表现突出，选择考公务员、选调生等的人数大幅增加。与往年相比，本科毕业生企业就业率有所下降，较去年下降 11.85%，事业单位就业率升高 2.72%。

同时，求稳心理还体现在毕业生更多选择就业而非创业。根据智联招聘发布的《2018 年大学生求职指南》，我们发现，在移动互联网时代，95 后大学生更趋向于就业，选择创业的人群相较 2017 的数据降低 1.32%，说明在经济环境更加趋于复杂多变的大背景下，高校毕业生们对于未来的职业规划更加趋于谨慎。

（三）慢就业趋势逐渐增强

近些年来，"慢就业"（延迟就业）的现象在法学专业甚至在所有高校毕业生当中蔓延开来。"慢就业"现象的产生是一个综合因素共同作用的结果。从社会因素来看，有经济原因和疫情原因带来的严峻就业形势；从个人因素来看，有职业规划不明确、专业技能不足等带来的就业能力不足，也有青年一代越来越明晰的生活方式；从家庭因素来看，有家庭条件富足使毕业生的就业紧迫性不足。根据智联招聘发布的《2018 年大学生求职指南》，在参与调研的 2019 年应届毕业生当中，80.22%的大学生选择毕业后直接就业，同比 2018 年基本持平；8.00%的大学生选择"慢就业"，较去年同期上升 1.01 个百分点；7.11%的大学生选择在

---

① 为啥考研持续火？造就考研大军的原因深层分析．新浪微博教育频道，［2018－12－23］．

国内继续学习，较去年同期上升 2.13 个百分点。虽然绝大部分应届毕业生积极主动地投入求职大军当中，但选择逃避就业压力的毕业生占比也在缓慢上升。一方面，“慢就业”就意味着高校毕业生没有能够立即反哺社会，浪费了宝贵的就业资源。另一方面，对整个社会来说，越来越大的“慢就业”群体会增加社会的压力、家庭的压力，同时也会导致就业市场的结构性失衡。因为“慢就业”一不小心就可能转化为“懒就业”，成为年轻人找到合适的工作，融入社会，实现个人社会价值的阻碍。“慢就业”在法学专业具有更明显的体现，主要原因如下：第一，考取公务员成为部分毕业生的求职首选和执着追求，而公务员考试的周期长、次数少，很多毕业生在毕业当年未考上或处于考试过程之中，就业周期大大延长，形成事实上的“慢就业”。第二，法学本科生的升学诉求越来越强烈，落榜后选择继续复习的学生是个庞大群体，毕业但没有就业是“慢就业”的典型特征。第三，考取法律职业资格证书也是毕业生未就业或“慢就业”的另一重要原因，特别是考试时间、方式的调整使客观上和研究生入学考试冲突加大，不少法科生只能两者选择其一。这使法科生无法选择对法律职业资格证书有要求的相关工作，只能先通过法律职业资格考试再求职，导致就业步伐滞后。

（四）并非以法律职业为主要就业方向

从目前全国所有的法学专业毕业生的就业情况来看，许多学生毕业后所从事的职业与法学的联系较少，迫于日益增加的就业压力，一部分学生在就业时从事了诸如办公室职员、行政秘书、行政助理或销售方面的工作，实则也体现了学生的就业选择呈现多元化趋势，这一就业特点在一些非重点大学法学院或独立学院中表现得更为明显。这导致法学生的专业性在就业过程中难以体现出来，使其在岗位中的核心竞争力缺失，不利于其就业以后的发展。另外，从事相关专业的二次就业率高。例如，全国法学生 2018 届毕业生半年内离职率高达 21%，比离职率最低的医学高出 8 个百分点。①

---

① 数据来源：2018 年中国本科生就业报告. 麦可思研究院. 北京：社会科学文献出版社，2018.

第二章 法治人才培养的新时代需求

第一节 我国已步入法治新时代

一、我国步入法治新时代的标志

“新时代”，作为具有特定含义的我国社会发展论断，特指中国特色社会主义的历史发展阶段。2012 年党的十八大以来，以习近平同志为核心的党中央勇于进行具有许多新的历史特点的伟大斗争，统筹推进“五位一体”总体布局，协调推进“四个全面”战略布局，提出一系列新理念新思想新战略，出台一系列重大方针政策，推出一系列重大举措，推进一系列重要工作，解决了许多长期想解决而没有解决的难题，办成了许多过去想办而没有办成的大事，推动我国改革开放和社会主义现代化建设取得了历史性成就，推动党和国家事业发生了历史性变革，从而使这一阶段，既同改革开放三十多年后的发展一脉相承，又在党和国家事业发展从指导思想、理念思路、方针政策、体制机制、根本保证到社会主要矛盾、社会环境、外部条件等各方面都发生巨大变化，呈现出新的时代特征。[①]

“新时代”是党中央对中国特色社会主义的历史发展阶段所作出的科学论断与政治判断。其作为“政治判断”，是改革开放以来，我国经济社会发展进步的必然结果，是我国社会矛盾运动的必然结果，是世情国情党情变化的必然结果，是我们党团结带领人民开创光明未来的必然要求。这“四个必然”表明，我们党

① 十九大精神百问——新时代是从什么时候开始的?. https://www.1921.org.cn/post.html?id=5a0c11cb80e38b6a067d0e6c/2017-11-15.

作出的这一重大政治判断是有着充分的理论、实践和历史依据的。一是党的十八大以来，党和国家事业发生了历史性变革，我国发展站到了新的历史起点上，中国特色社会主义进入了新时代。二是党的理论创新实现了新飞跃，形成了习近平新时代中国特色社会主义思想，在马克思主义中国化进程中具有开创性意义和鲜明时代特色，开辟了马克思主义中国化新境界。三是从党的十九大到二十大，是“两个一百年”奋斗目标的历史交汇期，中国特色社会主义要从第一个百年迈向第二个百年。四是我国社会主要矛盾发生了变化，已经转化为人民日益增长的美好生活需要和不平衡不充分的发展之间的矛盾，经济建设依然是党和国家的中心工作，但要更加注重抓全面协调可持续发展，着力解决发展不平衡不充分问题。①

中国特色社会主义新时代的开启，离不开依法治国的全面推进。2012 年 11 月，党的十八大把“全面推进依法治国”作为“坚持走中国特色社会主义政治发展道路和推进政治体制改革”的基本内容、重要路径与主要举措，将“法治”作为“治国理政的基本方式”，强调“党领导人民制定宪法和法律，党必须在宪法和法律范围内活动”“任何组织或者个人都不得有超越宪法和法律的特权，绝不允许以言代法、以权压法、徇私枉法”②。因此，党的十八大也同时开启了中国特色社会主义法治建设的新时代，其所确定的“全面推进依法治国”基本方略，是这个法治新时代的基本标志。

二、新时代法治建设的政策推进

2014 年 10 月，为全面贯彻落实党的十八大关于全面推进依法治国的基本方略，党的第十八届四中全会通过了《中共中央关于全面推进依法治国若干重大问题的决定》，将“建设中国特色社会主义法治体系，建设社会主义法治国家”作为“全面推进依法治国”的总体目标，强调“必须从我国基本国情出发，同改革开放不断深化相适应，总结和运用党领导人民实行法治的成功经验，围绕社会主义法治建设重大理论和实践问题，推进法治理论创新，发展符合中国实际、具有中国特色、体现社会发展规律的社会主义法治理论，为依法治国提供理论指导和学理支

① 十九大精神百问——新时代是从什么时候开始的. https://www.1921.org.cn/post.html?id=5a0c11cb80e38b6a067d0e6c/2017-11-15.

② 胡锦涛. 坚定不移沿着中国特色社会主义道路前进　为全面建成小康社会而奋斗.

撑。汲取中华法律文化精华，借鉴国外法治有益经验，但决不照搬外国法治理念和模式”。因此，党的十八届四中全会对党的十八大确定的“全面推进依法治国”基本方略进行了具体的顶层设计与路径规划，是新中国法治建设史上的纲领性文件。

2017年10月，党的十九大进一步将“坚持全面依法治国”和“深化依法治国实践”作为“决胜全面建成小康社会，夺取新时代中国特色社会主义伟大胜利”的重要举措，认为“全面依法治国是中国特色社会主义的本质要求和重要保障”，“必须把党的领导贯彻落实到依法治国全过程和各方面，坚定不移走中国特色社会主义法治道路，完善以宪法为核心的中国特色社会主义法律体系，建设中国特色社会主义法治体系，建设社会主义法治国家，发展中国特色社会主义法治理论，坚持依法治国、依法执政、依法行政共同推进，坚持法治国家、法治政府、法治社会一体建设，坚持依法治国和以德治国相结合，依法治国和依规治党有机统一，深化司法体制改革，提高全民族法治素养和道德素质”，认为“全面依法治国是国家治理的一场深刻革命，必须坚持厉行法治，推进科学立法、严格执法、公正司法、全民守法”。由此，中央全面依法治国领导小组专门成立，以加强对法治中国建设的统一领导。同时，加强宪法实施和监督，推进合宪性审查工作，维护宪法权威，并要求“各级党组织和全体党员要带头尊法学法守法用法，任何组织和个人都不得有超越宪法法律的特权，绝不允许以言代法、以权压法、逐利违法、徇私枉法”①。

2019年10月，为贯彻落实党的十九大精神，党的十九届四中全会通过了《中共中央关于坚持和完善中国特色社会主义制度-推进国家治理体系和治理能力现代化若干重大问题的决定》，进一步将“坚持和完善中国特色社会主义法治体系，提高党依法治国、依法执政能力”作为“坚持和完善中国特色社会主义制度、推进国家治理体系和治理能力现代化”的重大问题与核心举措，认为“建设中国特色社会主义法治体系、建设社会主义法治国家是坚持和发展中国特色社会主义的内在要求”，强调“必须坚定不移走中国特色社会主义法治道路，全面推进依法治国，坚持依法治国、依法执政、依法行政共同推进，坚持法治国家、法治政府、法治社会一体建设，加快形成完备的法律规范体系、高效的法治实施体

① 习近平．中国共产党第十九次全国代表大会报告——决胜全面建成小康社会 夺取新时代中国特色社会主义伟大胜利．人民日报，2017-10-30（1）．

系、严密的法治监督体系、有力的法治保障体系，加快形成完善的党内法规体系，全面推进科学立法、严格执法、公正司法、全民守法，推进法治中国建设”。

2020 年 11 月 16 日至 17 日，党的历史上首次召开的中央全面依法治国工作会议，将习近平法治思想明确为全面依法治国的指导思想。习近平总书记在会议上发表了重要讲话，明确提出了当前和今后一个时期推进全面依法治国的总体要求，用“十一个坚持”系统阐述了新时代推进全面依法治国的重要思想和战略部署，深入回答我国社会主义法治建设一系列重大理论和实践问题。这“十一个坚持”，就是习近平法治思想的基本内容，包括：坚持党对全面依法治国的领导；坚持以人民为中心；坚持中国特色社会主义法治道路；坚持依宪治国、依宪执政；坚持在法治轨道上推进国家治理体系和治理能力现代化；坚持建设中国特色社会主义法治体系；坚持依法治国、依法执政、依法行政共同推进，法治国家、法治政府、法治社会一体建设；坚持全面推进科学立法、严格执法、公正司法、全民守法；坚持统筹推进国内法治和涉外法治；坚持建设德才兼备的高素质法治工作队伍；坚持抓住领导干部这个“关键少数”。以上习近平法治思想，是习近平总书记自党的十八大以来，创造性地提出的关于全面依法治国的一系列新理念新思想新战略，从历史和现实相贯通、国际和国内相关联、理论和实际相结合上深刻回答了新时代为什么实行全面依法治国、怎样实行全面依法治国等一系列重大问题，形成了内涵丰富、科学系统的思想体系，是顺应实现中华民族伟大复兴时代要求应运而生的重大理论创新成果，是马克思主义法治理论中国化最新成果，是习近平新时代中国特色社会主义思想的重要组成部分，是全面依法治国的根本遵循和行动指南。①

第二节　法治人才培养的新时代举措

为全面贯彻落实党的十八大关于全面推进依法治国的基本方略，党和国家先后推出了“创新法治人才培养机制”改革计划、“双一流”建设高等教育强国方

① 人民日报评论员．坚持习近平法治思想——论学习贯彻习近平总书记在中央全面依法治国工作会议上重要讲话．人民日报，2020-11-20（1）．

案、《“卓越法治人才教育培养计划”2.0》和《法学类教学质量国家标准（2021年版）》等重要举措。

一、“创新法治人才培养机制”举措

2014年10月，党的十八届四中全会通过了《中共中央关于全面推进依法治国若干重大问题的决定》，专门将“创新法治人才培养机制”作为“加强法治工作队伍建设”的重要举措与基本保障，要求“坚持用马克思主义法学思想和中国特色社会主义法治理论全方位占领高校、科研机构法学教育和法学研究阵地，加强法学基础理论研究，形成完善的中国特色社会主义法学理论体系、学科体系、课程体系，组织编写和全面采用国家统一的法律类专业核心教材，纳入司法考试必考范围”，要求“坚持立德树人、德育为先导向，推动中国特色社会主义法治理论进教材进课堂进头脑，培养造就熟悉和坚持中国特色社会主义法治体系的法治人才及后备力量”，要求“建设通晓国际法律规则、善于处理涉外法律事务的涉外法治人才队伍”，并且要求“健全政法部门和法学院校、法学研究机构人员双向交流机制，实施高校和法治工作部门人员互聘计划，重点打造一支政治立场坚定、理论功底深厚、熟悉中国国情的高水平法学家和专家团队，建设高素质学术带头人、骨干教师、专兼职教师队伍”。该决定的以上要求表明，“创新法治人才培养机制”是中共中央施行全面推进依法治国的重要举措。

二、“双一流”建设高等教育强国方案

为提升我国教育发展水平、增强国家核心竞争力、奠定长远发展基础、实现我国从高等教育大国到高等教育强国的历史性跨越，党中央、国务院提出了“双一流”建设的高等教育强国方案。2015年8月，习近平总书记主持召开中央全面深化改革领导小组第十五次会议，审议通过了《统筹推进世界一流大学和一流学科建设总体方案》（以下简称“《方案》”），提出“到本世纪中叶，一流大学和一流学科的数量和实力进入世界前列，基本建成高等教育强国”的总目标。2015年10月，国务院印发了《统筹推进世界一流大学和一流学科建设总体方案》，要求按照“四个全面”战略布局和党中央、国务院决策部署，坚持以中国特色、世

界一流为核心，以立德树人为根本，以支撑创新驱动发展战略、服务经济社会发展为导向，坚持“以一流为目标、以学科为基础、以绩效为杠杆、以改革为动力”的基本原则，加快建成一批世界一流大学和一流学科。

所谓“双一流”，是指世界一流大学和一流学科建设。这是党中央、国务院为提升我国教育发展水平、增强国家核心竞争力、奠定长远发展基础、实现我国从高等教育大国到高等教育强国的历史性跨越而作出的重大战略决策，是中国大学冲刺国际前列，打造顶尖学府的重要战略举措，是中国高等教育进入从规模发展转向内涵建设、从高等教育“大国”向“强国”发展的新时期、新阶段标志。它坚持以中国特色、世界一流为核心，以立德树人为根本，以支撑创新驱动发展战略、服务经济社会发展为导向，在我国高等教育发展历史上具有里程碑意义。

“双一流”建设的目的，是促使各高校更加注重学科建设的软环境，形成多样化、特色化的教育模式，将关注的重点转移到不断提升人才培养质量和科研水平的苦练内功上来。首先，一流的大学由一流的学科组成，一流大学就是拥有数个一流学科的大学。没有一批一流学科的支撑，不能被称为一流大学。在这个意义上说，建设一流大学，实质上就是建设一流学科。所以，“双一流”建设在一定意义上就是一流学科建设。其次，一流学科建设是一个多维度、立体式的综合性概念。一流学科包括一流的学术团队、一流的人才培养、一流的科研成果、一流的管理服务等内容。其中，一流的师资是关键，一流的人才培养是目标，一流的科研成果是标志，一流的管理服务是保障。它们共同构成了一流学科建设体系的不同功能和视角，其建设与推动具有系统性和关联性，需要相互配合和整体协调推进。

虽然“双一流”建设是立足于一流学科建设一流大学，但是其中最基础、最重要的，还是一流的人才培养。因为所谓的“一流学科”，无非是一流人才培养、一流科学研究、一流师资队伍、一流管理等的集合体与平台。据此，习近平总书记在 2016 年全国高校思想政治工作会议上指出，只有培养出一流人才的高校，才能够成为世界一流大学。办好我国高校，办出世界一流大学，必须牢牢抓住全面提高人才培养能力这个核心点，并以此来带动高校其他工作。这意味着，在国家层面上，“双一流”建设的核心和关键是“一流人才培养”。

“双一流”的“一流人才”培养，除要“以立德树人为根本，以支撑创新驱动发展战略、服务经济社会发展为导向”外，还要“坚持以中国特色、世界一流为核心”。一方面，包括一流法治人才在内的“一流人才”，指的是带有创新性和引领性，能够立足于国际舞台的“世界一流”，另一方面，这里的“世界一流”，需立足于中国实际。它既不是要“全盘西化”，也不是简单地“与国际接轨”，而是要扎根中国大地并具有“中国特色”。这是因为，受社会政治制度、民族文化传统、经济社会发展水平等因素的影响，我国在文化传统、理论体系、话语体系及人文社会科学范式等方面与西方国家有巨大不同，国际通行的世界大学评价指标体系在很多方面还无法充分反映我国大学的真实水平和对人类文明发展的实际贡献，需要建立具有中国特色、中国风格、中国气派的世界一流“中国标准”，并逐渐将其融入世界标准中，并成为引领性的“世界标准”。由此，这里的“世界一流人才”，实际上是立足于中国实际和结合国际通行的世界大学评价指标体系，所培养的为中国经济社会发展和全球治理服务的具有国际视野、世界眼光、国际交往能力和国际竞争能力等的高层次人才。

任何事物的存在都是共性与个性的有机统一。受社会政治制度、民族文化传统、经济社会发展水平等因素的约束，任何教育及其服务的国家建设与人才培养，其实都是有其本土性的。这就决定了，“世界一流”只是就其共性而言的。法学学科及其法学教育与法治人才培养的“世界一流”，也只是就其立足的本国实际与服务的国际舞台而言的。也就是，这里的“一流人才”，按《法学类教学质量国家标准（2021年版）》，是指“适应建设中国特色社会主义法治体系，建设社会主义法治国家的实际需要”“具有扎实的专业理论基础和熟练的职业技能、合理的知识结构，具备依法执政、科学立法、依法行政、公正司法、高效高质量法律服务能力与创新创业能力，坚持中国特色社会主义法治体系和熟悉国际规则的复合型、应用型、创新型”人才。

三、卓越法治人才教育培养计划2.0

2011年我国推行了卓越法律人才教育培养计划。为了全面落实依法治国基本方略，并解决我国高等法学教育所存在的还不能完全适应社会主义法治国家建设的需要，社会主义法治理念教育还不够深入，培养模式相对单一，学生实践能力不强，应用型、复合型法律职业人才培养不足等突出问题，教育部和中央政法委员会于2011年11月联合发布和施行了《关于实施卓越法律人才教育培养计划的若干意见》(教高〔2011〕10号),以深化高等法学教育教学改革,提高法律人才培养质量。这也就是所谓的卓越法律人才教育培养计划1.0。其提出“经过10年左右的努力,形成科学先进、具有中国特色的法学教育理念,形成开放多样、符合中国国情的法律人才培养体制,培养造就一批信念执着、品德优良、知识丰富、本领过硬的高素质法律人才”的法治人才培养目标。卓越法律人才的培养具体分为“应用型、复合型法律职业人才”、“涉外法律人才”和“西部基层法律人才”三类,分别作为实施卓越法律人才教育培养计划的重点、突破口和着力点,以适应多样化法律职业要求,坚持厚基础、宽口径,强化学生法律职业伦理教育、强化学生法律实务技能培养,提高学生运用法学与其他学科知识方法解决实际法律问题的能力,促进法学教育与法律职业的深度衔接,以及培养能够参与国际法律事务和维护国家利益的涉外法律人才和能够“下得去、用得上、留得住”的基层法律人才。

在以上卓越法律人才教育培养计划1.0基础上,2018年10月,教育部和中央政法委又联合发布了《关于坚持德法兼修实施卓越法治人才教育培养计划2.0的意见》(教高〔2018〕6号),这是“卓越法律人才教育培养计划”的升级版。升级后的“教育培养计划”,除把以前的“卓越法律人才”改为“卓越法治人才”外,在政策依据、总体思路、目标要求、改革任务和重点举措等上也有很大的改变或提升。

在政策依据上,卓越法治人才教育培养计划2.0具有承继性和发展性。它是在以上卓越法律人才教育培养计划基础上,“为深入贯彻习近平新时代中国特色社会主义思想和党的十九大精神,贯彻落实习近平总书记在中国政法大学考察时重要讲话精神,根据《教育部关于加快建设高水平本科教育 全面提高人才培养能力的意见》”制定的,是为满足国家全面深入推进依法治国和“决胜全面建成小康社会夺取新时代中国特色社会主义伟大胜利”的法治人才需求而制定的。

卓越法治人才教育培养计划2.0在总体思路上,更加强调法治人才的理想信念、社会需求和协同机制。它强调“坚持以马克思主义法学思想和中国特色社会主义法治理论为指导,围绕建设社会主义法治国家需要,坚持立德树人、德法兼修,践行明法笃行、知行合一,主动适应法治国家、法治政府、法治社会建设新任务新要求，找准人才培养和行业需求的结合点，深化高等法学教育教学改革，强化法学实践教育，完善协同育人机制，构建法治人才培养共同体，做强一流法学专业，培育一流法治人才，为全面推进新时代法治中国建设提供有力的人才智力保障”。

在目标要求上，卓越法治人才教育培养计划 2.0 更加强调法治人才的“全面依法治国”适应性。它强调“经过 5 年的努力，建立起凸显时代特征、体现中国特色的法治人才培养体系。建成一批一流法学专业点，教材课程、师资队伍、教学方法、实践教学等关键环节改革取得显著成效；协同育人机制更加完善，中国特色法治人才培养共同体基本形成；高等法学教育教学质量显著提升，培养造就一大批宪法法律的信仰者、公平正义的捍卫者、法治建设的实践者、法治进程的推动者、法治文明的传承者，为全面依法治国奠定坚实基础”。

在改革任务和重点举措上，卓越法治人才教育培养计划 2.0 更加注重人才培养三要素的均衡发展性。它不再是将卓越法治人才培养分成几种类型的基础予以重点建设，而是围绕人才培养的“知识”“能力”“素质”三要素，将法学生的思想道德素养、法学专业建设、法学实践教育、协同培养机制、法学师资队伍建设、现代信息技术融合、国际交流合作、教育质量文化建设作为重点举措，分别要求“厚德育，铸就法治人才之魂”“强专业，筑牢法学教育之本”“重实践，强化法学教育之要”“深协同，破除培养机制壁垒”“强德能，加强法学师资队伍建设”“拓渠道，发展‘互联网＋法学教育’”“促开放，构建涉外法治人才培养新格局”“立标准，建强法学教育质量文化”。

应当说，以上卓越法治人才教育培养计划 2.0，是新时代法治人才培养的“蓝图”。它不仅是法学院校贯彻实施法治人才培养的总体框架、总体标准，而且是我们法学学子进行自我生涯规划和职业发展的基本对照与总体方向。因此，各位同学应当认真学习、仔细琢磨这个“计划”，并结合下文的《法学类教学质量国家标准（2021 年版）》，做好自己的大学生涯规划，把自己打造成国家经济社会发展所需要的“金子”。

四、《法学类教学质量国家标准（2021 年版）》

2021 年 6 月，为深入贯彻落实习近平法治思想，坚持立德树人、德法兼修，创新法治人才培养机制，深化法学类专业[①]教学改革，提高法治人才培养质量，教育部新修订和发布了《法学类教学质量国家标准（2021 年版）》，其认为“法学类专业是具有共同理论基础或研究领域相对一致的专业集合。法学类专业教育具有很强的应用性和实践性，在国家民主法治建设中发挥着重要的基础性作用。法学类专业教育是素质教育和专业教育基础上的职业教育”，除了明确习近平法治思想在法治人才培养中的指导地位和将“习近平法治思想概论”纳入法学专业核心必修课外，进一步明确了法治人才培养的目标定位和总体要求。

在目标定位上，法学类专业人才培养要坚持立德树人、德法兼修，适应建设中国特色社会主义法治体系、建设社会主义法治国家的实际需要；要培养德才兼备，具有扎实的专业理论基础和熟练的职业技能、合理的知识结构，具备依法执政、科学立法、依法行政、公正司法、高效高质量法律服务能力与创新创业能力，坚持中国特色社会主义法治体系和熟悉国际规则的复合型、应用型、创新型法治人才及后备力量。

在总体要求上，该标准是全国本科法学类专业教学质量的基本标准，各校应根据自身的定位和办学特色，根据该标准制定法学类专业的教学质量标准，并对该标准中的条目进行细化规定，但不得低于该标准相关要求。鼓励各高校高于该标准办学。

基于以上目标和要求，《法学类教学质量国家标准（2021 年版）》要求法治人才的培养、法治人才要达到如下三个方面的基本规格：

（1）知识要求。这主要包括：了解人文社会科学和自然科学的基础知识，牢固掌握本专业的基本知识和基本理论，并形成合理的整体性知识结构。

（2）能力要求。这主要包括：具备独立自主地获取和更新本专业相关知识的学习能力；具备将所学的专业理论与知识融会贯通，灵活地综合应用于专业实务之中的基本技能；具备利用创造性思维方法开展科学研究工作和创新创业实践的能力；具备较高的计算机操作能力和外语能力。

（3）素质要求。这主要包括：热爱祖国，热爱社会主义，拥护中国共产党的领导，掌握中国特色社会主义理论体系，牢固树立正确的世界观、人生观、价值

---

① 这里的法学类专业包括法学（030101K）、知识产权（030102T）、监狱学（030103T）、信用风险管理与法律防控（030104T）、国际经贸规则（030105T）、司法警察学（030106TK）和社区矫正（030107TK）。

观；掌握法学类专业的思维方法和研究方法，具备良好的人文素养和科学素养；养成良好的道德品格、健全的职业人格、强烈的法律职业认同感，具有服务于建设社会主义法治国家的责任感和使命感；具备健康的心理和体魄。

第三节　法治人才培养的新时代要求

综合以上法治人才培养的政策导向，新时代的法治人才培养，需满足素养型法治人才、应用型法治人才、复合型法治人才、创新型法治人才和涉外型法治人才的政策导向与培养要求。其中，培养素养型法治人才、应用型法治人才、复合型法治人才和创新型法治人才是所有新时代法治人才培养的共同基本要求。

一、素养型法治人才

（一）培养素养型法治人才是“立德树人”根本任务的要求和体现

这是所有法治人才培养的最基本要求，也是“立德树人”人才培养根本任务的体现和要求。所谓立德树人，是指在教育及人才培养中，坚持以德育为先、以育人为本和社会主义核心价值观，促进学生德智体美劳全面发展，培养学生的爱国情怀、社会责任感、创新精神、实践能力，使学生成为社会主义的接班人和建设者。这是国家强盛之道，是国家办学之向，是教育发展之基，是高校立身之本。《管子·权修》说：“一年之计，莫如树谷；十年之计，莫如树木；终身之计，莫如树人。”《大学》开篇说：“大学之道，在明明德”。党的十七大报告首次提出，“坚持育人为本、德育为先，实施素质教育”。党的十八大报告进一步“把立德树人作为教育的根本任务。”2016 年 12 月，习近平总书记在全国高校思想政治工作会议上强调“高校立身之本在于立德树人”，高校“要坚持把立德树人作为中心环节”，以解决“高校培养什么样的人、如何培养人以及为谁培养人这个根本问题”。

将“立德树人”作为人才培养的根本问题，是要解决人才培养和法治人才培养的共同使命与方向问题。显然，法律和法学都是立足于本国实践和为本国法律实践与法学发展服务的。我国的法律实践和法学发展，不可能照抄、照搬域外的法律规定与法学理论。一方面，任何法律规定都是该国法律体系、社会治理体系、国家治理体系中的一个有机组成部分，是长期的国家经济社会文化发展中逐步形成的整体，域外的法律不仅不能直接融进本国法律体系、社会治理体系和国家治理体系中，而且不可能作为本国法律实践的适用依据；另一方面，任何法学理论都是基于本土法律实践及其问题形成的，照搬、照抄域外基于其本土立法和司法形成的法学理论，只会把本国的立法、司法实践和话语体系、理论体系越搞越乱。因此，坚持“立德树人”，既是坚守中国特色社会主义法治建设的方向，令法治能为我国经济社会发展服务，也是让我们培养的法治人才能够具有用应有的法律解决法律问题和应有的理论指导法律实践的能力。在这个意义上，只有法治人才培养坚守“立德树人”，才能培养服务于我国法治建设的一流法治人才。据此，《教育部中央政法委关于坚持德法兼修实施卓越法治人才教育培养计划 2.0 的意见》（教高〔2018〕6 号）将如此素养型法治人才培养称为“厚德育”，并视作“铸就法治人才之魂”[①]。

（二）素养型法治人才培养以“德法兼修”为具体体现和要求

2017 年 5 月，习近平总书记在中国政法大学考察时指出，“全面推进依法治国是一项长期而重大的历史任务，要坚持中国特色社会主义法治道路，坚持以马克思主义法学思想和中国特色社会主义法治理论为指导，立德树人，德法兼修，培养大批高素质法治人才”“法学教育要坚持立德树人，不仅要提高学生的法学知识水平，而且要培养学生的思想道德素养”。

据此，“德法兼修”实际上是“立德树人”人才培养根本任务在法治人才培养上的具体体现和要求，要处理好法学知识教学和实践教学的关系，也就是法治人才培养需要德行培养与法学专业知识学习同步进行，既要培养学生的法治知识，也要提高学生思想道德素质。习近平总书记的以上“德法兼修”的要求，有利于全面推进依法治国、加强法治人才培养在全面推进依法治国系统工程中的重要地位和作用，是全面依法治国和加强法治人才培养的又一次动员和部署，为高

---

① 参见 2018 年教育部、中央政法委《关于坚持德法兼修实施卓越法治人才教育培养计划 2.0 的意见》（教高〔2018〕6 号）的“三、改革任务和重点举措”。

等教育战线全面推进依法治教，深化法学教育改革提供了科学指南和根本遵循。[①]

对于具体如何培养法治人才的道德素养，《教育部中央政法委关于坚持德法兼修实施卓越法治人才教育培养计划2.0的意见》（教高〔2018〕6号）的要求是：注重培养学生的思想道德素养，大力推进中国特色社会主义法治理论进教材进课堂进头脑，将社会主义核心价值观教育贯穿法治人才培养全过程各环节；结合社会实践，积极开展理想信念教育、社会公益教育、中华优秀传统法律文化教育，让学生在感悟法治进步中坚定理想信念，在了解群众疾苦中磨炼坚强意志，在奉献社会中增长智慧才干；加大学生法律职业伦理培养力度，面向全体法学专业学生开设“法律职业伦理”必修课，实现法律职业伦理教育贯穿法治人才培养全过程；坚持“一课双责”，各门课程既要传授专业知识，又要注重价值引领，传递向上向善的正能量。

二、应用型法治人才

（一）应用型法治人才培养的时代举措

中央政法委员会、教育部于2011年12月发布的《关于实施卓越法律人才教育培养计划的若干意见》（教高〔2011〕10号）提出“培养应用型、复合型法律职业人才，是实施卓越法律人才教育培养计划的重点。适应多样化法律职业要求，坚持厚基础、宽口径，强化学生法律职业伦理教育、强化学生法律实务技能培养，提高学生运用法学与其他学科知识方法解决实际法律问题的能力，促进法学教育与法律职业的深度衔接”，并且，“把培养涉外法律人才作为培养应用型、复合型法律职业人才的突破口”“把培养西部基层法律人才作为培养应用型、复合型法律职业人才的着力点”。这意味着，应用型法治人才培养，是国家适应社会主义法治国家建设需要的时代举措，旨在使我国的法学教育能够适应多样化法律职业要求。其实质在于通过“强化学生法律职业伦理教育、强化学生法律实务技能培养，提高学生运用法学与其他学科知识方法解决实际法律问题的能力，促进法学教育与法律职业的深度衔接”。

---

① 参见《中共教育部党组关于深入学习贯彻习近平总书记在中国政法大学考察时重要讲话精神的通知》（教党〔2017〕21号）。

综观新中国的法学教育发展史，应用型法治人才培养的理念与实践大体经历了如下三个阶段。

一是新中国成立到改革开放前的阶段（1949—1978年）。随着国民政府“六法全书”等的废除，旧的法学教育也因此终结，新的以马克思主义法学理论为指导的法学教育也由此开启。但这个时期的法学教育，不仅理论和师资都很是薄弱，主要靠苏联的法学理论及其教育教学方法输入与培训培养，而且因受到法律虚无主义的极左思想影响，崇尚法治的法学教育体系无法在这个时期形成，因而，这个时期的法律职业教育和应用型法治人才培养，也就无从谈起。

二是改革开放到党的十八大前的一段时期（1978—2012年）。随着“文化大革命”的结束和1978年政法院系开始恢复招生，特别是党的十五大将“依法治国”确定为基本方略后，新中国的法学教育进入了快速发展时期。但这个时期的法学教育，也存在严重脱离法律实践和中国实际的突出问题。一方面，法学教师大多缺乏法律实践工作经验，其教育教学工作主要是在“教师、教材、课堂”中心主义下，基于“统一大纲、统一教材、统一进度、统一学制、统一考试”的知识传授，以及让学生对法律概念理论进行死记硬背和灌输式强化训练，缺少对接法律实践需求的应用性、实务性训练和法律逻辑性思维、创造性思维的培养。另一方面，由于我国的法学理论和法学教育理论缺乏，教师传授的理论知识也大多是苏联或德日等大陆法系的所谓先进理论和法律制度，从而使得我们的法学教育与法律实践应用脱节。不可否认，西方民主法治经过几百年的发展，有它的先进性，但任何国家的法律及其法学教育，都是服务于本国的治理模式、融合于本国的文化传统、存在于本国法律体系之中的。这就决定了，法律、法学理论和法学教育都必定有它的本土性。国外的法律和法学理论在它自己的本土上，可能是先进的、好用的，但简单地移植或借鉴到我国，可能就完全是另外一回事。我们在学习中，虽然应当有国际视野，但并不等于就可以脱离中国实际，否则，我们的法学教育及其所培养的人才就不具有满足法律实践适用的“应用性”。也正因为如此，中央政法委员会、教育部在2011年12月推行卓越法律人才培养计划时指出：“我国高等法学教育还不能完全适应社会主义法治国家建设的需要，社会主义法治理念教育还不够深入，培养模式相对单一，学生实践能力不强，应用型、复合型法律职业人才培养不足。”①

三是党的十八大以来的时期（2012 年至今）。党的十八大在开启了我国全面依法治国新时代的同时，也开启了中国法学教育的新时代。其中重要的是，基于全面深入推进依法治国和构建中国特色社会主义的法治体系的需要，这个时期的法学教育在全面检讨新中国法学教育的极端现象（从照搬照抄或简单借鉴移植苏联的法学理论与法学教育到照搬照抄或简单借鉴移植德日英美等域外法学理论与法学教育）的同时，开始理性构建我们自己的法学学科体系、课程体系和教材体系，从而使新中国的法学理论和法学教育真正走上切合中国法律实践和法律职业需求的应用型之路。据此，我国先后于 2014 年推出了“创新法治人才培养机制”的全面依法治国保障性举措、于 2015 年推出了以“全面提高人才培养能力”为核心的“双一流”建设高等教育强国方案、于 2018 年推出了卓越法治人才教育培养计划 2.0 和于 2021 年推出了《法学类教学质量国家标准（2021 年版）》，将应用型卓越法治人才培养的理念、思路和举措到实处。

（二）应用型法治人才培养的基本要求

根据 2011 年《关于实施卓越法律人才教育培养计划的若干意见》（教高〔2011〕10 号）、2014 年《中共中央关于全面推进依法治国若干重大问题的决定》、2015 年《统筹推进世界一流大学和一流学科建设总体方案》、2018 年《关于坚持德法兼修实施卓越法治人才教育培养计划 2.0 的意见》（教高〔2018〕6 号）和 2021 年《法学类教学质量国家标准（2021 年版）》，应用型法治人才培养的基本要求主要表现如下。

1. 须立足中国实际和解决中国问题

2011 年《关于实施卓越法律人才教育培养计划的若干意见》（教高〔2011〕10 号）要求：“立足中国特色社会主义法治建设实践，组织编写一批理论与实际紧密结合、科学性权威性强的案例教材。”

2014 年《中共中央关于全面推进依法治国若干重大问题的决定》要求法学研究和法学教育“形成完善的中国特色社会主义法学理论体系、学科体系、课程体

① 参见中央政法委员会、教育部于 2011 年 12 月发布的《关于实施卓越法律人才教育培养计划的若干意见》（教高〔2011〕10 号）。

系，组织编写和全面采用国家统一的法律类专业核心教材”，要求“坚持立德树人、德育为先导向，推动中国特色社会主义法治理论进教材进课堂进头脑，培养造就熟悉和坚持中国特色社会主义法治体系的法治人才及后备力量”。

2015 年《统筹推进世界一流大学和一流学科建设总体方案》要求“坚持以中国特色、世界一流为核心”，也就是建立具有中国特色、中国风格、中国气派的世界一流“中国标准”，并逐渐将其融入世界标准中。

2. 强化实践教学及实践能力培养

2011 年《关于实施卓越法律人才教育培养计划的若干意见》（教高〔2011〕10 号）要求：“加大实践教学比重，确保法学实践环节累计学分（学时）不少于总数的 15％。加强校内实践环节，开发法律方法课程，搞好案例教学，办好模拟法庭、法律诊所等。充分利用法律实务部门的资源条件，建设一批校外法学实践教学基地，积极开展覆盖面广、参与性高、实效性强的专业实习，切实提高学生的法律诠释能力、法律推理能力、法律论证能力以及探知法律事实的能力。”

2018 年《关于坚持德法兼修实施卓越法治人才教育培养计划 2.0 的意见》（教高〔2018〕6 号）要求：“将中国法治实践的最新经验和生动案例、中国特色社会主义法治理论研究的最新成果引入课堂、写进教材，及时转化为教学资源。要着力强化实践教学，进一步提高法学专业实践教学学分比例，支持学生参与法律援助、自主创业等活动，积极探索实践教学的方式方法，切实提高实践教学的质量和效果。要着力推动建立法治实务部门接收法学专业学生实习、法学专业学生担任实习法官检察官助理等制度，将接收、指导学生实习作为法治实务部门的职责。”

2021 年《法学类教学质量国家标准（2021 年版）》要求：“根据专业教学的实际需要，利用模拟法庭、法律诊所、专业实验室、实训基地和校外实习基地，独立设置实验、实训课程，组织专业实习，开展创新创业教育。实验、实训和专业实习课程应当制定教学大纲，明确教学目的与基本要求，明确专业实习的主要内容以及学时分配。专业实习时长不得低于 10 周。”“根据本专业实际需要，组织各种形式的法制宣传教育活动，让学生了解社会生活，培养其社会责任感，增强其社会活动能力。社会实践时长不得低于 4 周。”作为毕业论文（设计）的学术论文、案例分析、毕业设计、调研报告等，应“根据自身兴趣，结合社会实践以及经济、社会现实的热点和难点问题。”

3. 教师需有实务经历并改革教学方法

2011年《关于实施卓越法律人才教育培养计划的若干意见》（教高〔2011〕10号）要求“探索建立高校与法律实务部门人员互聘制度，鼓励支持法律实务部门有较高理论水平和丰富实践经验的专家到高校任教，鼓励支持高校教师到法律实务部门挂职，努力建设一支专兼结合的法学师资队伍。”“建设80个左右应用型、复合型法律职业人才教育培养基地，建设20个左右涉外法律人才教育培养基地，建设20个左右西部基层法律人才教育培养基地”，“选派1 000名高校法学骨干教师到实务部门挂职1—2年，参与法律实务工作。选派1 000名法律实务部门具有丰富实践经验的专家到高校任教1—2年，承担法学专业课程教学任务”，“依托‘本科教学工程’，支持高校与法律实务部门重点建设100个共享共用的示范性法学实践教学基地。鼓励各地各高校结合实际，建设相应的法学实践教学基地”。

2014年《中共中央关于全面推进依法治国若干重大问题的决定》要求“健全政法部门和法学院校、法学研究机构人员双向交流机制，实施高校和法治工作部门人员互聘计划，重点打造一支政治立场坚定、理论功底深厚、熟悉中国国情的高水平法学家和专家团队，建设高素质学术带头人、骨干教师、专兼职教师队伍”。

2018年《关于坚持德法兼修实施卓越法治人才教育培养计划2.0的意见》（教高〔2018〕6号）要求“引导广大教师深入了解法治实践，提升教师专业能力和综合素质”，“打破校园与法治实务部门间的时空屏障，将社会资源引进高校、转化为优质教育教学资源，建立覆盖线上线下、课前课中课后、教学辅学的多维度智慧学习环境。法治实务部门要向法学院校开放数字化法治实务资源，将法庭庭审等实务信息化资源通过直播等方式实时接入法学院校。重点建设校际优质在线课程资源共建共享平台、30个左右信息化课堂教学平台、50个左右庭审直播实践教学平台。”

2021年《法学类教学质量国家标准（2021年版）》要求法学类专业“教师队伍中应当包括一定比例的实务部门的专家”，“在理论教学课程中应设置实践教学环节，改革教学方法，强化案例教学，增加理论教学中模拟训练和法律方法训练环节，挖掘充实各类专业课程的创新创业教育资源”。

三、复合型法治人才

(一) 复合型法治人才培养的时代举措

2011年中央政法委员会、教育部在《关于实施卓越法律人才教育培养计划的若干意见》(教高[2011]10号)中提出,"培养应用型、复合型法律职业人才,是实施卓越法律人才教育培养计划的重点",强调"提高学生运用法学与其他学科知识方法解决实际法律问题的能力",以使法律人才适应社会主义法治国家建设的需要。

2018年《关于坚持德法兼修实施卓越法治人才教育培养计划2.0的意见》(教高〔2018〕6号)要求,"鼓励高校开发开设跨学科、跨专业新兴交叉课程、实践教学课程,形成课程模块(课程组)供学生选择性修读。鼓励高校深入实施主辅修制度,丰富学生跨专业知识,培养学生跨领域知识融通能力和实践能力"。

2021年《法学类教学质量国家标准(2021年版)》要求,法学类专业人才培养要"具有扎实的专业理论基础和熟练的职业技能、合理的知识结构,具备依法执政、科学立法、依法行政、公正司法、高效高质量法律服务能力与创新创业能力"的复合型、应用型、创新型法治人才及后备力量。

(二) 复合型法治人才培养的基本要求

复合型法治人才培养,既不只是"法学理论、法律实践能力及法律职业伦理"的"三位一体"[①],也不只是"具有社会主义法治理念、法律职业人品格素养、法律职业人逻辑思维、法律职业人话语体系"[②],而应是基于国家经济社会建设与发展的重大战略需求,对法学专业、课程、人才培养模式和科学研究等进行所涉学科专业等的交叉融合建设与发展,以满足新时代经济社会发展对法治人才培养等的需求。

基于当前推行的"新文科"建设,法学课程体系需要增设或融入现代法治实践所需要的大数据、信息化,以及哲学原理、经济学原理、社会学原理、政治学原理、证据技术等方面的课程,以培养法科生的坚定理想信念、扎实理论知识、

---

① 钟铭佑.广西北部湾经济区复合型法律人才培养探究.高教论坛,2016(10).

② 蒋后强,章晓明.应用型、复合型卓越法律人才教育培养的理论与实践——以西南政法大学为例.西南政法大学学报,2015(1).

较强职业能力和必要国际视野等新时代法治工作所需要的综合素养。这意味着，法治人才培养视野下的“新文科”，并非“一刀切”或统一模板的法学学科或专业建设，而是基于国家经济社会建设与发展的重大战略需求的动态性法学专业建设、课程建设、人才培养和科学研究。其中的交叉融合，更多的是指法学专业、课程、人才培养模式和科学研究等与新时代经济社会发展对法治人才培养等需求所涉专业、课程（特别是理工科的专业、课程）的交叉融合。

按 2018 年《关于坚持德法兼修实施卓越法治人才教育培养计划 2.0 的意见》（教高〔2018〕6 号）和 2021 年《法学类教学质量国家标准（2021 年版）》的要求，法科学生的理论教学课程体系，除专业课和思想政治教育课外，还有均衡设置涵盖外语、体育、计算机课程，并包括人文社会科学、自然科学等方面的通识课。通过这些课程的学习，“丰富学生跨专业知识，培养学生跨领域知识融通能力和实践能力”，使法治人才“具有扎实的专业理论基础和熟练的职业技能、合理的知识结构，具备依法执政、科学立法、依法行政、公正司法、高效高质量法律服务能力与创新创业能力”。

四、创新型法治人才

（一）创新型法治人才培养的时代背景

随着我国社会治理和国家治理从“管理”向“治理”以及从“劳务”“制造”大国向“技术”“创新”大国转型，我国的高等教育也需从高等教育“大国”向“强国”的新时代转型。这个“转型”，主要是从注重“升学率”“覆盖面”“专业对口”等数量式和普及型的规模发展，向基于经济社会发展重大战略需求的新文科、新工科等和以“立德树人”“专业功底”“学习能力”“创新能力”等为内涵的建设的转变。在这个背景下，新时代人才培养的“创新驱动”战略应运而生。于是，2015 年，国务院及其他相关部门先后出台《国务院办公厅关于深化高等学校创新创业教育改革的实施意见》（国办发〔2015〕36 号）、《国务院办公厅关于发展众创空间推进大众创新创业的指导意见》（国办发〔2015〕9 号）等推动人才培养创新驱动的政策文件，从而使我国人才培养的“创新教育”正式和全面展开，以培养立足于中国特色和引领世界发展的创新型人才。

2012 年 11 月，党的十八大将培养学生的“创新精神”作为“深化教育领域综合改革”的重要举措。法治人才培养作为新时代人才培养的核心组成部分，自然需与新时代人才培养的步调和要求一致。

2015 年 5 月，为贯彻落实党的十八大对创新创业人才培养的重要部署，解决“一些地方和高校重视不够，创新创业教育理念滞后，与专业教育结合不紧，与实践脱节”“教师开展创新创业教育的意识和能力欠缺，教学方式方法单一，针对性实效性不强”“实践平台短缺，指导帮扶不到位，创新创业教育体系亟待健全”等突出问题，进一步推动“大众创业、万众创新”，国务院办公厅发布了《关于深化高等学校创新创业教育改革的实施意见》（国办发〔2015〕36 号）。该意见要求“把深化高校创新创业教育改革作为推进高等教育综合改革的突破口，树立先进的创新创业教育理念，面向全体、分类施教、结合专业、强化实践，促进学生全面发展，提升人力资本素质，努力造就大众创业、万众创新的生力军”，要求“把解决高校创新创业教育存在的突出问题作为深化高校创新创业教育改革的着力点，融入人才培养体系，丰富课程、创新教法、强化师资、改进帮扶，推进教学、科研、实践紧密结合，突破人才培养薄弱环节，增强学生的创新精神、创业意识和创新创业能力”，要求“各高校要根据人才培养定位和创新创业教育目标要求，促进专业教育与创新创业教育有机融合，调整专业课程设置，挖掘和充实各类专业课程的创新创业教育资源，在传授专业知识过程中加强创新创业教育”，以“为建设创新型国家、实现‘两个一百年’奋斗目标和中华民族伟大复兴的中国梦提供强大的人才智力支撑”。

2015 年 6 月，为深入贯彻落实《国务院办公厅关于深化高等学校创新创业教育改革的实施意见》和国务院刚刚召开的全国就业创业工作电视电话会议精神，教育部在京召开深化高等学校创新创业教育改革视频会议，对深化高校创新创业教育改革工作进行动员部署，要求“把创新创业教育贯穿人才培养全过程”，具体抓好六项重点任务：一是修订人才培养方案。要坚持立德树人基本导向，开展人才培养观念主题大讨论，明确创新创业教育目标要求，完善创新创业教育课程体系。二是推进协同育人。要推进人才培养与社会需求间的协同，推进高校与高校，高校与政府、社会间的协同，推进学科专业间的协同，建立结构调整、多样合作、交叉培养新机制。三是强化创新创业实践。要加强实验教学资源建设和共享，广泛搭建实习实训平台，办好各级各类创新创业竞赛。四是改革教学管理制度。要建立个性化培养教学管理制度，推行休学创新创业，建立创新创业学分积累与转换制度，改革学生学业考核评价办法。五是提升教师创新创业教育教学能力。要坚持全员参加、专兼结合，配齐配强创新创业教育教师队伍。六是建设校园创新创业文化。要把创新创业文化作为大学文化建设的重要内容，有重点、分层次举办讲座论坛，全方位、多方面开展主题活动。

（二）创新型法治人才培养的基本思路

基于创新驱动的以上背景，高校的“创新创业”并不是直接针对“就业”，其实质应是创新创业“教育”，其核心是通过将创新创业融入人才培养的全过程，把创新创业教育与专业教育融合，以培养创新型人才，具体是通过该教育，培养学生的创新精神、创新意识、创新思维、创新创业能力，以创新带动创业，以创业带动就业，因此，“创新创业”的主体还应是“培养活动”。

作为人才培养活动的“创新创业”，具体可分为如下四个金字塔式的层次以实现。

第一个层次为创新创业课堂教学（针对所有本科生个体），即开设覆盖全体学生的成体系并融入专业教育培养体系的相应课程，目标是通过课程教学奠定创新创业教育理论基础，为培养学生创新精神、创新意识、创新思维和创新能力打基础。这需要由管理学院等专门师资队伍甚至成立专门教研室来完成。

第二个层次为创新项目研究实践（针对所有本科生），即将“三创”调研项目设置为本科教育的必修项目，目标是通过各学院老师指导下的项目组形式，让所有本科生都有创新项目调研的经历和锻炼，以实践创新创业教学理论，进一步培养学生的创新精神、创新意识、创新思维和创新能力。这需要由创新创业学院和各学院共同来完成。

第三个层次为创新创业“训赛”，以学校名义实施，由各学院申报、承办，但面向全校学生开放，学生自主选择参与，从而让那些在前两个层次——理论教学与调研实践——基础上的学生，在校内外理论和实务专家指导下，通过系列培训、练习和比赛，实现创新精神、创新意识、创新思维的实践和创新创业能力的锻炼和提升，这由校内外创新创业导师联合指导完成。

第四个层次为创新创业实业（针对全校极少数学生），即在创新创业训赛项目等基础上，设立众创空间实业，通过工商注册和对外服务，将创新创业项目孵化为创业实业，让部分想自己创业的学生可以将此拓展为就业。这可以由校内外创新创业导师联合指导完成。

基于以上理解，一方面，新时代法治人才培养同样需要将创新创业融入整个过程中；另一方面，新时代的法治人才同样需要较强的创新精神、创新意识、创新思维和创新能力。其一，法律适用不是简单地照本宣科，需要较强的创新能力。例如，基于法律体系、社会治理体系和国家治理体系对其体系化的理解与适用，只有具有较强的创新能力，才能理解和找到具体案件所需要的、相应的法律评价体系，才能正确和准确地适用法律规范，才能实现法律适用的法律效果与社会效果的有机统一。其二，法律工作是解决复杂问题的，需要较强的创新能力。法律工作主要是解决活生生的矛盾纠纷的，工作者没有较强的创新能力，不仅难以做到定分止争，而且难以使人民群众从每个案件处理中感受到公平正义。这意味着，法律工作的创新能力是其基本工作能力之一。

五、涉外型法治人才

这也是一流法治人才的重要体现和基本类型。如此一流法治人才的培养，是我国新时代国家治理基本政策导向的必然要求。

（一）涉外型法治人才培养的政策导向

随着时代的发展，人类的全球化愈来愈需要“同舟共济”“合作共赢”。为此，我国提出构建国际新秩序的“人类命运共同体”新理念，并出台一系列相应政策，推动该理念的践行。其中就包括大量涉外型法治人才的培养。

“人类命运共同体”新理念是我国步入“新时代”的产物。2011 年 9 月，国务院新闻办公室发表《中国的和平发展》白皮书，正式提出“人类命运共同体”的概念与内涵，指出：“不同制度、不同类型、不同发展阶段的国家相互依存、利益交融，形成‘你中有我、我中有你’的命运共同体”，认为“国际社会应该超越国际关系中陈旧的‘零和博弈’，超越危险的冷战、热战思维，超越曾把人类一次次拖入对抗和战乱的老路”，“要以命运共同体的新视角，以同舟共济、合作共赢的新理念，寻求多元文明交流互鉴的新局面，寻求人类共同利益和共同价值的新内涵，寻求各国合作应对多样化挑战和实现包容性发展的新道路”。但明确提出该理念的是2012年11月党的十八大，党的十八大报告明确提出“要倡导人类命运共同体意识，在追求本国利益时兼顾他国合理关切”。

2012年11月，习近平在党的十八大就任总书记后首次会见外国人士时就表示，国际社会日益成为一个你中有我、我中有你的“命运共同体”，面对世界经济的复杂形势和全球性问题，任何国家都不可能独善其身。2015年3月，习近平主席以《迈向命运共同体开创亚洲新未来》为题在博鳌亚洲论坛2015年年会上做主旨演讲，提出了“通过迈向亚洲命运共同体，推动建设人类命运共同体”的倡议，并提出了迈向命运共同体的“四个坚持”，即“坚持各国相互尊重、平等相待”“坚持合作共赢、共同发展”“坚持实现共同、综合、合作、可持续的安全”“坚持不同文明兼容并蓄、交流互鉴”。2015年9月，习近平在纽约联合国总部发表重要讲话指出：“当今世界，各国相互依存、休戚与共。我们要继承和弘扬联合国宪章的宗旨和原则，构建以合作共赢为核心的新型国际关系，打造人类命运共同体。”

2017年10月，习近平总书记在所做十九大报告中提出，要“坚持和平发展道路，推动构建人类命运共同体”，以及“构建人类命运共同体，促进全球治理体系变革”。2018年3月，第十三届全国人民代表大会通过宪法修正案，将“发展同各国的外交关系和经济、文化交流，推动构建人类命运共同体”写入《宪法》中（《宪法》序言第十二自然段）。

2018年4月，习近平主席在博鳌亚洲论坛2018年年会开幕式上的主旨演讲中指出：“从顺应历史潮流、增进人类福祉出发，我提出推动构建人类命运共同体的倡议，并同有关各方多次深入交换意见。我高兴地看到，这一倡议得到越来越多国家和人民欢迎和认同，并被写进了联合国重要文件。我希望，各国人民同心协力、携手前行，努力构建人类命运共同体，共创和平、安宁、繁荣、开放、美丽的亚洲和世界。”

2018年12月，在庆祝改革开放40周年大会上的讲话中，习近平总书记总结改革开放40年来我国所取得的伟大历史成就时指出，“我们积极推动建设开放型世界经济、构建人类命运共同体，促进全球治理体系变革，旗帜鲜明反对霸权主义和强权政治，为世界和平与发展不断贡献中国智慧、中国方案、中国力量”，并强调，“必须坚持扩大开放，不断推动共建人类命运共同体”。

2019年10月，党的十九届四中全会提出，“坚持和完善独立自主的和平外交政策，推动构建人类命运共同体”。2021年1月，《求是》杂志于2021年第1期刊发的习近平主席于2017年1月18日在联合国日内瓦总部的《共同构建人类命运共同体》演讲指出“人类正处在大发展大变革大调整时期”，“世界多极化、经济全球化深入发展，社会信息化、文化多样化持续推进，新一轮科技革命和产业革命正在孕育成长，各国相互联系、相互依存，全球命运与共、休戚相关”，“同时，人类也正处在一个挑战层出不穷、风险日益增多的时代”，“世界经济增长乏力，金融危机阴云不散，发展鸿沟日益突出，兵戎相见时有发生，冷战思维和强权政治阴魂不散，恐怖主义、难民危机、重大传染性疾病、气候变化等非传统安全威胁持续蔓延”；认为“让和平的薪火代代相传，让发展的动力源源不断，让文明的光芒熠熠生辉”的中国方案能“构建人类命运共同体，实现共赢共享”，具体以360多年前的《威斯特伐利亚和约》确立的平等和主权原则、150多年前的日内瓦公约确立的国际人道主义精神、70多年前的《联合国宪章》明确的四大宗旨和七项原则、60多年前的万隆会议倡导的和平共处五项原则等一系列公认的原则为构建人类命运共同体的基本遵循。对此，“中国将坚定维护以联合国为核心的国际体系，坚定维护以联合国宪章宗旨和原则为基石的国际关系基本准则，坚定维护联合国权威和地位，坚定维护联合国在国际事务中的核心作用”。

以上关于“人类命运共同体”的理念与阐述，一方面表明我国正将“构建人类命运共同体”作为我国参与全球治理和构建全球治理体系的重要措施；另一方面意味着，包括“一带一路”合作倡议在内的人类命运共同体的全球治理，需要大量包括涉外型法治人才在内的新型卓越人才。

然而，从我国高等法学教育的情况来看，能够满足以上要求的“法治一流人才”非常少。有些国家或组织对我国采用非常手段，如在经济领域，对我国国际贸易采用反倾销、反补贴和贸易保障措施，限制我国出口；在海洋权益上，企图用法律和争端解决机制对我国主权、安全和发展利益造成威胁和影响。[①] 中国不能仅仅作为国际规则的接受者和适应者，而需要积极参与全球治理，做国际规则的维护者和建设者，来提升对国际事务的话语权。[②] 为此，2014年党的十八届四

---

① 王瀚．切实加强涉外法治建设依法深入推进对外开放．西安日报，2014-11-27（2）．

② 汪洋．学习贯彻党的十八届四中全会精神，加强涉外法律工作．人民日报，2014-11-06（6）．

中全会首次提出加强涉外法律工作，并在决定中要求，建设通晓国际法律规则、善于处理涉外法律事务的涉外法治人才队伍。2019 年党的十九届四中全会通过的《中共中央关于坚持和完善中国特色社会主义制度推进国家治理体系和治理能力现代化若干重大问题的决定》，要求“加强涉外法治工作，建立涉外工作法务制度，加强国际法研究和运用，提高涉外工作法治化水平”。显然，这也是“构建人类命运共同体”对一流法治人才培养的要求。

（二）涉外型法治人才培养的基本要求

对于涉外法治一流人才，2016 年司法部、外交部、商务部、国务院法制办联合印发的《关于发展涉外法律服务业的意见》所界定的是“通晓国际规则、具有世界眼光和国际视野”的高素质涉外法律服务人才。具体要求是能提供如下法律服务。

（1）为“一带一路”合作倡议等国家重大发展措施提供法律服务；围绕推进“一带一路”合作倡议、自贸区建设等重大国家发展措施，为全面提升开放型经济水平提供法律服务。积极参与交通、能源、通信等基础设施重大工程、重大项目的立项、招投标等活动，提供法律服务，防范投资风险；推动与“一带一路”合作倡议沿线有关国家和地区在相关领域开展务实交流与合作，为国际货物贸易、服务贸易、跨境电子商务、市场采购贸易以及新的商业形式和新一代信息技术、新能源、新材料等新兴产业发展提供法律服务。在执业活动中开展对外法治宣传，向有关国家和地区宣传我国法律制度，特别是有关投资、贸易、金融、环保等方面的法律规定，增进国际社会对我国法律制度的了解和认知。

（2）为中国企业和公民“走出去”提供法律服务。适应我国实施“走出去”发展战略的需要，鼓励和支持法律服务机构和人员参与中国企业和公民“走出去”法律事务，努力做到中国企业和公民走到哪里，涉外法律服务就跟进到哪里。开展外国有关法律制度和法律环境咨询服务，帮助中国企业和公民了解驻在国家和地区的有关法律制度。参与企业涉外商事交易的尽职调查，开展风险评估、防范与控制，协助中国企业建立健全境外投融资风险防范和维护权益机制，防范法律风险。拓展涉外知识产权法律服务，加强专利、商标和著作权保护、涉外知识产权争议解决等方面的法律服务工作。切实做好涉外诉讼、仲裁代理工作，依法依规则解决国际贸易争端，积极参与反倾销、反垄断调查和诉讼，维护我国公民、法人在海外及外国公民、法人在我国的正当权益，依法维护海外侨胞权益。

（3）为我国外交工作大局提供法律服务。围绕我国外交工作大局，积极为我国对外签订双边、多边条约等提供法律服务，提升我国在国际法律事务中的话语权和影响力。适应推动建立新型大国关系的需要，为我国对外开展战略与经济对话、人文交流、高层磋商等提供法律咨询和法律服务。充分发挥法律服务专业优势，协助我外事、商务等部门依法依规则制定对外经济合作、文化交流等政策措施，协助我驻外使领馆依法依规则处理外交领事事务。

（4）为打击跨国犯罪和追逃追赃工作提供法律服务。推动在打击跨国犯罪、毒品、洗钱和反腐、反恐等领域的务实合作，依据国际规则和双边条约提供法律服务，深化国际刑事司法协助，切实维护地区安全。认真做好涉外民商事案件代理等工作，促进国际民商事司法协助。配合相关部门加强反腐败国际多边双边合作和追逃追赃工作，及时提供法律意见和建议。加强被判刑人移管国际合作。

（5）健全完善扶持保障政策。将发展涉外法律服务业纳入国家和地方“十三五”服务业发展规划，纳入实施“一带一路”合作倡议、自贸区建设等重大国家发展措施。商务主管部门、商会和相关行业协会要为涉外法律服务机构和涉外企业搭建信息交流平台，发布对外经贸发展动态和涉外法律服务需求信息，把涉外法律服务作为境内外国际服务贸易展览会和经贸洽谈的重要内容予以推介。积极鼓励具备条件的高等学校、科研院所等按照涉外法律服务业发展需求创新涉外法律人才培养机制和教育方法，完善涉外法律的继续教育体系。充分发挥高校现有的22个卓越涉外法律人才教育培养基地的作用，加快培养通晓国际规则、善于处理涉外法律事务的涉外法律人才。利用现有资金渠道，加大政府采购涉外法律服务的力度，鼓励在政府采购项目中优先选择我国律师提供法律服务，在外包服务、国有大型骨干企业境外投融资等项目中重视发挥法律服务机构的作用。落实支持涉外法律服务业发展的税收政策，为涉外法律服务业发展提供支持。完善涉外法律服务机构境外发展的政策措施，对法律服务机构在信息咨询、市场考察、外派人员参加当地执业保险等方面提供便利。

除此之外，2021年2月，教育部发布的《关于实施法律硕士专业学位（涉外律师）研究生培养项目的通知》（教研司〔2021〕1号）指出，涉外法治一流人才是“政治立场坚定、专业素质过硬、跨学科领域、善于破解实践难题的高层次复合型、应用型、国际型法治人才”，以为建设一支法学功底扎实、具有国际视野、通晓国际法律规则、善于处理涉外法律事务的涉外律师人才队伍奠定基础。具体的培养要求为：自觉践行社会主义核心价值观，具有爱国情怀和国际视野；系统掌握国内法律专业知识和相关跨学科知识，熟悉国际法律规则和世界主要国家的法律制度；掌握国内、国际以及主要国家的基本诉讼程序，熟悉国际诉讼、仲裁业务；具备从事国内、国际非诉讼法律实务以及法律实务的组织和管理的能力；具有熟练运用外语处理涉外法律实务、撰写法律文书的能力，熟练掌握涉外法律检索、法律文书制作、法律谈判、法庭论辩技能。

第三章
法治人才培养的核心要素

只要是“金子”总会发光，关键是能否把自己打造成“金子”。基于教育培养与就业和职业发展的内在关系，好的就业和职业发展，首要的还是自身的条件好不好、能力强不强、素质高不高，是否是就业录用和职业发展所需要的“金子”。通过我们对法科生就业和职业十多年观察与调研，这个“金子”体现在基于人才培养三要素（知识、能力和素质）的“坚定理想信念”“扎实理论功底”“良好表达能力”“必要创新能力”“较强协作能力”五个方面。这是法科生做好自己大学生涯规划，并为之付出不懈努力和成为法治人才（包括法律职业工作者和其他基于法学专业学习而成长起来的各类人才）的核心所在。

第一节　坚定的理想信念

一、坚定理想信念的职业需求

历史和现实告诉我们，那些“思想偏激”“只会抱怨”“只会指责”的人，很难成为各行各业的职业精英；真正的职业精英，需要有代表正能量的理想信念。事实上，理想信念是做什么样的人和成就什么样的事的基础和前提。正如社会上流行的段子所言，“德才兼备是精品，有德无才是次品，无才无德是废品，有才无德是危险品”。确实，“有才有德”才是“正品”，才宜提拔重用；“有德无才”实为“次品”，但可培养任用；“无才无德”算“废品”，没有任何可用之处；“有才无德”是“危险品”甚至“毒品”，应坚决不用，否则后患无穷。因此，对于大学生来说，在学期间形成坚定的理想信念，是大学生涯和职业发展的最首要、最基本、最重要的使命。

（一）理想信念的基本内涵

理想信念即理想与信念。在严格意义上，理想与信念是不同的。在通常意义上，理想，是指对未来事物有根据的、合理的想象或希望，如政治理想、道德理想、职业理想、生活理想等；信念，是指自己认为可以确信的看法，如政治信念、科学信念、法律信念、生活信念等。[①] 在哲学意义上，理想与信念都是人最深层次的核心价值观念，但它们的具体使命略有不同。就理想而言，它是人生的奋斗目标，是人们对未来的一种有可能实现的想象，是人生目的的直接反应，是人生价值的客观表现，是人类不断进步的强大动力；就信念而言，它是与理想紧密相连并受理想、一定生活实践、成长环境、性格等影响所形成的自己可以确信的看法。因此，可以说，理想指引人生方向，信念决定事业成败。不过，在现实中，“理想信念”通常是作为一个合成词在核心价值观层面使用的，表明人们是否持有代表进步、正义、先进、正能量的世界观、人生观和价值观。

理想信念是“精神之钙”，是激励人们向着既定目标奋斗前进或获取成功力量的源泉。一个人有了坚定正确的理想信念，就会以惊人的毅力和不懈的努力，成就事业，创造奇迹。中国共产党自成立以来先后带领中国人民“站起来”“富起来”“强起来”，靠的就是坚定的理想信念。古今中外那些在艰难困苦中成就伟业的英雄豪杰，无不因他们胸怀崇高的理想信念而具有坚韧顽强的动力。马克思一生将谋求大多数人的利益、实现无产阶级的解放作为自己的既定理想，为此一生困顿，为了写作《资本论》，失去了健康、子女和家庭幸福，但最终完成巨著《资本论》，并与恩格斯共同创建了马克思主义，使无产阶级有了实现自己理想信念的强大思想武器。毛泽东、周恩来等老一辈无产阶级革命家因有“自信人生二百年，会当击水三千里”和“为中华之崛起而读书”等理想信念而能够领导中国人民推翻“三座大山”的压迫，建立新中国。伟大的共产主义战士雷锋因其“螺丝钉”信念而可以“把有限的生命投入到无限的为人民服务之中去”。与此相反，一个人如果没有崇高的理想信念，就会浑浑噩噩、无所事事，甚至腐化堕落，走上邪路。那些整天沉迷于玩乐、出入娱乐场所、花天酒地、醉生梦死、贪污受贿

---

① 中国社会科学院语言所词典编辑室．现代汉语词典．北京：商务印书馆，2019：800，1461.

的人，是缺少理想信念的，其结果可能是不仅在职业上难以有所作为，而且因无法辨识和抵制市场经济的负面效应和西方极端个人主义的影响，而走上违法犯罪的道路。

持有什么样的理想信念，往往是与政治文化、政治制度联系在一起的。在以极端特权为本位的古代专制统治年代，除了极少数掌握着专制统治工具的统治者，其他个人都只是被奴役、被压迫者，难以有可以实现的理想信念。在以个人主义为本位的资本主义社会，虽然个人民主自由被放在首位，但新冠肺炎疫情防控等表明，在过于放纵个人所谓民主自由的治理模式下，因其“民主自由”缺乏“秩序保障”的平台而使个人实际上难以真正享有充分的民主自由——这种不受约束和限制的民主自由，不仅客观上是不存在的，而且会因个人民主自由失去“车闸控制”，而带来“车毁人亡”的极端后果。在以集体主义、爱国主义为本位的社会主义社会，虽然个人民主自由被放在集体、国家之后，但一方面，只有这样，个人的民主自由才有了“秩序保障”的平台，才不会让我们的民主自由因失去“轧皮控制”而“车毁人亡”，另一方面，这会让处于这个“秩序保障”下的所有人，因为有了“车闸控制”的保障而可在如此“秩序”下畅享充分的个人民主自由。因此，一方面，不同政治文化、社会制度下的理想信念可能有所不同，不能以统一标准苛求在不同政治文化、社会制度下的理想信念。在社会主义制度下，理想信念是以爱国主义、奉献精神等正能量追求为核心内容的；另一方面，无论在什么社会制度下，幻想和追求那些脱离集体主义、国家主义和基于个人利己主义的不予奉献的所谓“理想信念”，最终伤害的不仅是国家和民族，而且包括自己。历史和现实都表明，只有真正坚定地为国家、为人民奉献自己的所学所能，才能在成就国家、民族、集体的同时成就自己。

在我国社会制度下，“理想信念坚定”就是坚信马克思主义、坚信中国特色社会主义、坚持社会主义核心价值观。这既是我们党和国家选用“好干部”的首要和基本标准，也是获取就业录用和成为法律或非法律职业精英的首要要素。就“好干部”而言，是否成为好干部，首先就看是否有坚定的理想信念。这一点，在《党政领导干部选拔任用工作条例》（2019 年修订）中有明确规定，要求拟选拔任用的党政领导干部“德才兼备、以德为先”“公道正派、注重实绩”（第 2 条），要能以马克思主义立场、观点、方法分析和解决实际问题，要具有共产主义远大理想和中国特色社会主义坚定信念。[①] 对于那些理想信念不坚定、不相信马克思主义、不相信中国特色社会主义者，因人生追求的方向不对，而不仅为国为民服务的动力不足、用心不够，而且因为经不起风浪与诱惑，而很难作出应有的成就。

（二）理想信念在大学生成才中的重要地位

就大学生而言，有无理想信念或有什么样的理想信念，决定了大学生能否健康成长、人生是高尚还是充实或空虚、未来能否成就事业。现实表明，缺乏理想信念与道德情操的人，无论是在学习阶段还是走上工作岗位，都会为蝇头小利或某种潮流放弃自己的理想信念，放弃自己的远大志向。对此，习近平总书记在2016 年 12 月全国高校思想政治工作会议上做了很深刻的阐述。他强调："要坚持不懈传播马克思主义科学理论，抓好马克思主义理论教育，为学生一生成长奠定科学的思想基础""要坚持不懈培育和弘扬社会主义核心价值观，引导广大师生做社会主义核心价值观的坚定信仰者、积极传播者、模范践行者""思想政治工作从根本上说是做人的工作，必须围绕学生、关照学生、服务学生，不断提高学生思想水平、政治觉悟、道德品质、文化素养，让学生成为德才兼备、全面发展的人才""要教育引导学生正确认识世界和中国发展大势，从我们党探索中国特色社会主义历史发展和伟大实践中，认识和把握人类社会发展的历史必然性，认识和把握中国特色社会主义的历史必然性，不断树立为共产主义远大理想和中国特色社会主义共同理想而奋斗的信念和信心；正确认识中国特色和国际比较，全面客观认识当代中国、看待外部世界；正确认识时代责任和历史使命，用中国梦激扬青春梦，为学生点亮理想的灯、照亮前行的路，激励学生自觉把个人的理想追求融入国家和民族的事业中，勇做走在时代前列的奋进者、开拓者；正确认识远大抱负和脚踏实地，珍惜韶华、脚踏实地，把远大抱负落实到实际行动中，让勤奋学习成为青春飞扬的动力，让增长本领成为青春搏击的能量。"[②] 深入领悟与牢记以上谆谆教诲，是大学生成长为国家、社会的栋梁之材之根本。

具体到在治国理政中举足轻重的"法治人才"而言，具有什么样的"德"

---

① 参见 2019 年 3 月中共中央印发的《党政领导干部选拔任用工作条例》。

② 习近平．把思想政治工作贯穿教育教学全过程．

"才"（世界观、人生观、价值观、方法论），直接决定了国家法治建设的成败、全面依法治国的成效和国家社会未来的传承与发展，因此，法科生要把培养自己的坚定理想信念放在大学生生涯的首位。这主要表现在如下几个方面。

（1）理想信念问题是决定法科生健康成长的根本性问题。从深层次看，理想信念要解决的，不是一般的思想认识问题，而是"高校培养什么样的人、如何培养人以及为谁培养人这个根本问题"。古往今来，革命战争中的叛徒、那些看不到我们自己特色与制度优势的崇洋媚外者、那些知法犯法的腐败者、看不到前途的悲观主义者、在大学生涯中整天浑浑噩噩者、那些把自己的命运和前途交给封建迷信者等，都是缺乏必要的理想信念的。这意味着，理想信念在大学生成长中所起的作用既是把控成长方向，又是"自我激励"：激励自己不做放浪形骸、懒惰浮躁、自私狡黠的社会唾弃者，要做一个志存高远、孜孜以求、正直友爱的社会卓越者。

（2）理想信念问题是决定法科生健康成长的方向性问题。法科生缺乏理想信念就难以成为社会主义的建设者和接班人。曾经部分中国人认为"西方的月亮比中国的圆"，只会脱离中国实际地崇洋媚外，例如，将小孩玩的玩具叫"洋娃娃"，崇拜的英雄形象是"奥特曼"，崇尚的政治制度是脱离中国实际的西方所谓的民主法制。显然，在这样环境下培养出来的学子，因缺乏理想信念而不能客观辩证地看待我们自己的制度和国家、学校的优势、优点，喜好吐槽、抱怨甚至攻击自己的学校、自己的工作、自己的制度、自己的祖国，并终将成为一个脱离中国实际和没能有所成就的夸夸其谈者，他们甚至在个人利益得不到满足时会毅然离开自己的祖国。

（3）理想信念问题是决定法科生能否成为法治守护者的保障性问题。新中国法律制度在马克思主义指导下，逐步形成了适应我国社会治理模式的中国特色社会主义法律体系。这意味着，中国的法律体系是以马克思主义为顶层设计的中国特色社会主义制度的有机组成部分，若这个法律体系离开马克思主义的指导，则其必然游离于中国特色社会主义制度的有机整体，让法律的适用和治理与相应的社会治理、国家治理的"端口"不对接，难以发挥法律应有的功能，甚至还会让国家的其他社会治理工具、治理手段无所适用，让国家的社会治理、国家治理混乱不堪。因此，新中国法学和法科生必须坚持"马克思主义"这个根本性、灵魂性的东西，并据此构建和形成中国化的马克思主义法学和成长为符合中国特色社会主义法治人才，才能让我们的法治建设和个人成长拥有与整个国家的政治经济社会制度相向而行的正确方向、目标、任务，才能真正服务于国家的法治建设和国家治理，才能理解和掌握马克思主义关于历史思维、系统思维、辩证思维等的方法论原理以便去学习、适用和研究中国特色社会主义法律并推动法治建设，才能成为中国特色社会主义法治建设的守护者。这意味着，我们培养的法治人才要在我国或代表我国从事好法律职业，就必须坚持马克思主义的理想信念，不可以拿西方的所谓先进的法律规定与制度，作为理解和适用我国法律和解决我国司法问题的直接根据，不可照搬域外某个国家或地区法律体系中的某个（些）法律规定，将之直接纳入我国某部法律甚至法律体系中；否则，会导致法律适用错误甚至产生冤假错案（其实，我国很多具有争议的案件就是这样造成的）。

二、坚定理想信念的培养路径

2018 年 10 月，教育部会同中央政法委联合印发《关于坚持德法兼修实施卓越法治人才教育培养计划 2.0 的意见》（教高〔2018〕6 号），将“厚德育，铸就法治人才之魂”作为培养学生理想信念的首要任务，强调：要注重培养学生的思想道德素养，大力推进中国特色社会主义法治理论进教材、进课堂、进头脑，将社会主义核心价值观教育贯穿法治人才培养全过程各环节；要结合社会实践，积极开展理想信念教育、社会公益教育、中华优秀传统法律文化教育；要加大学生法律职业伦理培养力度，面向全体法学专业学生开设“法律职业伦理”必修课，实现法律职业伦理教育贯穿法治人才培养全过程。[①] 应当说，以上培养计划较为完整地规划了坚定理想信念的培养路径。法科生在自己的坚定理想信念培养规划中，要认真学习和深入领会以上培养计划对法科生理想信念的培养要求。在做大学生涯的规划时，要将如何培养自己的理想信念纳入大学生涯的规划，让自己的理想信念有计划、有步骤地得到培养。其中，要特别注意在学习各思想政治教育课、专业课（课程思政）和参加各实践活动时，思考、体会和践行如何培养自己的理想信念。

① 教育部．关于政协十三届全国委员会第二次会议第 0676 号（教育类 082 号）提案答复的函．

(一) 认真学习和深入把握各思想政治课和课程思政

据培养计划，要“注重培养学生的思想道德素养，大力推进中国特色社会主义法治理论进教材进课堂进头脑，将社会主义核心价值观教育贯穿法治人才培养全过程各环节”。据此，在当前的课堂教学中培养大学生的理想信念，有三个具体路径：一是思想政治课路径，包括教育部规定的“马克思主义基本原理”“中国近现代史纲要”“思想道德修养与法律基础”“形势与政策”“毛泽东思想和中国特色社会主义理论体系概论”这五门思想政治教育课程；二是专门法学基础课路径，包括《习近平法治思想概论》和《法律职业伦理》两门课程；三是课程思政路径，包括所有法学专业必修和选修课程。

1. 思想政治教育课的学习

思想政治教育课（以下简称“思政课”）是培养大学生坚定理想信念的主渠道。它们以社会主义物质文明、政治文明、精神文明、生态文明建设常识为基本内容，揭示和阐释了马克思列宁主义、毛泽东思想、邓小平理论、“三个代表”重要思想、科学发展观、习近平新时代中国特色社会主义思想等的基本观点、基本原理，以引导和帮助大学生紧密结合与自己息息相关的经济、政治、文化生活、社会实践等，领悟辩证唯物主义和历史唯物主义的基本观点和方法，切实提高参与现代社会生活的能力，进而逐步树立起建设中国特色社会主义的共同理想，初步形成正确的世界观、人生观、价值观，从而为其终身的发展奠定思想政治素质基础，为其学好、用好各项法律、深入理解各个法学理论，提供科学的方法论工具。在这个意义上，思政课既是能帮助大学生形成坚定理想信念的教育课，也是能为大学生提供极其重要方法论工具的通识课。明白这一点，对大学生学习思政课的内容和如何学好思政课，至关重要。

在学习思政课时，法科生既要为了培养理想信念而将其知识和道理入脑入心，也要为了把握这些方法论工具而对其哲学社会科学基本原理多加琢磨与吸收应用。例如“马克思主义原理”课程，它是学习和把握马克思主义政治经济学、辩证唯物主义和历史唯物主义以及科学社会主义，坚持辩证唯物主义和历史唯物主义的世界观和方法论，坚持一切从实际出发、理论联系实际、实事求是、具体问题具体分析、抓主要矛盾和矛盾的主要方面、在实践中检验真理和发展真理等马克思主义基本理论、基本范畴、基本立场、观点和方法的主渠道和主阵地。学好这门课程，不仅可以为形成坚定理想信念打下坚实的理论基础，还可以用普遍联系、变化发展以及辩证的、对立统一的和质量互变的思维和方法分析和看待问题，避免极端、激进、固执、片面。因此，学好和掌握这些原理和方法，并使之成为自己的知识与思维方式，不仅至关重要，而且终生受用。

又如“中国近现代史纲要”课程，它是讲述近代以来影响中国发展进程的西方列强是如何对中国进行侵略、马克思主义是如何在中国传播和中国共产党是如何领导中国人民建立新中国等重大历史事件的思政必修课。通过该课程的学习和把握，我们可以认清西方列强是为何和如何侵略中国、中国为何要选择马克思主义作为理论指导、在中国为何只有中国共产党才能领导中国人民救中国、中国特色的社会主义是如何发展进入新时代等近现代中国社会发展和革命、建设、改革的历史进程及其内在规律性，并从中获得智慧，以观照现实中的政治、社会和人生，避免再次被西方列强欺凌，避免再次重蹈历史覆辙，从而形成坚定的马克思主义和中国特色社会主义核心价值观的理想信念。

再如“思想道德修养与法律基础”课程，它综合运用马克思主义的基本观点和方法，从当代大学生面临和关心的实际问题出发，对大学生进行思想品德和社会主义法治教育，以帮助大学生确立正确的人生观、价值观、道德观和法治观，树立正确的社会主义荣辱观和高尚的理想情操，养成良好的道德品质。因此，该课程是对大学生系统地进行思想政治教育并帮助大学生确立科学的人生观、价值观、道德观的主渠道、主阵地与核心课程。通过该课程的学习和领悟，我们可以学会如何做人，如何形成理想信念，如何培养创新、敬业精神，如何形成良好的人格品质和心理素质。可这些往往被大学生所忽视，其结果势必直接或间接影响我们的成才和良好的职业成长。

还如“形势与政策”课程，它对我们认识当前国内、国际政治经济形势具有较强的指导作用。其在介绍当前国内外经济政治形势、国际关系以及国内外热点事件的基础上，阐明了我国政府的基本原则、基本立场与应对政策，以引导我们正确认识世界和中国发展大势，正确认识中国特色和国际比较，正确认识时代责任和历史使命，从我们党探索中国特色社会主义历史发展和伟大实践中，认识和把握人类社会发展的历史必然性，认识和把握中国特色社会主义的历史必然性，激励我们自觉地把个人的理想追求融入国家和民族的事业中，不断树立为共产主义远大理想和中国特色社会主义共同理想而奋斗的信念和信心。因此，学好该课程，是形成坚定理想信念和获得良好职业发展的基础和保证。

另如“毛泽东思想和中国特色社会主义理论体系概论”课程，它着重讲授中国共产党把马克思主义基本原理与中国实际相结合的历史进程，充分反映马克思主义中国化的两次历史飞跃和两大理论成果，对我们进行系统的马克思主义中国化理论教育，以帮助我们系统掌握毛泽东思想和中国特色社会主义理论体系的基本原理，正确认识我国社会主义初级阶段的基本国情和党的路线方针政策，正确认识和分析中国特色社会主义建设过程中出现的各种问题，从而培养我们运用马克思主义基本原理分析和解决实际问题的能力，坚定在党的领导下走中国特色社会主义道路的理想信念，增强投身到我国社会主义现代化建设中的自觉性、主动性和创造性。因此，该课程不仅能帮助我们形成坚定的理想信念，而且能培养我们运用马克思主义基本原理分析和解决实际问题的能力，这对于未来从事法治等职业来说，至关重要。

2. 专门法学基础课的学习

首先是对“习近平法治思想概论”课程的学习。2021 年 5 月，教育部办公厅发布《关于推进习近平法治思想纳入高校法治理论教学体系的通知》，基于习近平法治思想，“系统阐述新时代中国特色社会主义法治思想，深刻回答了新时代为什么实行全面依法治国、怎样实行全面依法治国等一系列重大问题”，“是马克思主义法治理论中国化的最新成果，是习近平新时代中国特色社会主义思想的重要组成部分，是全面依法治国的根本遵循和行动指南，为推动法学教育高质量发展、培养德才兼备的高素质法治人才指明了前进方向、提供了根本遵循”，该通知要求将“习近平法治思想”纳入高校法治理论教学体系，以培养德才兼备的高素质法治人才。为此，新修订的《法学类教学质量国家标准（2021 年版）》不仅明确将“习近平法治思想概论”纳入法学专业核心必修课，而且要求“将将习近平法治思想进行科学有机的学理转化，将其核心要义、精神实质、丰富内涵、实践要求贯穿于法学类各专业各课程，将社会主义法治建设的成就经验转化为优质教学资源，更新教学内容、完善知识体系、改进教学方法、提高教学水平，帮助学生学深悟透做实，增强政治认同、思想认同、理论认同、情感认同，引导学生进一步坚定中国特色社会主义法治的道路自信、理论自信、制度自信、文化自信”。因此，认真学习和深入领会习近平法治思想，有利于我们正确和全面把握新时代中国特色社会主义法律体系、法治体系、知识体系，有利于法科生形成德才兼备的法治素养和理想信念。

其次是对“法律职业伦理”课程的学习。2018年年初教育部发布实施的《法学专业类教学质量国家标准》明确了法学专业核心课程体系，将“法律职业伦理”课程列为十门法学专业核心必修课程之一，要求所有开设法学专业的高校必须面向法学专业学生开设。2018年10月，教育部会同中央政法委联合印发《关于坚持德法兼修实施卓越法治人才教育培养计划2.0的意见》（教高〔2018〕6号），要求加大学生法律职业伦理培养力度，面向全体法学专业学生开设“法律职业伦理”必修课，实现法律职业伦理教育贯穿法治人才培养全过程。该课程主要讲述法律职业中律师与委托人关系规则、律师与裁判机关关系的规则、律师与检察官关系规则、律师与律师之间的关系规则和律师与律师事务所、律师协会、司法行政机关的关系规范等，以及法官和检察官、公证员的法律责任，从而使学习者全面认识法律职业道德，树立牢固的职业伦理意识，学会处理法律职业与职业伦理间的关系以及运用职业伦理规则处理各种复杂的法律问题的能力，以客观、公正、健康地从事法律职业，形成对法律职业所应有的根植于灵魂深处的神圣感、敬畏感和责任感，自觉以职业道德约束自己和维护职业良知。

3. 各专业课的课程思政学习

所谓“课程思政”，就是在专业课教学中挖掘其中所蕴含的理想信念及马克思主义原理、立场、方法等思想政治教育元素，并通过知识和技能传授与理想信念教育有机结合，以达到既提升专业课教学效果又培养学生的马克思主义理论水平与理想信念的“双重”目标。据此，“课程思政”课在本质上是专业课教学，只是在教学内容、教学方法和教学成效上确保与中国特色社会主义的核心价值观、马克思主义的指导思想与顶层设计、中国的社会治理体系、国家治理体系、法律体系等实际相适应、相协调，所学所教的东西能解决中国的问题、能推进中国的发展、能推动全人类的发展进步。因此，“课程思政”实际上是在为学好用好各专业课把握“方向”。

2019年3月18日，习近平总书记主持召开学校思想政治理论课教师座谈会，强调办好思想政治理论课，最根本的是要全面贯彻党的教育方针，解决好培养什么人、怎样培养人、为谁培养人这个根本问题。新时代贯彻党的教育方针，要坚持马克思主义指导地位，贯彻新时代中国特色社会主义思想，坚持社会主义办学方向，落实立德树人的根本任务，坚持教育为人民服务、为中国共产党治国理政服务、为巩固和发展中国特色社会主义制度服务、为改革开放和社会主义现代化建设服务，扎根中国大地办教育，同生产劳动和社会实践相结合，加快推进教育现代化、建设教育强国、办好人民满意的教育，努力培养担当民族复兴大任的时代新人，培养德智体美劳全面发展的社会主义建设者和接班人。①

为深入贯彻落实习近平总书记在学校思想政治理论课教师座谈会上的重要讲话精神，全面落实立德树人根本任务，教育部采取系列措施全面推进高校课程思政建设，以深化法学专业学生的职业理想和职业道德教育，努力培养担当民族复兴大任的、德智体美劳全面发展的社会主义建设者和接班人。具体思路是，坚持显性教育与隐性教育相统一，深入挖掘各类课程和教学方式中蕴含的思想政治教育资源，实现各类课程与思想政治理论课同向同行，全面提高课程育人水平；要求高校结合不同课程的学科专业特点和育人要求，着力推进不同类型课程的课程思政建设；对法学类专业，要求帮助学生了解法学领域的国家战略和政策，引导学生深入社会实践、关注现实问题，培育学生德法兼修的职业素养，确保学生法学知识水平和思想道德素养“双提升”②。

因此，虽然“课程思政”与思政课有以上不同，但它们在落实立德树人根本任务和培养担当民族复兴大任的、德智体美劳全面发展的社会主义建设者和接班人的人才培养目标上，是一致的。它们在人才培养的课程体系和教学要求中，从不同角度融入人才培养的“知识”“能力”“素质”规格要求中，并通过协调规划与统筹施行，实现共同的人才培养目标。由此，我们在专业课的学习中，一定要理解和重视各专业课程教学内容、教学方法等方向性的东西，确保我们所学的东西能融入我国的社会治理、国家治理体系中，能解决我国实践中的问题，以此培养我们坚定的理想信念。

就法学专业课程而言，在学习中，最主要的是以下几个方面。

---

① 习近平主持召开学校思想政治理论课教师座谈会，[2021-08-26]. http://www.gov.cn/xinwen/2019-03/18/content_5374831.htm.

② 教育部. 关于政协十三届全国委员会第二次会议第0676号（教育类082号）提案答复的函.

一是要“立足于中国实际”。这是因为，任何国家的法律都是服务于本国的治理模式、融合于本国的文化传统、存在于本国法律体系之中的。这就决定法律必定有它的本土性。国外的法律在它自己的本土上，可能是先进的、好用的，但简单地移植或借鉴到我国，可能就完全是另外一回事。我们在学习中，虽然应当有国际视野，但并不等于就可以脱离中国实际。特别是，对本科生或初学法律者来说，现在学习的法律，会直接影响到将来的实务工作。

二是要“坚持中国自信”。很多人形成了一种习惯，一谈到中国法律、中国法治，就认为是“一团糟”，只有西方法律、西方法治才是“可行的”。不否认，经过几百年的发展西方民主法治，有它的先进性，但一国法律的根本变革，必须建立在整个法律体系和社会制度的根本变革基础上。日本的明治维新、我国清末的“西法东渐”和新中国废除国民党政府的“六法全书”，都是例证。我国社会经济发展的现状充分表明，中国特色社会主义法律体系，在总体上是适应我们的治理模式和文化传统的。这是我们 70 多年探索和实践逐步形成的，是我们的“自信”所在，必须予以坚持。新中国的某部法律作为新中国法律体系和国家治理体系的有机组成部分，其理论体系及其研究也必须坚持这个“自信”，避免法学理论研究脱离中国实际，简单地照搬照抄或套用国外的做法。

三是要“形成中国信念”。新中国法学的信念，就是马克思主义。为什么新中国法学要形成这个信念呢？这是因为，新中国法律制度都是在马克思主义指导下，一步一步构建和发展起来的。离开了这个根本性、灵魂性东西，我们法学就会偏离据此构建的国家治理模式和法律体系。在当今法治新时代，我们只有坚持马克思主义的指导，才能正确理解和深入推进全面依法治国的新理念、新思想、新战略，才能把握和找准法治建设的方向、目标、任务，才能深入解决法治建设和国家治理中的一系列重大问题。同时，马克思主义关于历史思维、系统思维、辩证思维等的方法论原理，也是我们正确理解和适用法律、科学构建法律制度、研究完善立法、司法的基本工具。

（二）积极参加提升思想境界的实践活动

培养计划要求，“结合社会实践，积极开展理想信念教育、社会公益教育、中华优秀传统法律文化教育，让学生在感悟法治进步中坚定理想信念，在了解群众疾苦中磨炼坚强意志，在奉献社会中增长智慧才干”。在这里，虽然是将“理想信念教育”与“社会公益教育”、“中华优秀传统法律文化教育”相并列，但从理想信念的内涵及其与立德树人的关系来看，后二者在很大程度上也是为了培养大学生的理想信念，是为了立德树人。

在基于社会实践提升自己理想信念的活动中，需特别注意的是：第一，理论和实践相结合。要引导大学生学习中国共产党的基本理论。要将实践的活力注入这种学习，充分运用实践中群众的丰富创造。要和实践结合起来，让大学生感受到这个理论是来自实践，是能够指导当代中国的实践。理论和实践相结合，只有这样，我们才能筑起一个“同心圆”。第二，要有正确的活动观。对于在大学期间参加的所有活动，包括担任各种学生干部和参加各社会实践活动，需明确其目的，都不是为了得到“学分”和评优评奖的“加分”，而是为了锻炼自己的理想信念和培养自己为国家法治建设的活动与服务能力。我们应该珍惜这个难得的锻炼自己的“平台”，并融入其中尽职尽责地为之付出。在这个付出中，投入的时间和精力越多，收获的锻炼与成长也就越多。综观中外名人发展史，任何一个有大智慧和有理想信念的成功人士都曾有过这样的付出与锻炼。

第二节　扎实的专业功底

全国人大常委会于1980年2月12日颁布、于1981年1月1日施行、于2004年8月28日修正的《中华人民共和国学位条例》第4条规定：“高等学校本科毕业生，成绩优良，达到下述学术水平者，授予学士学位：（一）较好地掌握本门学科的基础理论、专门知识和基本技能；（二）具有从事科学研究工作或担负专门技术工作的初步能力。”教育部于2021年5月19日发布的《法学类教学质量国家标准（2021年版）》（教高厅函〔2021〕17号）明确法治人才的培养目标为：“培养德才兼备，具有扎实的专业理论基础和熟练的职业技能、合理的知识结构，具备依法执政、科学立法、依法行政、公正司法、高效高质量法律服务能力与创新创业能力，坚持中国特色社会主义法治体系和熟悉国际规则的复合型、应用型、创新型法治人才及后备力量。”根据这些规定与要求，具有扎实的专业理论基础、专门知识、基本技能等专业功底，是法治人才培养的基本要求，是法科大学生的大学生涯的基本任务。

一、扎实专业功底的职业需求

随着党的十八大将法治作为“治国理政的基本方式”，通过“创新法治人才培养机制”培养“德才兼备”的法治人才，是贯彻落实“全面推进依法治国”战略和加快建设社会主义法治国家的基本措施与必然要求。又随着党的十九大将“全面推进依法治国”“深化依法治国实践”作为“决胜全面建成小康社会，开启全面建设社会主义现代化国家新征程”的必要路径和基本措施，对法治人才培养的要求达到新高度。

然而，正如中央政法委员会和教育部于2011年发布的《关于实施卓越法律人才教育培养计划的若干意见》（教高〔2011〕10号）所指出：“我国高等法学教育还不能完全适应社会主义法治国家建设的需要，社会主义法治理念教育还不够深入，培养模式相对单一，学生实践能力总体不强，应用型、复合型司法职业人才培养不足。”虽然党的十八大以来，高等法学教育在满足职业需求上有很大改观，但是我国法学高等教育仍不能满足新时代全面依法治国的职业需要。

因此，法科生借助大学生涯的平台，把自己培养成既“德才兼备”又“具有扎实的专业理论基础和熟练的职业技能、合理的知识结构”等专业功底的复合型、应用型、创新型法治人才及后备力量，既是我国高等法学教育改革发展最核心最紧迫的任务，也是新时代法治建设赋予法科大学生的大学生涯使命。何况，法律人只有具有相同的理念、接受相同的训练、掌握相同的技巧才能形成一个由法官、检察官、律师等构成的共同体，才能护佑法治之舟平稳航行。[1]

二、扎实专业功底的实现路径

（一）扎实专业功底的课程体系

据《法学类教学质量国家标准（2021年版）》，法治人才的专业功底在“知识要求”层面上，主要体现为“了解人文社会科学和自然科学的基础知识，牢固掌握本专业的基本知识和基本理论，并形成合理的整体性知识结构”。法治人才

① 王利明．法治与法律人．法制资讯，2014（8）：9.

培养的法学类专业课程总体上包括理论教学课程和实践教学课程。理论教学课程体系包括思想政治理论课、通识课、专业课，实践教学课程体系包括实验和实训课、专业实习、社会实践与毕业论文。相较于法治人才培养而言，这里的课程体系既包括支撑法学专业学习与法律实践应用的哲学社会科学、自然科学方面的基础原理性课程即通识课、专业的必修课和选修课的专业理论课程，也包括夯实法治人才培养专业功底的相应实践课程。

1. 夯实法治人才培养专业功底的通识性课程

通识教育，是指高等教育中非专业性教育部分，涉及人文、社会科学以及自然科学等各个学科，功利性色彩较少。“通”应采“贯通”之意，通识教育的本旨并非培养全才，而是培养学生运用多学科知识解决问题的能力，使学生遇到问题能够拥有比较宽阔的视野。通识教育是任何高等教育的基础，对法科学生来说更加必要，因为法律职业要求从业者具有广博的知识，对经济、政治、社会乃至世故人情的理解和洞察力，有的业务门类甚至需要从业者对科技、医疗卫生、心理等方面有深入的理解。法律职业的这个特点，与自然科学、工程技术、会计等领域有很大的不同。对法律从业者来说，通识教育甚至就是专业教育的有机组成部分。①

通识性课程通常可以划分为三大类：一是培养理想信念的思政课；二是拓宽视野、教授方法、陶冶情操、保持身心健康的素养课，如大学外语课、计算机信息技术课、大数据课、方法论课、大学体育课、人文修养课等；三是夯实专业基础的各相关原理性课程，包括哲学原理课（也可纳入思政课）、经济学原理课、社会学原理课、政治学原理课、管理学原理课等。这些课程往往为同学们所忽视，通常被认为是“可有可无”的“副课”。其实，这是一个极大误区，这些课程的重要性一点都不亚于专业必修课程。否则，不仅会让我们对法学专业课一知半解，而且会带来对法律的理解和适用片面甚至错误。

“法之理在法外”，只有懂得哲学上的系统论、主客观相一致、具体问题具体分析等原理，才能正确理解立法的体系化规定与既合理又合法地适用法律。如刑法中关于定罪量刑的某个立法规定，只是具体案件法律适用体系中的一个规定，

① 葛云松．法学教育的理想．中外法学，2014（2）：290.

需结合刑法中基于本案定罪和量刑事实的其他所有规定并进行体系化理解和适用，才能算是坚守了罪刑法定原则、罪刑相适应原则等的完整法律适用，否则，就会带来定罪量刑因适用法律不完整而所谓合理但不合法或合法但不合理的悖论。其实，基于哲学上的主客观相一致、形式与实质相统一等原理，定罪、量刑的法律评价都一定是主客观相统一的：在定罪上，客观方面的行为及其结果不是在相应的犯罪故意或犯罪过失支配下实施与造成的，不可能构成犯罪，否则就是客观归罪；同理，主观方面的意识（“犯意”或“犯意表示”）没有用以支配危害行为及其结果的实施（“犯意”或“犯意表示”没有付诸实施），也不可能构成犯罪，否则就是主观归罪；在量刑上，无论是犯罪过程中还是犯罪前或犯罪后形成的事实，要成为评定量刑轻重的根据，不能仅看客观上的数额（如多少万元）、数量（如多少人员伤亡）等，还需要同时考察数额、数量等事实所蕴含的主观表现（有无主观恶性及其程度等），只有这样才能准确认定量刑轻重所依据的社会危害性大小和人身危险性（社会危险性）大小，才能作出公平公正的量刑结论。这些例证表明，学好那些支撑法学专业学习与法律实践应用的哲学社会科学、自然科学方面的原理性通识课，对深入理解和正确适用法律和法学专业课程至关重要。虽然法科生对这些课程没有必要像哲学专业、政治学专业、经济学专业等专业学生那样深入系统学习，但系统把握和深入理解它们的基础原理，还是非常重要的。

近年争议很大的“赵春华涉枪案”“昆山龙哥反杀案”“广州许霆 ATM 机盗窃案”，其争议主要来自因忽视以上相关课程的方法论原理而带来的片面甚至错误的法律理解与适用。[①] 如因没有基于主客观相一致的哲学原理对案件事实进行全面考察，而让这些案件的法律适用并不完整，使案件的判决结果富有争议。就“赵春华涉枪案”而言，因本案的案件事实认定并没有考察行为人在主观上是否明知这个“玩具枪”是作为法定犯的非法持有枪支罪的“枪支”，而使得案件判决没有真正适用《刑法》第 14 条关于犯罪故意“明知”等规定，进而将本不具有非法持有枪支罪主观故意的行为认定为了犯罪；就“昆山龙哥反杀案”而言，行为人误将本已结束的“不法侵害行为”（逃跑）当作正在进行的不法侵害而实施

① 石经海．量刑的个别化原理．北京：法律出版社，2021：375－382.

的所谓“防卫”行为，基于主客观相一致原理，应属于“不应当预见”的假想防卫（这种情形下的假想防卫不构成犯罪）；就“广州许霆ATM机盗窃案”而言，因原一审判决（无期徒刑）的法院并没有基于本案的量刑事实适用本案量刑所需的全部法律规定，没有基于这些案件事实进行体系化的完整的法律适用，而使得本案量刑适用的法律并不全面（没有基于本案酌定量刑事实适用《刑法》第63条第2款规定），从而引起本案量刑的巨大争议。

2. 夯实法治人才培养专业功底的专业理论必修课程

作为夯实法治人才培养专业功底的专业理论课程，包括专业必修课程和选修课程。其中，在专业必修课程中，教育部法学教育指导委员会确定了“1＋10＋X”类课程为法学专业核心课程。这里的“1”指“习近平法治思想概论”课程；这里的“10”指法学专业学生必须完成的10门专业必修课，包括法理学、宪法学、中国法律史、刑法、民法、刑事诉讼法、民事诉讼法、行政法与行政诉讼法、国际法和法律职业伦理；这里的“X”指各院校根据办学特色开设的其他专业必修课，包括经济法、知识产权法、商法、国际私法、国际经济法、环境资源法、劳动与社会保障法、证据法和财税法，“X”的选择设置门数原则上不低于5门。

法学门类的专业不只是“法学专业”，还包括知识产权专业、监狱学专业以及信用风险管理与法律防控、国际经贸规则、司法警察学和社区矫正等四个特设专业。其中，知识产权专业核心课程包括：习近平法治思想概论、法理学、宪法学、刑法、民法、刑事诉讼法、民事诉讼法、行政法与行政诉讼法、知识产权总论、著作权法、专利法、商标法、竞争法、知识产权管理、知识产权文献检索与应用。监狱学专业核心课程包括：习近平法治思想概论、法理学、宪法学、刑法、民法、刑事诉讼法、民事诉讼法、行政法与行政诉讼法、犯罪学、社会学、监狱学、矫正教育学、矫治心理学、狱政管理学、国外矫正制度。信用风险管理与法律防控、国际经贸规则、司法警察学和社区矫正等四个特设专业的核心课程均增设“习近平法治思想概论”。以上专业核心课程，只是一般性要求，并非专业必修课程的全部或具体课程名称。在具体的人才培养中，各个学校根据自身的情况，设置具体的课程名称。如将刑法设置为“刑法学总论”“刑法学分论”“刑法学案例研习”“刑法学分论案例研习”等专业必修课，将“民法”设置为“民法学总论”“债权法学”“物权法学”“合同法学”等专业必修课。

专业必修课是学生专门知识体系构建中的基本部分，是所有同专业学生都必须把握的基础性专业专门知识。对这个方面的知识没有学习或没有学好就会带来基本知识体系（专业槽）没有构建起来、专业知识残缺不全、专业理论功底不扎实、对法律的理解和应用困难或片面等不良后果。这就要求，对专业必修课的学习，不可以仅按自己的兴趣爱好有选择地学习。在现实中，有部分同学面对繁多的学习课程和学习任务的压力，往往把更多的时间和精力放在自己喜欢的课程上。例如在刑法或民法课堂上，老师往往会列举大量有趣的案例，因此，学生的注意力更容易集中，对理论知识的学习也较为感兴趣。但对于行政法和国际法此类专业性高、趣味性相对较低的课程，即使是结合案例进行讲解，但很多时候面对长达 100 页的、错综复杂的案件事实，部分学生还是会选择放弃认真学习。虽然在整个法学专业知识体系的构建中，民法和刑法是最基础、最核心的组成部分，需要花费更多的时间和精力，但这并不意味着对其他专业必修课就可以不花或很少花时间精力。否则，就可能因知识大厦的地基没打牢固而后续在继续学习和实务工作中难以有好的前景，毕竟，任何复杂疑难问题的思考与解决，需要的都是体系化的知识和专门知识体系，而不是某几门课程的零碎知识。

3. 提升法治人才培养专业功底的专业理论选修课程

作为夯实法治人才培养专业功底的专业理论课程，除以上必修课程外，还有专业选修课程。对这类专业选修课程，同学们往往有两个基本误区：一是认为专业选修课程是不重要的；二是可学可不学、可学好可不学好。其实，专业选修课与必修课不是按重要与不重要、可学好与可不学好划分的，而是按专业人才培养的基本知识体系构建与特别需要（发展）设置的。据此，仅靠专业必修课尚培养不出卓越的法治人才。

人才培养对专业必修课与选修课的研修，类似于由规定动作和自选动作组成的“跳水”比赛。在“跳水”比赛中，“规定动作”的良好完成只是完成比赛的基本部分与基础性要求，最终能否获得理想成绩甚至冠军，还是要靠体现个性特长与难度提升的“自选动作”及其完成质量。在卓越法治人才的培养中，专业必修课的学习，只是构建自己专业知识体系的基本部分与基础性要求，只是构建了“法治人才”大厦的基础；“法治人才”大厦的建成，还需要个性化学习与特别发展的体系化选修课学习。例如，若未来拟在民商法方面有所发展，就应选修能弥补或深化民商法能力的课程；若未来拟在刑事法方面有所发展，就应选修能弥补或深化刑事法能力的课程。当然，这些“专业选修课”，并非仅限于法学专业课程，还可以是其他与法学专业必修课程形成逻辑上的拓展与延续关系的跨学科、跨专业的新兴与交叉课程。

4. 夯实法治人才培养专业功底的专业实践课程

专业实践课程是夯实法治人才培养专业功底的重要一环，大体包括如下三种类型。

一是理论教学课程中的实践教学环节。这是训练大学生理论联系实践的意识、思维、能力的重要举措。这种实践课程，是通过改革教学方法、强化案例教学、增加理论教学中的模拟训练和法律方法训练环节、挖掘或充实各类专业课程的实践教育资源，以达到对理论专业课程学习的理论联系实践的教学效果。由此，这类课程的教学方法，应当是结合案例（判例）、法律条文和司法实践中的问题展开的。

二是专业相关的社会实践。这通常包括专业实习、模拟法庭、法律诊所、专业实验室、实训基地和校外实习基地、独立设置实验、实训课程等。这类社会实践是根据本专业人才培养需要所组织的各种形式的教育教学活动，既培养学生的理论应用于实践的意识、思维和能力，又让学生了解社会生活，培养其社会责任感，增强其社会活动能力。

三是专业的毕业（学位）论文（设计）。这包括学术论文、案例分析、毕业设计、调研报告等多种形式，是获取毕业学分和获得学士学位的基本方式，是训练我们书面表达能力、提升专业学习效果、培养创新型专业人才的关键环节与措施。有很多高校教师和同学认为本科生是不应该有毕业（学位）论文（设计）要求的，其实这是对人才培养的很大误解。从人才培养的“知识—能力—素质”规格来看，毕业（学位）论文（设计）是本科人才培养的书面表达能力和专业知识综合应用能力的必要组成部分，是人才培养实践教学的基本形式与必修课程。显然，法科生走上工作岗位后，仅靠所学的一点理论知识是无法胜任法律实践工作的，必须有较强的法律适用与应用能力和专业的书面表达能力。因此，法科生一定要对毕业（学位）论文（设计）有正确的认知，并给予充分重视与给出足够的付出。其中，选题最好是我们在行课或专业实习中遇到的在实践中有价值并适合本科生攻关的疑难争议问题。这里的“适合本科生攻关”主要是相对于需要的知识功底和研究方法而言的，具体而言表现为：在知识功底上，不需要多高深的理论原理就能驾驭；在研究方法上，通过调查梳理就能发现或找出其中的重要问题和据此提出相应的解决对策。如“新形势下法科大学生的就业意向调查”“预防高空抛物的普法教育调查”“大学生毒品问题预防教育的情况与效果调查”等，都是法科本科生能够驾驭和能够完成的选题。当然，如此创新性实践研究，对于才开始步入创新研究大道的本科生而言，一定要寻求有经验的专业教师予以指导，也就是在“师傅领进门”后，再进行“个人修行”。

以上专业实践课程的学习实际上也是夯实法治人才培养专业功底的必要。在进行理论知识学习时，许多法学生会认为自身法学理论知识已经学习得很好，期末成绩的分数也很理想，但这并不意味着已经能够合法、合理地运用所学知识。法学理论知识的学习始终是要面向社会的，实践始终是检验真理的唯一标准。而实践必修课程的学习则为法科生提供了一个检验自身理论知识的契机。同时，在日常的法学知识学习中，由于多是集中在课堂与书本中进行的，法学生十分容易对现有的、固定的学习模式产生厌倦心理，但通过实践必修课程的学习，在面对纷繁复杂的社会生活和层出不穷的法律问题时，法学学生可以通过一种新的方式感知法学知识学习的乐趣，这有助于提升法学理论学习的效果。

（二）选修课的学期规划与研修原则

1. 选修课学期规划与研修安排的相对均衡原则

所谓选修课学期规划与研修安排的相对均衡原则是指所需研修的选修课程在学期规划与研修安排上，不能过于集中在某个（些）学期，应当根据循序渐进的学习规律和个人学习特点与需求，相对均衡地安排在大学四年的不同学期。鉴于专业必修课是由各高校《人才培养方案》按培养规律特点与学期分布直接安排的，通常不存在学生自己选择在哪一学期选修完成的问题，因而，这里的课程学期规划与研修安排基本上只针对选修课程。如此原则，对有计划和高质量地完成学习任务、夯实法治人才培养专业功底、实现良性个性化发展与人才培养目标，至关重要。

各高校在《人才培养方案》中，为满足不同同学不同的“选修”需要，往往会在每一学期都开设超过选修需要数量的选修课。这意味着，所开设的超数量选修课，并非是为了让我们将选修课集中在某个（些）学期选修完成。从当前法科生培养与就业等情况来看，大学四年的选修课程基本上是安排在前七学期，第八学期因找工作和研究生复试等，通常难以安排选修课。可现实表明，同学们因受师兄师姐们缺乏科学和合理规划意见的指导，往往不顾从中学生向大学生转型的适应过程问题，“一窝蜂”地在大一就把本学年所开设的所有选修课修完，完全不考虑自己的未来专业发展与学习的循序渐进，其结果是，一方面纵然在大一累得半死不活，可对绝大多数课程都是囫囵吞枣，另一方面，在大二特别是大三需要研修选修课来补自己的知识短板或深化某个专业方向学习时，往往因没有选修课学分而只得作罢。如此的选修课规划与研修，不仅使得“夯实法治人才培养专业功底”的核心要素几乎变得不可能实现，而且让自己的专业兴趣发展在客观上失去了必要条件，从而使得法科生不仅整个大学生涯难以精彩，而且没能为未来的职业发展打下坚持基础。因此，选不选修和何时选修，需要根据自身学习情况和四年八学期的学习推进情况，均衡地合理布局。虽然专业选修课学期规划与研修安排的相对均衡主要体现在前七个学期，但第一学期确实不宜选修太多。

2. 专业选修课规划与研修安排的关联性原则

所谓专业选修课规划与研修安排的关联性原则，是指专业选修课的选修规划与研修通常需以某个方向的专业必修课为先修课程，专业选修课在很大程度上只是某个方向专业必修课的研修延伸或拓展。如“经济刑法学”“环境刑法学”“军事刑法学”等专业选修课程，通常应在研修专业必修课“刑法学总论”“刑法学分论”后选修，它们并不是对“刑法学总论”“刑法学分论”中相应内容的简单重复，而是对“刑法学总论”关于刑法的基本概念、基本理论、基本原理等的类型化和具体化，对“刑法学分论”关于经济类犯罪、环境类犯罪、军事类犯罪的个性化刑事政策、司法疑难问题等的深入、延伸与拓展。这意味着，专业选修课既不是不重要也不是学习先修课程的基本概念、基本理论，而是要深入把握与训练应用该选修课所涉及的专题内容。这正如在“跳水”比赛中，要成为具有扎实专业功底的职业人士（要拿好成绩甚至冠军），仅跳“规定动作”（专业必修课程）是不可能实现的，还必须有能拿高分的“自选动作”（专业选修课）。否则，“上大学”的职业生涯任务，就不仅是没有完成，而且缺少职业人士所需专业功底。

3. 专业选修课学期规划与研修安排的个性化原则

所谓专业选修课学期规划与研修安排的个性化原则，是指选修什么和何时选修哪门专业选修课，需要根据个人的专业方向追求或补强需要确定。这意味着，一方面，专业选修课学期规划与研修安排不可以在同一专业或同一班级、“同一寝室”“照搬照抄”或“一刀切”（培养方案也不能不设置符合个性化发展需要的一定数量的选修课），尽可能在可选择范围内作出符合自身发展需求与学习时机的科目与学期安排；另一方面，所选修的专业课程可以是本学科专业的，也可以是个人专业方向追求或补强所需要的跨学科专业的必修课程。如以金融法为主攻专业方向的法科生，除选修本学科专业的经济法类相关专业选修课外，还应当选修经济类专业的金融学、会计学、统计学等原理性必修课程或选修课程作为自己的专业选修课。又如以行政法为主攻专业方向的法科生，除选修本学科专业的行政法类相关专业选修课外，还应当选修行政管理类、公共管理类等专业的管理学、政治学、公共关系学等原理性必修课程或选修课程作为自己的专业选修课。还如以刑法或刑事诉讼法为主攻专业方向的法科生，除选修课本学科专业的刑事法类相关专业选修课外，还应当选修刑事侦查类等专业的侦查学、证据技术、刑事司法鉴定等原理性必修课程或选修课程作为自己的专业选修课。

（三）选修课课程的学期规划与研修安排

基于选修课课程学期规划与研修安排的相对均衡、关联性和个性化原则，大学前七个学期的选修课规划与研修安排，可以根据个人具体情况参考如下思路作出安排。

第一学期因涉及从高中生到大学生的转型适应而不宜选课过多。一方面，从各高校的《人才培养方案》的设置来看，所开设的专业必修课较少（如法理学初阶、法制史、宪法学等），所开设的必修课主要是素养类（思政课、外语课等）、身心健康类（体育等）、方法拓展类（计算机、逻辑学等）、原理拓展类（政治学原理、社会学原理、经济学原理等）的思政性和通识性必修课。这样，基于前述关联性原则，在本学期通常不适合选修需要以专业必修课作为先修课程的专业选修课，可以选修作为专业选修课的是那些并不需要专业必修课作为研修基础的课程。如“犯罪心理学”作为一门关于介绍犯罪心理现象的专业选修课，并不过多以“刑法学总论”“刑法学分论”作为研修基础，可以在大学第一学期选修。另一方面，纵然有诸多专业选修课和其他选修课适宜在该学期选修，但因该学期存在从高中生到大学生转型的适应过程而不宜选修过多，以确保所研修的各必修课程和选修课程的研修质量。那些因没有适应、精力不够、兼顾太多等原因而让各科学习处于“一知半解”“囫囵吞枣”“夹生饭”的状态，将对夯实专业功底及后续学习、工作后患无穷。具体到选多少门专业选修课，以每天的课表不要太满、每周留有对专业必修课和拟选专业选修课予以消化的时间和适当参加社团、课外活动的时间为总体标准①，具体可以控制在1～3门。

第二学期因专业必修课较多而也不宜选修过多课程。从各高校的《人才培养方案》设置来看，“民法学总论”“刑法学总论”作为法学专业中最基础、最核心的应用型专业主干课程，一般都在大学第二学期开设。由于“民法学总论”“刑法学总论”是构建应用型法学知识体系中的最基础、最重要部分，因此，对于任何法学专业的学生来说，在这两门课程上无论怎么花时间都不为过。相反，若这两门课没有学扎实（成为“夹生饭”），则无论是后续学习“民法学分论”“刑法学分论”“民法总论案例研习”“刑法总论案例研习”“民法分论案例研习”“刑法分论案例研习”等民法方向和刑法方向的其他课程，还是学习“民事诉讼法”“刑事诉讼法”等课程，都会有较大影响，进而“在大学阶段夯实法治人才培养的专业功底”，在一定程度上就成为一句空话。因此，在这学期，除研修各必修课外，建议选修课的规划与安排尽可能放在陶冶情操、训练身心健康、夯实专业基础的哲学社会科学原理、学习方法论方面，以及多参加关于创新训练、团队合作训练、法律应用训练方面的社团、创新小组、志愿者服务等实践活动。对于专业选修课，非必要的尽可能不要选修，对于学有余力的，可以考虑选修1～2门课程。②

---

① 需要特别注意的是，人才培养不只是“上课”。基于人才培养的“知识—能力—素质”规格，研修各必修、选修课程只是人才培养的一部分（关键部分），除此之外还应有配合以上课程学习的课外自主学习与思考，以及基于第二课堂、第三课堂的职业素养陶冶、实践应用能力训练、创新能力训练、组织协调能力培养等。那些只注重课堂教学和主要采取知识灌输式教学的人才培养模式，主要是以上人才培养中的知识性培养，以上人才培养中的能力性和素质性培养需要第二课堂、第三课堂及其与第一课堂的联动才能有效实现。

② 第二学期后的暑假可以去法院、检察院、律师事务所、法律服务所等法律实务单位从事1～2个月的专业见习，以应用所学理论知识和培养自己的法律实务感受，为后续学习“民法学分论”“刑法学分论”以及其他专业课程奠定基础。

第三学期因已有一定专业基础而宜选适当的关联性专业选修课程。在各高校的《人才培养方案》中，本学期的专业必修课既有与“民法学总论”“刑法学总论”对接的“民法学分论”“刑法学分论”等民法方向和刑法方向专业必修课程，通常也会有“民事诉讼法学”“刑事诉讼法学”“行政法与行政诉讼法学”三大诉讼法课程。[①] 这意味着，这学期的专业必修课学习任务是大学期间最重的。但通常也会有一些与这些课程对接的专业选修课，如“证据法学”“民法总论案例研习”“刑法总论案例研习”“民法分论案例研习”“刑法分论案例研习”等。[②] 这些课程因是专业必修课的关联性延伸或拓展课，是学好这些专业课程和夯实法治人才培养专业功底的重要一环，而通常也应当选修。对于以上专业必修课关联性课程以外的选修课，是否选修或选修多少，可以具体视个人的学习精力、能力等而定。

第四学期和第五学期因已有相当的专业基础而宜选较为充足的关联性专业选修课和个性化拓展课。在各高校的《人才培养方案》中，相对于前两学期来说，这两学期的专业必修课并不是很多。通常是某门诉讼法学、商法学、经济法学、知识产权、国际公法等方面的专业必修课程。这意味着，这两学期是研修关联性和个性化选修课的大好时机。可以根据自己的学习精力和学习能力，选修本专业或跨专业的课程深入研究、延伸、拓展个人专业方向追求或补强所需要的各类课程。在这两学期，尽可能通过较为充足的专业选修课把法治人才培养的专业功底夯实。

第六学期虽然进入研究生或入职备考阶段但也应适当选修部分夯实专业功底的选修课程。对于准备参加硕士研究生考试的同学，第六学期就应进入备考阶段。本学期的专业必修课主要是经济法学、国际法学、毕业论文写作等方面的课程。专业选修课程主要是审判实务、检察实务、律师实务等方面的实训性课程。[③] 在本学期，那些考研的同学就开始走非常路线：将主要甚至全部精力和时间用在研究生考试的备考上。显然，基于当前研究生考试的激烈竞争性，留有一定时间

① 对于这些案例研习课，有的学校是作为专业必修课的。

② 不过，多数学校不将三大诉讼法学放在同一学期开设。通常是第三学期开设“民事诉讼法学”“刑事诉讼法学”，第四学期开设“行政法与行政诉讼法学”，或第三学期开设“民事诉讼法学”“行政法与行政诉讼法学”，第四学期开设“刑事诉讼法学”。

③ 有些学校将这些课程放在第五学期。

给研究生考试备考，是必要和重要的。但不能由此就走非常路线。毕竟，研究生入学考试在本质上只是学有所成的检验和体现，不能也不应该舍本求末地放弃本应完成的学业和本该夯实的专业功底去考研。这样的追求，不仅因专业功底的不足而难以如愿考上理想的研究生，而且纵然考上也让研究生在读期间因专业功底不足而很是吃力和难以精彩，进而让未来的职业生涯缺乏后劲，影响发展。因此，本学期在进入考研备考阶段的同时，还是要兼顾必要的专业延伸与拓展性选修课的学习。对于那些不考研究生而需参加各种入职考试的同学，既要留有时间准备入职考试，也不能由此就不保证本学期的必修课和选修课的学习效果，否则，也可能因学业没有完成而影响专业功底和职业发展。

第七学期因已进入研究生或入职备考的关键阶段而宜选修利于考试的选修课程。在各高校的《人才培养方案》中，本学期很少有专业必修课程的学习，作为必修课的也往往是专业实习、毕业论文，以及部分实务性、拓展性选修课，所以，夯实法治人才培养的专业功底任务，主要在前六学期完成。不过，在研究生入学考试和法律职业资格考试、公务员考试等的备考中，还是可以将备考的复习与进一步夯实专业功底的任务结合起来。一方面，这些考试本就是检验和体现大学本科阶段是否学有所成、是否有扎实的专业功底等，否则就不能或不该选拔进入研究生阶段学习或入职从事相应的职业岗位；另一方面，这些考试的选拔方式或命题方向虽然各不相同，但在实质上都是要考查考生是否具有坚定的理想信念、扎实的专业功底、较强的表达能力和良好的创新研究能力和组织协调能力等，从这些视角去复习迎考本就是提升法治人才培养质量的重要渠道与方式。

第三节　良好的表达能力

一、良好表达能力的职业需求

表达能力，或称表现能力或显示能力，是一个人把自己的思想、情感、想法和意图等，用语言、文字、图形、表情和动作等清晰明确地表达出来，以让他人理解、体会和掌握的能力，通常包括口头表达能力、文字表达能力。[①] 这些能力，并不是指能够讲一口流利的“普通话”，或能写出流畅的文章，也不是指单纯对语言文字的熟练掌握和运用，而是融知识、能力（包括思维能力）、素养为一体的综合能力，是能够用口头或书面语言表达自己的主张，以达到良好沟通目标。据此，良好的表达能力包括根据表达内容选择语言材料并组成话语形式（语音或文字）的能力、根据表达目的与发现偏差而进行自我调控的能力、针对交际对象（听者或读者）的可接受性选择语言材料和调整话语形式的能力、通过对语言材料的选择和话语形式的组合与调整所实现的言语表达与言语环境相适应的能力。这意味着，表达能力在通常情况下会随着学历的提升、阅历的增长、应用的增多而有相应的提升，并大体能满足相应的生活与职业需要。

就法律职业的表达能力而言，既有各种表达能力所通常具有的共性，又有法律职业所需的特殊性。后者主要表现在，法律职业往往是通过口头或书面沟通方式与“人”打交道的，其通过如此方式开展工作的目标往往是解决复杂的“矛盾纠纷”。这意味着，对法科生和法律职业者而言，良好的口头或书面表达能力相对于其他很多职业来说显得更为重要。只有这样，法律工作者才能很好地提出自己的主张，反驳对方的主张，总结辩论，交流，对抗的焦点，引导多方交流，说服别人，化解矛盾纠纷等。

法律职业的以上表达能力的要求意味着，是否有良好的表达能力不仅取决于是否有良好的口头表达上的发音表达和书面表达上的文字表达，而且更取决于法学专业功底的深厚与否、法律规范文件的熟悉与否、法律和法学所依托的哲学社会科学原理熟练与否、相关通识性知识的广博与否、逻辑思维的严密与否、相应实践活动的深入开展与否。这些能力既有先天的，也有通过后天的培养与自我锻炼，在交往实践中不断发展起来的。

二、良好表达能力的培养路径

（一）口头表达能力的训练

口头表达能力是指用口头语言来表达自己的思想、情感，以达到与人交流的

---

① 其形式还有数字表达能力、图示表达能力等，但因数字表达能力、图示表达能力属于专业范围内修炼的基本技能，而我们通常所说的表达能力仅指口头表达能力和文字表达能力。

目的的一种能力。对法律人而言，口头表达能力是需要终身学习的能力，无论是与当事人、学生、法官还是与社会公众沟通，都需要在掌握了大量的语言技巧以及知识储备的基础上展开。对于如此能力的培养，可以从如下几方面加以训练。

1. 普通话的训练

能说清晰流利的普通话，是获得良好口头表达能力的基础。虽然能说清晰流利的普通话不一定就有良好的口头表达能力，或者现实中有良好口头表达能力的人不一定能说清晰流利的普通话，但能说清晰流利的普通话在传递信息、顺畅沟通、增强自信等方面，肯定是有利无害的。

从有关人士的成功经验来看，能说清晰流利的普通话大体取决于如下三个因素：一是能够准确地对汉语拼音的声母与韵母发音（声母发音准确、韵母发音有力度）；二是能够调整好自己发声时的气息（通常是含胸拔背收小腹，让气息能够足够和源源不断供应发声表达的需要）；三是能够抑扬顿挫和自信（做不到这一点难以做到发声清晰流利）。

综观口吃者和播音员的两个极端情形的普通话训练实战情况，要能说清晰流利普通话大体可以通过如下两个基本路径与措施予以训练：一是每天在野外或室内不干扰人的时候，最大声、最清晰地拼读汉语拼音的声母与韵母。这个训练视个人汉语拼音基础不同而所需时间不同。对于普通话较差的，大体需要 2～3 个月时间。在训练的初期，最好每次就反复训练几个声母或几个韵母，每次持续时间为半小时左右。具体到训练程度，以能够准确、清晰朗读汉语拼音的每个声母、韵母并由此能够清晰准确朗读文字为止。二是每天在野外或室内不干扰人的时候，最大声、最清晰、最快速地朗读绕口令。这是口吃者和播音员训练表达的基本方式。实践表明，这个训练对于解决流利表达问题非常有效。在训练时，要注意调整好自己发声时的气息。这个训练的时间，也是视个人情况而定的，但通常需要训练 2～3 个月时间。在训练中，随着训练的推进，最好是“一口气”（包括无缝衔接地换气）能完整地读完一首绕口令或能将一首绕口令读几遍或读几首绕口令。这个方面的具体训练程度，以能够抑扬顿挫和随意控制朗读停顿为标准。以上两个方面的训练到位后，表达时的自信心也就在很大程度上得以一并解决。

2. 逻辑思维的训练

逻辑思维是获得良好口头表达的核心。良好的表达能力需要良好的逻辑思维能力来组织实施。根据大学生的实际情况，对良好逻辑思维能力，大体可以从如下几个方面予以训练。

（1）只列提纲。

很多学生由于对自身的口语表达能力不自信，往往会通过念稿或背稿的方式进行演讲或与他人交流。但在大多数时候，念稿子的方式是在口语表达中最低级的表达方式，只不过是将文本以有声方式告知大家而已。对法学本科生而言，由于掌握的知识水平以及演讲经历有限，若要完全在事先没有准备的情况下侃侃而谈也是存在较高难度的，因此，在进行演讲或与他人沟通之前，将自身想要表达的观点罗列出来，并将其整理为一份演讲的提纲，意识到自己需要按照何种顺序表达何种重要的观点即可，这样的方式既可以确保记住自身所要表达的观点，还可以确保在演讲或交流时不仅专注于自身观点的输出，而且能与听众进行互动式沟通。

（2）注意语言的概括与侧重。

语言的概括是指能够把比较复杂的事物用简明扼要的语句表述出来。很多情况下，过多的话语很容易使听众失去倾听的耐心。对于律师、检察官以及法官而言，每天面对众多的案件，如果不能用最简洁的语言表达想法，不仅庭审时间会被越拖越长，他人不知道你想要表达的重点是什么，同样不利于案件的审理。语言的侧重则是指需要将沟通的重点放在核心问题上，哪些需要重点讲述，哪些可以一带而过都需要表达者进行合理的规划。没有侧重性的口语表达同样算不上逻辑性较强的交流方式。例如在庭审过程中，控诉方与辩护方未能达成统一意见的问题便是焦点问题，是辩论中的重点交流对象，也是观众所关注的焦点。观众所最为关心之处，必应成为表达的重点所在。

（3）避免过激的情绪表达。

当他人对自身观点提出质疑以及询问之时，法学生应当避免过激性的回应，即迫切地证明自己的想法是正确的，对方的想法是错误的，而是需要静下心来认真回应他人对自身观点的质疑，去询问对方觉得自身观点存在的问题，再进一步阐释自己的观点，在认清双方分歧点之后，在此基础上，寻找双方意见的最大公约数。这样的做法不仅能准确阐释自身观点，又能够让对方觉得自身受到尊重，吸收表达者观点中的合理之处。

3. 学会受众分析

所谓受众分析，是指对自身交流的受众情况，即受众（听众）偏好、年龄、教育水平、研究领域等进行区分和归类。如听者是普通人还是法学专业人士？是学生还是职场人士？听众为一人还是数人？不同身份的听众会在很大程度上影响交流方式以及交流内容，因此，如果在沟通之前能对受众作出分析，那么至少可以让自己的表达更容易被接受，实现破冰的效果。据此，我们可以通过以下几个方式予以训练。

（1）明确听众对话题的掌握程度。

在进行话题交流时，一定要注意听众对于自身所讨论的话题的掌握程度。每个人都会存在自己的知识盲区，我们不可能要求他人的知识储备程度与自身一致。大部分人很难在短时间内大量吸收自身从未掌握的知识内容，也不会喜欢听他人讲述自身早已了解的内容。例如，法学生常常要接触众多专业用语，例如民法中的“举证责任倒置”“限制民事行为能力人”“表见代理”等术语，如果大家与掌握这些知识的专业法律人进行交流，那么使用这些术语会使得彼此的沟通更加便捷，但如果大家的交流对象是不了解这些专业知识的普通人，使用这些用语只会让听众无法理解自身所要表达的内容，此种表达便不是成功的表达。

（2）明确听众对于话题的喜好程度。

在很多情况下，即使听众对于表达者所讲解的知识有一定的了解，但是由于不是自身所感兴趣的话题，也很难耐心听取对方的表述。因此，分析受众所喜爱的话题或大众所喜好的表达方式同样十分重要。例如在社区进行普法，便可以讲述房屋等不动产权利的行使以及与婚姻家庭相关的法律问题。此外，在进行特定的话题交流时，可以适时使用当下的热点话题引出自己所要讲述的内容，从而抓住听众的耳朵。

4. 训练自己的倾听能力

懂得表达的人应该更懂得倾听别人。倾听能力实质上也是尊重能力的反映。良好的倾听能力主要表现在以下几个方面。

（1）关注对方表达的重点。

正所谓“差之毫厘，谬以千里”，如果不能准确掌握表达者所要表达的内容，便无法查清其真实想法，之后与表达者的进一步交流也会产生偏差。因此，在听取表达者的想法时，一定要切实了解其所要表达的重点是什么。特别对于一些十分敏感的话题，可能表达者不会用特别直白的语言表达出来，如果此时听众不能搞懂表达者的意思，一定要礼貌地对其进行询问，确定表达者的真实意图。

（2）注重肢体语言的表达。

哈佛大学曾经对人的第一印象做了行为研究报告，报告指出：在人的第一印象中，55%来自肢体语言，37%来自声音，8%来自说话的内容。肢体语言在同对方交流时所发挥的作用同样不可小觑。善于倾听并不等于沉默不语，适度的、鼓励型的肢体动作会促使他人更好地表达自己的想法，因为这种积极的反馈和呼应，不仅表明自己对表达者的讲话很感兴趣，也会使其感到放松。如果有人在表达自身想法时，听众的表情冷漠或者低头看手机，不仅是一种极度不礼貌的行为，而且会促使表达者不愿再进一步表达自己的想法。因此，积极、适度的反馈同样十分重要。

（3）适时提问。

当与他人进行交流时，可以在内心回顾一下表达者所表达的内容，并可以在一个话题结束时，提出自己总结出的疑问，适当的信息反馈可以使表达者更好地知晓自身的观点是否为听众所了解，并可以根据听众的反馈对自己接下来的表达方式与表达内容进行调整，从而达到更好的交流效果。

5. 训练自己的心理承受能力

确实存在很多优秀的法学生，在日常交流中，可以非常出色地做到发挥上述三种能力，但一到面临重要场合的演讲或交流时，其便会觉得压力很大，导致自己上台时，大脑一片空白，事先准备好的内容没有办法表达出来，甚至浑身出冷汗。要克服这种心理压力并不容易，因为要求一个害羞的人勇于表现自己，无疑是在要求他（她）要在短时间内克服已经陪伴自己20年左右的习惯。那么若是想要克服这种心理压力，除了老生常谈的私下多多练习，还有如下几点需要注意。

（1）选择合适的舞台。

合适的舞台选择，有利于自身更好地驾驭以及适应现场环境。即使你是一名专业基础十分扎实、学术能力十分优秀的法学生，但将没有任何实践经验以及交流技巧的你放到庭审现场为被告人进行辩护，你同样无法驾驭这种场合。毕竟，心理承受力具有一定的阶梯性，只为证明自己的实力而错误地选择不适合自身的舞台无异于拔苗助长。

（2）及时调整心态。

很多情况下，由于心理压力较大，即使是出现很微小的突发情况也会对自身心理状况造成很大影响，如演示文稿卡顿、听众席交头接耳的声音等都会导致自身在表达过程中出现卡壳、用词错误等现象，但在此时若不能保持镇定，会更加影响接下来的发挥，因此，在意外情况发生时，可以选择给自己几秒钟时间冷静或回忆的时间，但不能一直陷入不安的情绪，而是要尽可能保持演讲或交流过程的流畅性。事实上，即使在交流或演讲过程中存在失误，大部分听众尤其是朋友都是持有包容态度的。毕竟任何人在这样的场合都可能会出现相同的失误，所以当失误发生时，只有及时地调整心态，才会最大幅度降低失误造成的影响。

（3）不要放大自身错误。

很多表达者在交流或演讲之后往往会回忆自己在表达时出现的错误，并为此感到羞愧，认为大家肯定也会因此嘲笑自己，从而拒绝下一次的交流机会。但事实上，如果大家在事后询问他人记不记得自己的这些错误，可能很多人都会一脸疑惑，表示自己并不记得这些错误。在绝大部分情况下，对自身最挑剔的其实是我们自己。下次再感到羞愧的时候，不妨马上试图让自己回想出其他人的一件糗事，此时可以发现，自己很难回忆起来别人的糗事，事实上，别人也同样如此。因此，不要放大自身的瑕疵，将其夸张为自己成长路上的绊脚石。

（二）文字表达能力的训练

所谓文字表达能力，就是对文字的运用能力。一提及文字表达能力，可能大部分学生会认为这讨论的是论文写作能力，并认为这种能力的培养是在研究生阶段才需要开展的。但实际上法学领域的文字表达能力，除指能够运用现有的法学理论知识进行法学论文写作之外，还包含对大量数据的收集与管理能力、文献阅读能力，以及其他法律文书的写作能力。上述能力不仅仅能为正式写作做准备工作，其同样是文字表达能力的重要组成部分。

1. 知识管理能力的训练

“巧妇难为无米之炊。”没有丰富的知识储备，又何来好的书面创作呢？法学生对于法学知识的了解并不能仅仅局限于法律条文以及学界通说，还必须要通过准确的知识检索获取有效资料，并在此基础上对资料进行科学的管理与归纳，从而形成自身的知识库。

(1) 训练自己的知识检索能力。

知识检索能力是指个人进行信息查询和获取的能力，此种能力不仅是在大学期间所应该掌握的能力，同时是从业后所需具备的基本技能。在当下所处的信息社会中，网络上早已有了多样的查询途径和工具，但很多法学生往往尚未具备严谨的学术意识与学术习惯，即使进行知识检索也是过度依赖非权威性的平台进行信息获取，例如在“百度”上随意检索自己想要的知识后，直接复制粘贴，而较少使用万方、中国知网等权威学术平台，并且所检索的信息也只是从他人的文章中截取自己所需要的内容。这种“拿来主义”的做法并不能提升知识检索能力，甚至会使得自身对问题的认识产生“偏见”。毕竟对一个事物所掌握的信息越少，越不能看清事物的本质，只有掌握了足够多的信息量，才能在此基础上进行分析、整合，随之得出相对客观的结论。而若要锻炼此项技能，法学生需要掌握以下几种方法。

一是扩大知识检索领域。除上述所提及的较为知名的文献数据库之外，读秀、月旦知识库同样属于权威性的文献检索数据库；对法律条文的检索可以使用北大法宝；关于案例的检索除大家所熟知的中国裁判文书网之外，聚法案例也是不错的选择；对于一些数据等宏观资料的检索，可以通过一些行政主管部门以及一些公共网站去查询，如国家统计局网站。外文研究文献可以在 HEINONLINE、WESTLAW 等外文数据库中进行检索。上述所列举的网站平台仅仅是众多权威性学术平台的冰山一角，且基本可以通过校园网站登录。若想找寻高质量的纸质版书籍资料，一本多次再版或多次印刷的教科书，大体上可以视为有品质的保证。部分法学知识专业检索平台如表 3－1、3－2 所示。

表 3－1　法学知识专业检索公众号

序号	公众号名称
1	法学学术前沿
2	法治日报
3	麦读
4	青苗法鸣
5	月旦知识库
6	中国法律评论
7	刑法规范总整理
8	两高法律资讯

表 3-2 法学知识专业检索网站

序号	网站名称	网址
1	中国知网	http：//www. cnki. net
2	北大法宝	http：//www. pkulaw. cn
3	国家法律法规数据库	https：//flk. npc. gov. cn
4	读秀	https：//www. duxiu. com/
5	HEINONLINE	https：//home. heinonline. org/
6	WESTLAW	https：//www. westlawinternational. com/
7	中国裁判文书网	https：//wenshu. court. gov. cn/
8	无讼案例	https：//www. itslaw. com/home
9	聚法案例	https：//www. jufaanli. com/
10	国家统计局	http：//www. stats. gov. cn/
11	中国经济信息网	https：//www. cei. cn/
12	企查查	https：//www. qcc. com/

二是学习关键词的提炼。即使很多同学已经知晓上述数据平台，但在进行搜寻时还是会觉得苦恼，面对浩如烟海的文献数据，怎样才能最快找寻到自己所需要的信息呢？此时就需要学会提炼自己所检索知识的关键词。在没有关键词灵感的时候，可以通过数据库中相关文章的题目或从相关书籍的目录中去获取关键词提示。在数据库中根据关键词所检索到的文章数量庞大时，则可以进行进一步的关键词精简，对目标关键词一步步地进行修正。对于几乎不存在相关文章的情况，可以找寻近义词进行词语替换。毕竟不同学者的语言习惯不同，有时通过同义词替换往往可以搜寻到想要的文章。

三是高质量的知识内容获取。当学会了检索工具的使用以及关键词的提炼后，如何挑选自身所需要的知识内容是接下来所要掌握的内容，知识内容的检索需要遵循以下三个字，即“新、全、权”。所谓的“新、全、权”是指所检索的知识内容应当是新颖、全面以及权威的。新颖，意味着所收集的文章、案例应当具有时效性，能够反映当下司法实践中存在的问题。很多学生在文章或数据查询时往往会忽略所搜集资料的形成时间。很多情况下某一法律条文已经被废止或失效或者数据已经无法与当下的客观情况相匹配，但仍被当成有效资料进行收集或使用，这就会导致所收集的信息无法解决现实问题现象的出现。全面，意味着所找寻的资料不仅仅局限在一个视角或一个领域，而是具有包容性的。全面性的知识检索可以使同学们知晓不同地区或国家对某一问题的不同看法，通过对比观察，发现现今对某一问题的研究进程与历史脉络，这样可以帮助同学们更加系统地进行问题思考。当然，此处的全面并不是指只要看起来有一丝关联的知识内容都要检索，而是要学会从多个角度出发去进行知识探索。权威，意味着所找寻的资料应当是具有质量保证的，是能够使人信服的。为了更好地提升自身的知识检索效率、过滤错误的信息、最大限度地保证资料获取的准确性以及客观性，可以选择权威性的数据或文章作为资料储备，主要可以通过找寻下载量、引用量高的资料，或在核心期刊与官方网站所发布的资料来进行资料收集。此外，若想在文章中获取更多的有效信息，就不能忽略文章的参考文献，为众多文章所引用的参考文献往往价值同样不低。

（2）训练自己的知识归纳能力。

知识归纳能力是指对一定数据、资料、事实进行有条理的归拢，并从中提炼出普遍性规律的能力。在已经收集到自身所需要的各类资料后，下一步需要做的就是对所掌握的知识进行归纳总结，从中发现问题的本质，具体方法如下。

一是简化归类。许多法学生在进行一次资料搜集后，对从各种途径收集到的资料往往是杂乱地陈放在电脑桌面上或毫无逻辑地散放在各个文件夹里。像此种情况，即使已经收集了大量的学术资料，但是在很多情况下由于找不到过往收集的资料，便不得不再次花费大量的时间重新进行资料查找。这无疑是对时间和精力不必要的消耗。因此，在进行资料收集后，应当依据其所属类别，分别将其归类在不同的文件夹内，并且定期对文件进行整理。

二是总结压缩。如果在看书或听课的时候，没有对所看到或听到的知识进行及时的归纳总结，那么获得的资料越多，大脑中的内容便会越零散，遗忘得也会越快。因此，仅仅是对文献载体进行整理不能真正达到能力训练的目的，法学生还需要对资料的内容进行进一步归纳，也就是对阅读过的文献、数据进行总结，在总结共性的同时进行问题的分析。以文献阅读为例，在阅读某一篇法学文章时，最好先将文章的结构梳理出来，例如“问题—必要性—现状—解决办法”，并从文章内容中提取出核心观点，对不同文章内的类似、重复信息可以加以排除。将这种归纳整合作为一种习惯保持下去，便会发现自身对知识的掌控能力逐渐增强，所学知识也会源源不断地输入大脑之中。

2. 辩证思维能力的训练

所谓辩证思维能力，是指运用辩证法分析解决问题的能力。大家可以回忆一下，在高中毕业后，自己已经有多久没有对一篇文章或是对一段话进行专注的思考了。在这个快节奏的时代中，网上的言论多通过肯定、简练的方式表达出来，还未等人们开始思考，“文章”就已经结束了，长此以往，即使看到长篇的文章，大家可能都不会想要去关注，更不用提对文章内容进行辩证的思考了。若要具体掌握辩证思维能力，法学生可以通过如下方式进行训练。

（1）带着问题进行资料阅读。

在进行各类文献以及案例阅读之前一定要在内心对相关内容提出自身的问题，在阅读时要思考资料中所提出的问题或解决办法是否能够解答自己的疑惑或者与自己所设想的答案是否一致，通过此种方式才能大幅激发自身的探索与学习热情。

（2）注重法学写作的逻辑性。

在文章写作的过程中，可以把逻辑性训练看成是因果关系的训练，在这种训练中，需要仔细探究结论提出的依据以及区分事实和想象。例如，在很多情况下，法学写作中所得出的结论并不是一篇文章的核心内容，得出结论前的依据才是文章的精彩部分，这也是逻辑性训练的重要环节之一。在这一部分中，许多文章作者会列举现有观点，并在此基础上一一分析现有观点的问题所在，提出自身观点能够如何解决上述问题，以及具备的理论与法律条文的支撑。例如，有部分作者在文章中表述自身观点为何具有合理性时，甚至会提出是因为某著名学者同样赞成此种观点，此时便可以很明显地发现依据与结论之间并不具有什么逻辑性，此部分的参考价值也便有所减弱。

（3）坚持反复阅读与对比性阅读。

在日常进行的资料检索过程中，法学生会发现许多法学学术论文晦涩难懂，文章内专业术语的使用很多也不符合日常的语言习惯，例如刑法中的“结果无价值”“行为无价值”，甚至可能许多已经从事工作的法律人都不能对这两个专业名词给出精准的解释。遇到上述情况时，法学生一方面可以通过阅读课外基础的法学书籍进行基础性理解；另一方面，还是需要坚持下去，在阅读过第一篇文献后，或许自己还处于疑惑的状态，但当两篇、三篇等坚持阅读下去，反过头来再次阅读第一篇文章时，或许才会打开领悟的大门。

3. 问题发现能力的训练

爱因斯坦曾言：“提出一个问题往往比解决一个问题更重要，因为解决一个问题也许仅是一个数学上或实验上的技能而已。而提出新的问题、新的可能性，从新的角度去看旧的问题，都需要有创造性的想象力，而且标志着科学的真正进步。”法学的文字表达能力训练同样如此。资料的收集检索都是以发现问题为驱动力的。在许多情况下，好问题的重要性远远高于文章的写作。若要切实提升问题发现能力，法学生需要遵循以下途径。

（1）时刻保持好奇心。

发现问题虽然是一种重要的能力，然而大部分人早已形成了一种思维定式，即易对周遭的事情熟视无睹。不识庐山真面目，只缘身在此山中。若要变熟知为真知，要学会时刻保持一种好奇心，不断对熟知的观点或事物进行追问。

（2）进行一定的知识积累。

一般情况下，除兴趣爱好使然，大部分人不会对自身完全未知的领域抱有探索的欲望，但会对自身已经有过一定了解的观点产生探究的欲望，如果一个知识点，自己已经掌握了50%，那么自然会对剩下的50%产生兴趣。因此，除时刻保持好奇心之外，还需要将此份好奇心转化为对相关知识的积淀，当对一件事物了解得越多，研究的兴趣也会随之增长。

（3）依靠自身找寻问题。

问题的提出不是依靠他人，只有主动进行问题的检索，自身才会有找出问题解决方案的欲望，才会有探究问题解决办法的主动性与积极性。当自身找出了真正的问题并且亲自解决问题时，获得的成就感会不断推动你继续发现新的问题。

小技巧提示

如果想要快速提升自身的发现能力，也可以通过5W2H分析法进行能力训练。发明者用五个以W开头的英语单词和两个以H开头的英语单词进行设问，发现解决问题的线索，寻找发明思路，进行设计构思，从而搞出新的发明项目，这就叫作5W2H分析法，具体内容如下：

WHAT——是什么？目的是什么？做什么工作？

WHY——为什么要做？可不可以不做？有没有替代方案？

WHO——谁？由谁来做？

WHEN——何时？什么时间做？什么时机最适宜？

WHERE——何处？在哪里做？

HOW——怎么做？如何提高效率？如何实施？方法是什么？

HOW MUCH——多少？做到什么程度？数量如何？质量水平如何？费用产出如何？

简单而言，就是针对问题持续地问5个（甚至更多）为什么，找到深层次的根本原因，并据此寻找解决之道。当然，5个Why不是说一定就是5个问题，可能是1个，也可能是10个。5W2H分析法的目的是找出问题（发生了什么）；原因（为什么发生）；措施（什么办法能够阻止问题再次发生）。

（4）进行比较性阅读。

没有比较就没有鉴别，为了不被某个文献（文章、著作等）的观点与理由所左右和为了获取个人的创新性认识，往往需要将不同文献予以对比阅读，以从不同文献的不同观点及其理由中发现这些观点及其理由的共识、争议以及其症结，从而可以基于某个（些）原理等形成自己的创新性观点和认识。

4. 书写能力的训练

写作不仅仅是指论文写作，同样包括判决书，法律意见、起诉书、辩护词等的写作，若要想顺利掌握上述各类写作技巧，法学生可以尝试遵循如下三个层次进行训练。

（1）规范性训练。所谓规范性是指要使文字符合规定的格式标准以及表达规范，并且文章的结构以及整体框架要具有逻辑性。在格式方面，很多法学生在进行法学相关内容的写作时，在很多情况下会过分重视文章的内容，而忽略了基本法律术语的应用以及文章格式的要求，出现一些令人哭笑不得的错误。例如，明明是“刑法的基本原则”却写成了“刑罚的基本原则”，将起诉书中的“被告人”写成了“被告”，混淆使用“征收”“征用”等基本的法律术语，过度使用口语化表达方式，又或者不注意首行缩进、文章的行间距不统一等。在平时，面对这些“小小”的错误或许大家会一笑了之，但若在正式的文章写作或从事法律相关职业后，上述这些格式错误会使客户或社会公众对你的专业水平产生怀疑，甚至可能还会导致案件事实认定错误等事件发生。需要注意的是，由于法律文书的具体格式一般情况下是有明文规定的，结构要求较为统一，因此，可以通过“中国裁判文书网”以及专业的法律文书写作网站找寻合适的模板，并依据现有模板进行调整。对于法学论文的写作格式，除按照课程老师的具体要求之外，还可以参照各类法学期刊的格式要求进行写作。在逻辑性方面需要注意的是，一篇优秀的法学文章以及法律文书的写作过程或许可以比喻为侦探小说的推理过程，推理过程在总体上，应是环环相扣、层层推进，就像一个闭合的圆环一样。在具体内容上，句子与句子或段落与段落之间的转化不应给人生硬的感觉。好比上一句明明在讲未成年犯罪的问题，下一句却突然开始讲述未成年人的保护问题，给人以突兀的感觉。法学生的写作训练或许可以说是典型的“带着铁链跳舞”，在无法摆脱铁链的情况下，所需要做的是要熟悉、适应铁链的约束，并在这种约束中最大限度地抒发自身的思考。

（2）客观性训练。客观性并不是指在写作过程中完全不依赖个人意识，而是指应当按照事物的本来面目去考察，不加个人偏见。虽然法学从属于社会科学，但其同样是以事实依据、数据统计、世界的发展规律等客观事实为依托进行学术构建的，若认为法学学科属于社会科学，因而可以任意抒发自身观点，则是完全错误的想法。大量使用“笔者认为”“根据笔者的经验”等主观词语的法学论文在很大程度上会使人有一种将自身凌驾于真理之上的感觉，那么此类文章有极大可能已经脱离了客观性这一范畴。此外，身为一名检察官或者法官，若由于对某类犯罪行为有着极其强烈的个人主观倾向，便在书写起诉书或者裁判文书时，淡化或夸张涉案情节，并给出不当的量刑建议或者作出错误的裁判，不仅会对自身职业生涯造成严重打击，也会严重破坏法律的公平正义性，使公众对法律人这个群体乃至法律产生怀疑。还需要注意的是，客观性的追求是永无止境的，真理的探寻是在一步步推倒重建中不断向前发展的。应当清楚地意识到自身文章的局限性，即文章内容会受到个人的教育环境、成长背景、个人喜好等因素的影响。因此，可以在一段时间的学习过后，反过头来再次审视自己的文章有哪些不足，有待后续研究进一步证明。

（3）针对性训练。上述所提及的两个层次，是在进行各类写作训练时都需要注意的基础特征。掌握了基础特征之后，还需要注意不同的写作训练的特性，以调整写作重点。在本科阶段的写作训练，主要包括法律文书、案例分析报告以及法学论文三个方面。对法律文书以及案例分析报告，总体上要坚持“以事实为根据，以法律为准绳”的写作原则。对法学论文写作，总体上要坚持学术性、创新性以及对接实践的写作原则。

（三）法律文书写作的训练

法律文书写作是法律工作的重要组成部分，是法律工作者必须掌握的一种基本技能。从事法律工作，不能熟练掌握法律文书这种工具是不可想象的。法律文书写作水平是多方面综合能力的反映，而这又不仅仅是一个写作技巧问题，它反映了法律人对法律知识的掌握，以及将抽象法律理论转化成为案件的实际运用能力，因此，它成为评价一名优秀法律人才的重要标准。

要掌握法律文书写作方法，首先需要认真学习法律文书的特点、写作规律和基本写作方法，掌握法律文书写作的基本技能。法律文书的写作与其他文书或文章不同，有其独特的要求，要认真研究法律文书的特点。其次，要切实掌握语言文字的使用方法和技巧，自如运用语言文字工具。熟练掌握语言文字工具是做好法律文书写作工作的最基本的要求。这不仅要求能正确地选词（词法）、造句（句法）、安排结构（章法），而且要能用最恰当的方法表达文书所要表达的思想内容。① 最后，熟练地进行法律文书写作必须进行大量的实践练习，通过对具体案件材料的分析，按照相应的诉讼程序与要求，完成法律文书的书写。法律文书写作不是纯粹的理论，它是实实在在的实践技能，这种技能的掌握不能完全通过书本来学习掌握，必须付诸实践，只有通过大量的模仿与学习，才能不断提高写作的能力与水平。

法律文书是指公民、法人、国家机关及其他组织在处理各项法律事务中，为实现法律赋予的权利和履行法律规定的义务而依法制作的、具有法律效力和法律意义的一系列文书的总称。为大众所熟知的判决书、起诉书、辩护词都属于这一项。在书写法律文书时，尤其需要注意法律文书的语言表述必须与法律的精神相一致，不能与现有的法律规范相违背。语言风格要求简练清楚、通俗易懂，不用或少用各种修辞手法以及夸张性的形容词。语句多使用陈述性句式，少用或不用反问、设问、疑问、感叹等加强语气和感情色彩的句式。

（四）案例分析报告写作的训练

案例分析报告是运用所学到的法学理论知识对生活中发生的有争议的案件进行理论分析的一种论文写作形式。除老师指定案例外，法学生的案例选择应当重

---

① 韦锋．法律文书写作学．北京：中国政法大学出版社，1997：9．

视新颖性、真实性以及适当性。案例分析一般要求字数不多，需要写作者能够尽快地抓住案例中的争议焦点，并使用简洁明了的语言将案件争议焦点以及理论分析部分表达出来，同样需要注意不能违背现有法律条文的规定进行解释。

（五）法学论文写作的训练

法学论文是针对法学这门科目进行的论述。重点考查的是法学生的理论水平、业务水平以及独立进行科研的能力，可以说是对法学生所学习知识的综合考察。法学论文的写作内容应该是本学科中带有基本性质的某个重要问题的某一重要侧面或某一当前疑难问题的焦点。

对法学生而言，如果在法学写作中能够做到规范性以及客观性，那么这样一篇文章可以说得上是一篇“不出错”的文章，但若是想要“出彩”，就不能忘记创新性这一要求。但若是想要在观点、题目、文章内容、研究方法这四个方面全部具有创新性，难度确实很大，因此，可以任意选择一个新颖的方面进行切入。例如，以新的研究方式研究旧问题。一般而言，文章的撰写都会有不同的研究方式，主要为实证研究法、跨学科研究法、理论归纳法等。同样一篇文章，在大家都在使用理论分析的模式进行论文写作时，若是可以另辟蹊径通过数据调研或者案例分析的方式进行文章写作，便是创新性的一种表现。又如，以新的角度研究旧问题。可以发现，很多耳熟能详的法学问题已经有太多的学者进行研究了，各个角度都有人提及了，作为法学本科生确实很难超越那些学术大家的研究。那么此时，便可以对接热点事件，从某一角度进行文章的撰写，这样的文章同样具有新意。当然，创新性并不意味着要完全背离现今学界的理论学说以及法律规范，而是说在论文写作中，应当带着批判的视角去看待现有观点，尽量做到“站在巨人的肩膀上”看待问题。

第四节　必要的创新能力

一、必要创新能力的职业需求

创新能力是技术和各种实践活动领域中不断提供具有经济价值、社会价值、生态价值的新思想、新理论、新方法和新发明的能力。虽然现今国家一直在大力提倡创新能力的培养，但可能许多法学生对创新能力的认知还仅仅停留在科技创新、发明创新等阶段。此外，加之法律职业的规范性与法律制度的稳定性较强，很多法学生都会认为只要遵照法条以及司法解释就足够使自己在未来的职业生涯中拥有立足之地，是否掌握创新能力并不重要。但事实上，虽然法律条文是不能轻易更改的，但其毕竟具有一定的滞后性，不能灵活地顺势而变，解决社会生活中的所有法律问题。如果只会因循守旧，不能顺应时代的发展以及社会大众的需要灵活地解决法律问题，势必难以成为一名出色的法律人。因此，不断突破、勇于创新的能力同样是法律人必备的重要能力之一。创新能力的核心要素主要是创新思维以及创新实践，这也是本节的重要讲述内容。其余能力如专业知识积累、团队协作等由于在本章其余部分已经详细论述过，本节则不再赘述。

（一）创新思维

创新思维是指以新颖独创的方法解决问题的思维过程。新事物创设的第一步便是思想上的转变。创新思维作为创新能力培养的第一阶段，其重要性不言而喻。

1. 思维固化原因

如今虽大力提倡对创新思维与创新能力的培养，但需要承认的是现今我国本科生的思维固化现象较为严重，这也意味着对法学生的创新思维培养往往面临着很大的困难。而造成思维固化的原因主要有三点。

（1）盲目崇尚权威。

我们会发现一个现象，在一个领域内的权威者发表一种观点之后，大部分人的第一反应并不是去质疑这一类观点，而是不假思索地肯定这一观点，更有甚者，甚至会将这种观点奉为金科玉律。这是因为，我们会下意识地认为这些大家不论是学识还是人生经验都远远超出自身许多，所以他们说的一定是真理，如果自己质疑这些大家的观点，难道不是自身太自大了吗？正是这种对权威观点的盲目崇尚在一定程度上削弱了自身的批判意识。

（2）应试教育的影响。

在接受了 12 年的应试教育后，学生可能早已将学习视为获得高分的手段，而在此阶段，高分的获得并不要求学生给出新答案，而是记住教材中已有的答案即可。长此以往，学生便很容易轻视创新的重要性。

（3）思维惯性。

当个人的思维常常以特定的方式去思考时，自身便会形成一种思维惯性，也就是我们常说的“经验”。按经验办事在大部分情况下固然是解决问题的最优方案，但一律按照经验办事，也会使得自己越来越不敢或不愿尝试其他的方法。

2. 创新思维的具体培养方案

解决思维固化并非一朝一夕之事，创新思维不是人的固有思维，需要不断通过实践加以训练。可以遵照如下三个方案，训练创新思维，改变思维固化的状态。

（1）注重非逻辑性思维。

通俗来讲，人们常常会将直觉、灵感、想象这种不依照严格程序便能发现事物本质的思维称为非逻辑性思维。在上文中，本书强调了逻辑性思维在表达能力中的重要性，但非逻辑性思维在很多情况下的重要性同样不可小觑。瓦特因看见炉子上的铁壶烧开水壶盖在动，从而发明了蒸汽机；鲁班的手因被一种两边长着锋利的齿的野草割伤，从而发明了锯子。大家可以发现，上述两个小故事中，事物的发明创造源于灵感与想象。当然，非逻辑性思维在未经过科学的验证之前，得出的初步结论往往与最终结论存在出入，但非逻辑性思维是开启探索之门的一把钥匙，通过非逻辑性思维提出的想法越多，创新成果出现的可能性便越大。因此，一定要大胆尝试，抓住灵感来源并不断提出新的问题假设。

（2）参与头脑风暴。

现在的大学生获取知识时在一定程度上具有单向性，也就是说，当学生进行文字阅读时，即使存有疑问，也无法向书中的作者求证，获得详细的解答。虽然学生自身可以通过独立自主的思考去理解知识内容，但在此过程中获取知识的途径较为狭隘，看待问题的视角也较为有限。为弥补这一缺陷，法学生可以将视线投向周围的同学，通过思维碰撞不断增添获取知识的渠道以及看待问题的视角。虽然大家知识储备可能相差不多，但每个人思考问题的视角不同，很有可能其他同学思考问题的视角或无意中的一句话恰恰是苦苦追求的突破口。并且要多多与拥有不同意见的同学交流，这样才能促使自己更快速地发现自身思维的局限性。此种相互影响、共同提升的头脑风暴式交流极大有益于创新思维的形成。

（3）勇于试错。

现今许多学生在成长的路上并未遭受过多的挫折，因此，一旦挫折与困难来临时，自己便会如临大敌。为避免挫折，许多学生常常会选取最保守的方式解决问题。但大家需要明白的是，创新思维便是在一次次试错中形成的。只有不停地试错，才有可能在一次次错误中找到问题的突破口。可能此次看来不合适的观点，但在下一次的学习过程中，这一观点可能便会派上用场。并且此时的小错误并没有什么大不了的，老师的批评、未能在比赛中取得优异的成绩等都不是人生的唯一评价标准，这些只是人生必经的过程而已。

（二）法律思维的方式

法律思维是法律职业者的特定从业思维方式，是法律人在决策过程中按照法律的逻辑，来思考、分析、解决问题的思考模式或叫思维方式。法律工作的特质在于运用法律思维来解决复杂的社会问题，因此如何从法律人的角度来看待问题、分析问题、解决问题则是法学生所要特别关心以及学习的，法律思维总体上可以分为体系性思维与批判性思维两个方面。

1. 体系性思维

（1）体系性思维的内涵。

所谓体系性思维是指在对各类问题进行思考时，不仅仅关注于问题本身，而且从全局出发，将问题视为体系中的要素，从而在要素与要素之间、体系与要素、要素与环境的互动中理解和把握整体。此种思维模式的最大优势在于可以运用层次性、动态性、整体性、过程性等多种思维方式去分析问题、解决问题，并且在分析问题的同时提升自我的知识体系以及丰富自身看待世界的视角。

（2）体系性思维的重要性。

在中学时期，由于不同学科存在各不相同的知识内容，且不同学科的界限较为分明，而学生所学习的知识又多是与文本考试的内容相对应的，并不需要系统地掌握各学科内部之间的联系，这便使得大部分法学生在进入大学之前始终未能有意识地去培养一种体系性的思维模式，从而也无法认识到掌握体系性思维的重要性。掌握体系性思维的重要性具体表现为发现问题的本质。

如果碰到问题，只会简单地运用民法或刑法的法律条文或单一理论去解决问题，将其他法学专业的内容或者其他学科的内容抛之脑后或者只关注现在学科内的热点学术理论，而很少去把握学科与学科之间的联系或一门学科的历史发展的思维方式永远都只能在问题的表面逗留，则无法真正找到问题的症结。单一的思维模式会让人陷入“盲人摸象”的困境。美国哲学家马斯洛曾言，“如果你手里有一把锤子，所有东西看上去都像钉子”。如果只看到问题的一部分就认为这就是问题的本质，不仅难以解决问题，甚至还会故步自封。

此外，在完成本科学业之后，法学生便会面临一个重要问题，即如何将自身所获取的法学知识应用于社会实践。毕竟社会问题不是单一的法律问题。当前社会中所出现的各种问题更多的是社会矛盾的缩影，映射了社会各领域内存在的问题。社会问题并不会像教科书中规划的那样，是单一的刑法或民法等法学领域内的问题，或单纯使用法律条文便可以解决。近年来的“代孕事件”“家暴事件”等社会性话题，除了法律问题，道德、传统观念、经济发展等社会性问题也掺杂其中。仅仅学好刑法或者学好民法并不能一劳永逸地解决法律或社会问题。

（3）体系性思维的建立。

思维模式的转变并非一蹴而就，每一种思维模式都是在特定的环境下经过长时间的培养所形成的，思维体系的建立同个人的知识积累、社会经验、思考方式等皆有着紧密的联系，因此，体系性思维模式尤其需要同学们通过长期的、科学的、合理的方式培养建立。具体措施如下。

一是学会积累专业学科以外的基础知识。法学只是社会科学的一门分支学科，法治也只是国家治理体系的治理方式之一。所有问题不能仅仅依靠法学去解决，法学问题实质上是社会问题，社会问题所涉及的知识领域并不仅局限在法学领域内，因此，不要排斥对自身专业学科之外的学术知识的学习，对学校所开设的各类必修课与选修课都应当加以重视，将此视为知识累积的一个好机会。如果将体系性思维模式的建立视为烹饪一桌丰盛的美食大餐，各学科的基础知识就是各类新鲜的食材，则烹制美食的前提就是新鲜食材的购买，毕竟巧妇难为无米之炊。

二是增强校内外的实习经历。在校期间的实习实质上是为了让大学生进一步加深对自身所处的时代与社会的理解，很多时候面对一个社会性问题，我们往往会发现无论运用多少知识都无法解决，但当自己置身于社会当中，了解了社会问题所植根的土壤时，许多问题往往不需要过多的解释便已经迎刃而解。

三是灵活转换看待问题的角度。许多社会现象所反映出问题并不仅仅像看起来的那样简单，可以将一个社会现象视为一个多面镜，每一面都反射出了不同的社会问题，如果只用固定的一种思维模式来理解问题，那么所能观察到的就仅仅是一面镜子，因此，灵活地转换看待问题的角度才有助于观察问题的各个方面。

2. 批判性思维

(1) 批判性思维的内涵。

"批判的"（critical）源于希腊文 kriticos（提问、理解某物的意义和有能力分析，即"辨明或判断的能力"）和 kriterion（标准）。批判性思维作为一种反思性思维，是个体对产生知识的过程、理论、方法、背景、证据和评价知识的标准等正确与否作出自我调节性判断的一种个性品质，即通过理性、客观的方法对某一标准正确与否展开各个层面的判断。

(2) 批判性思维的重要性。

一是有利于知识的不断更新。现实社会中的问题并非像期末试卷中的问题一样存在绝对的、单一的"正确答案"。如果说中学时期，大家学会的是"肯定一切权威"的思维模式，那么在大学，大家便要树立"质疑一切权威"的思维模式。时代的变迁必然会促使各类学科的知识不断更新，社会学科尤其如此。如果只是固守以往的知识，无疑会与现代社会产生脱节。因此，大学生需要结合时代发展的情况，不断对自己所掌握的知识进行反思与更新。此外，社会性问题从来不存在单一的、正确的解决方式。某一社会性问题的解决方式往往是个人在客观事实的基础上，结合自己的社会经验、理论知识以及自己的个人情感、道德取向等因素所作出的综合性主观意见。一个人永远也无法完全地认识世界，这也决定了个人所提出的观点，在一定程度上均存在漏洞，并不能成为绝对化的真理。

二是有利于推进学科发展。小至一个问题的解决，大至一门学科的发展，往往都是在不同学者的"商榷"与"再商榷"之中逐步推进的。正如上文所述，社会性的问题错综复杂，单一的法学理论难以解决不断发展变化的社会性问题，如果所有人都只是推崇一个学说或观点，长此以往，必会导致法学科的衰落。作为法学的一份子，法学生也应当为法学的发展添砖加瓦，将批判性思维模式运用在自己的法学之路上。

三是有利于人格特性的塑造。大学是从"学生"蜕变为"社会人"的重要阶段，也是形成世界观、人生观和价值观的关键时期。批判性思维的培养可以使学生在面对海量的信息、观点时，通过清晰的、理性的思维模式进行分析，并在此基础上形成独立的个人观点，指引着他们作出下一步的决策，也正是在这种思维模式的不断锻炼下，才可以更加深入地了解自身、了解他人、了解社会，最终才形成了自身不同于他人的人格特性。

四是有利于创新精神与创新能力的培养。创新，是一个民族进步的灵魂，是一个国家兴旺发达的不竭源泉，也是中华民族最深沉的民族禀赋。在21世纪，一个国家是否能够实现持续发展主要依赖于国民的创新能力。而创新的前提在于善于发现问题，善于从“定论”“真理”“常识”中找寻问题。这就需要人们善于用批判的眼光去看待所遇到的一切事物。

（3）批判性思维的建立。

在美国哲学学会1990年的一项合作研究中，一批专家对“理想的批判性思维者”的习惯作了如下概括：“理想的批判性思维者习惯上是好奇的、见多识广的，相信推理，思想开放、灵活，能合理公正地作出评估，诚实地面对个人偏见，审慎地作出判断，乐于重新思考，对问题有清晰的认识，有条理地处理复杂问题，用心寻找相关信息，合理选择评价标准，专注于探究，坚持寻求学科和探究环境所允许的精确结果。”为成为一名理性的批判性思维者，建立批判性的思维模式，法学生可以遵循以下几点。

一是避免主观臆断。每个人对各类事物都会在第一时间形成自己的个人观点，这种个人观点既可能是基于自身所掌握的理论知识与社会经验所形成的，也可能是基于对社会性观点的认同所形成的。但此时的观点在大多数情况下只是个人的主观臆断，并没有经过科学的验证，不能因为某一观点符合自己的认知或者大众的认知便妄下断言。例如，对于“碳水会使人发胖”这一说法，大多数人会认为是正确的，但这并不是因为这些人自身有做过相关的实验或系统的调查，而仅仅是因为“大家都这么认为”，这样简单的主观臆断往往会使我们自身在错误观点的指引下作出不利于个人健康的行为。因此，面对某一观点时不要轻易作出是非判断。

二是关注推论而非结论。许多法学生往往在拿到一篇文章或者案例分析报告时，会直奔主题，翻到最后一页的结论部分看是否与个人观点相同，而往往忽略了最重要的推论部分。事实上，批判性思维本身所重视的并非推翻原有观点或学说，从而证明自身观点是正确的，而是注重证明观点正确与否的方式是否具有科学性、客观性以及逻辑性。推论的过程才是批判性思维培养的核心领域。

三是批判不等同于否定。批判并非对某类观点不分青红皂白地“否定”，从而得出自己是正确的，对方是错误的，而是要对一切问题进行辩证的分析。分析的目的既不是肯定也不是否定某一观点，而是要学会在质疑的过程中锻炼自身的思考能力以及积累知识。即使你对某一个问题的看法产生怀疑，从而研究分析最终得出了和其他人相同的看法，也不意味着你就没有运用批判性思维去思考问题。批判与否定并不是等同的关系，批判也不一定就包含否定。

二、必要创新能力的培养路径

创新实践是指将创新思维实际应用到具体的实践当中。对于法学生而言，创新实践是将“理论分析”与真实的法律问题的解决相对接，从而使创新思维能够真正转化为具体成果，将理论研究与社会实际需求紧密结合。

在本科期间，而对法学生的创新实践主要为三创项目、创新课堂、训赛项目以及众创空间，前两种创新实践项目实际上属于培养学生创新能力的基础项目，适用于全体法学本科生。而后两种创新实践项目则对学生的创新能力有着更高的要求，比较适宜对创新能力的培养有着更加浓厚兴趣的学生。具体介绍如下。

（一）三创项目

在校园里，大家或多或少都听别人提起过“大创”“三创”等词汇，但多数同学并没有深入了解这些词汇的具体含义。其实上述这些词汇都是国内不同高校对“国家级大学生创新创业训练计划”的简称。本书主要采用“三创项目”这一说法。三创项目的具体内容划分为创新训练项目、创业训练项目、创业实践项目。创新训练项目主要是指在导师的指导下，自主完成具有创新性的学术研究项目，项目成果主要为调研报告或学术论文。创业训练项目与创业实践项目是在老师的指导下开展创业项目工作，前者主要需要学生自主完成项目的模拟运营；后者需要学生入驻学校孵化基地进行实际创业。前者相比于后者，时间周期更短，实施也更为简单。学生参与三创项目的过程是主动探索、反复验证的过程，学生在这个过程中创设、验证、完善自身最初的创想，自身的创新能力也能够得到长足的进步。当然，不同项目中需要注意的事项的侧重点也有所不同。

1. 创新训练项目

如果要参加三创项目，大部分法学生的第一选择就是创新训练项目。但需要注意如下几点。

（1）创新训练项目不等同于单纯的学术写作。

创新训练项目虽然以学术写作为核心，但其并不等同于单纯的论文写作。一般的学术论文写作只要求写作者能够拿出一篇合格的论文即可，但创新训练项目的完成除学术写作之外，还需要参加项目申报、立项、现场答辩、中期报告、论文结项等一系列活动。参与一套项目全部流程，有利于法学生创新能力的系统性培养。但在具体实践中存在这样的情况，由于大部分法学专业对于学生参加三创项目有着硬性要求，部分学生为达到此要求，要么要求其他负责课题的同学将自己作为课题组成员在项目上挂名，要么草草进行项目申报，只要成功立项后，便对其他工作敷衍了事。但创新训练项目是一个长期的训练过程，不能轻易对待项目中的任何环节。

（2）创新并非脱离实际。

大家不能为了追求“耳目一新”而创设出没有适宜的理论导向或现阶段自身无法掌握的科研选题，大部分法学生在现阶段并不具备研究这样选题的实践经验以及学术理论基础，因此，这样的选题对自身科研能力以及创新能力的提升帮助不大。

2. 创业训练项目与创业实践项目

法学专业作为典型的文科专业，大部分法学生对自身未来的就业方向基本上固定为成为法官、检察官或其他公务员或者律师、法务。加之许多学生一直将创业想得过于复杂，因此，创业训练项目与创业实践项目常为法学专业的同学所忽视。但创业类项目之所以面向全体本科生，是因为项目目的并不是要求大家都成为成功企业家，而是希望通过这样的创业型培训，使在校生能够对创业的基础知识有所了解，激发自身的创新思维，以及敢于探索未知的勇气。而若要顺利进行创业型训练需重点关注如下问题。

（1）从困扰自身的现实法律问题入手。

例如，当需要探索某一域外的法学专业名词的含义时，却发现缺少一个专业的探索法学专业名词的实用工具，便可以此为契机，进行现今市场上已有的法学术语词典的现状调查，在导师与课题组成员的帮助下进行相关网络词典的研发。

（2）挖掘兴趣领域内的法律问题缺口。

如今我国已经进入法治社会，这意味着当今社会的各个领域都需要依照法律以及严格的司法程序解决各类纠纷。因此，项目参与者可以从各自感兴趣的领域入手，通过调查问卷的方式调研该领域的法律问题。此外，不要忽略导师的引领作用。大部分院校将三创项目的指导教师设置为“双师制”，除校内导师外，还会要求实践型导师加入项目，因此，对于社会实践中的问题，项目参与者可以多多咨询校外导师的意见。

（3）进行长期的创业规划。

创新的创业构想只是长征路上的第一步，很多学生在想出创业构想后，便以为万事大吉，沉浸在创业成功的美梦中，但创业构想的具体规划以及企业的发展方向同样需要时时推进，如果没有良好的创业规划，再完美的创业构想也只是海市蜃楼。

（二）创新课堂

现今越来越多的法学专业已经意识到单向输出的僵化教学模式在 定程度上并不利于大学生创造性思维的培养，并逐渐开始了教学模式的改革，即由以往的教师主导教学改为学生主导教学，老师主要负责课堂教学的引导以及提升性的知识讲授，以此激发学生创新性学习的潜力。即使部分院校还未能推行此类教学模式，法学院一般也会有关于案例研讨的创新型课程以及多类主体共同参与的校外课程，法学生可以通过参与此类课程来训练自身的创新能力，具体措施如下。

1. 充分的课前准备

在课前准备阶段，应当对本门课程的基础知识有所掌握，而不是等到上课时才开始翻看书本。如果事先不做任何课前准备，可能会难以跟上老师的进程。例如，当老师讲述刑事诉讼法的渊源时，自己可能连刑事诉讼法的概念都还没有理解。此外，时间充裕的学生，也可以自行学习与本门课程有关的任意内容而不受教科书目录的限制，大家了解得越多，对本门课程的内容便越感兴趣，学习起来也可以事半功倍。对于感兴趣的知识点以及新掌握的知识，同学们都可以在书中加以标记，方便记忆。要知道，在本科学习四年后，还拥有崭新的教科书可能并不是什么令人骄傲的事情。

2. 高校的课堂整合

在上课过程中，学生可以将自己在课前所准备的内容与课堂上老师所讲述的内容进行比对，检查自己是否存在理解错误的情况。此外，可以尽可能地找出老师所讲解知识的关键点，并标记在教科书或者笔记上，这样快速整合的方式可以尽可能地强化自身对学习内容的记忆，也省去了许多课下背诵知识点的时间。对于无法快速整合提炼的知识点，则可以作为课后学习的重点内容。

3. 积极的课后训练

要想完全掌握某一知识点，仅仅依靠知识输入是不足够的，还应当进行知识点的输出训练。一方面，可以在网上购买各类法学课程的练习册，进行知识检验。另一方面，还可以将自身的学习困惑通过学习总结的方式记录下来，并与同学进行交流，对于仍旧存在困惑的问题，可以尝试通过在日常的学习生活中不断查阅各类资料来解决，并可以尝试将这一问题转化为科研项目或者毕业论文选题。

（三）训赛项目

所谓训赛项目是指将高校学生的专业技能培养与职业竞技活动相结合，通过竞赛的方式提升学生的职业技能，以赛促学。可以将训赛项目视为三创项目的补充，因为它同样具有综合性、跨界性、实践性等创新项目特点。实际上耳熟能详的模拟法庭、法学辩论赛等都属于训赛项目。参加训赛项目时学生需要关注如下几点。

1. 学会换位思考

若要真正达到训赛项目中以赛促学的目的，便意味着不能仅仅用单一的思维去思考问题。以模拟法庭或辩论赛为例，参赛者往往需要设想如果我是对方选手，我会提出什么样的观点驳倒对方；如果是法律文书写作竞赛，那么参赛者需要换位思考的主要对象是处于困境中的委托人，设身处地地站在对方的角度提出解决问题的方法。角度的互换有利于跳出日常的惯性思维，通过不同的角度思考问题的解决方案。

2. 严格遵守法定程序

事实上，在本科层次，法学生对实体法的关注度往往会高于对诉讼法的，即对于诉讼法中的一系列诉讼程序重视度不高。但训赛项目，尤其是情景式的训赛项目，会将书本中较为抽象的流程直观地展现出来，参赛者是否有严格遵守法定程序是考察的重要部分。那么接待当事人提供法律咨询、起草法律文书、准备诉讼证据、法庭礼仪等各个环节都需要严格遵守法定程序进行。

(四) 众创空间

现阶段，我国高校的众创空间，往往指的是为满足大学生创业者的创业需求，依托高校的独特资源而构建的一个低成本、便利化、协同式、开放式的创新创业服务平台。“众”是参与者众多，“创”是创业内容，“空间”是创业载体。与普通的创业项目相比，众创空间无疑更有利于法学生创新能力的培养。众创空间通常会举办创新创意分享、名师指导、项目路演、创业辅导培训、创意设计大赛等各类活动。并且对初创企业而言，众创空间可以为这些企业提供成长便利，比如金融服务、工商注册、法律法务、补贴政策申请等，帮助其健康而快速地成长。

众创空间对于法学生而言同样是一个真实的、高效的试错平台，法学生可以在这里检验自己的设想是否能与市场需求相对接，是否能具有现实价值。在众创空间进行创业训练的过程实质上是接受创新教育的过程。法学生可以通过不断的尝试逐渐认识到真正具备创造与创新能力的人才应具有哪些核心技能、思想与智慧。这种教育模式更有利于终身学习能力的培养。

1. 掌握多方面知识

与传统的创新实践相比，要在众创空间中有所建树，就必须要掌握比以往更多的知识。许多众创空间的形态都要求其参与者要具备 STEAM（科学、技术、工程学、艺术和数学）等方面的知识，要求其参与者要成为具有综合素质的人才。从科学技术知识到企业经营能力的积累，从理论知识的学习到动手能力的提升，众创空间对学生的成长与发展必然是有着更高的要求的。

2. 充分发挥创业主动性

在众创空间中，社会、政府与高校已经为大学生创业提供了政策保障、降低了创业门槛、优化了创业环境，在这种契机之下，要深刻地意识到外在的动力并不是创业成功的决定性因素，如果自认为已经有了这些优势条件的加持，自己便一定能创业成功，而不思考地进行，反而会在创业失败的道路上越走越远。

3. 进行互助式、分享式学习

众创空间的最大优势在于各类资源的共享，为创业者减少了资源整合的时间。参与其中的同学应当最大限度地利用此种优势，尽可能与其他创业者或导师进行思想的交流与观点的碰撞，弥补各自学科知识的不足，开阔创新视野，提高创业的质量和成功率。

第五节　较强的协作能力

一、较强协作能力的职业需求

协作能力，是指建立在团队的基础之上，发挥团队精神、互补互助以达到团队最大工作效率的能力。协作能力的本质是在职场生活与学习生活中对人际关系的处理能力。大学期间，很多课程的教学常常需要通过小组合作的模式开展，但不适应这种教学模式的学生会觉得这样的学习效率反而不如以往。似乎很多时候一个活动参与的人太多，反而会起到反作用。但是需要意识到这样的结果并不是多人协作的形式本身所导致的，而是协作能力不强所导致的。事实上，有许多在各方面表现十分突出的学生，在人际交往方面以及合作能力却不强，在进入职场后，这样的缺陷成为他（她）发展道路上的最大阻碍。法律行业作为服务业，无时无刻不在与人打交道。在律所不仅要融入律师团队，还要与客户打交道；在政府部门，不仅需要与部门内的同事进行工作合作，还要跨部门进行案件交接。因此，协作能力的重要性不言而喻。

（一）协作意识的养成

1. 树立高效沟通意识

在进行小组作业任务分配时，面对那个常常有着许多问题的人，我们会不会暗自在心中抱怨说“明明已经说了这次的任务要求是什么，怎么他（她）每次还是要问?”表面上看，好像是对方不认真理解导致任务交接不畅，但面对这种情况，同样要思考自己是不是走入了无效沟通的误区。大家可以回想一下，每次在进行沟通时，自己是不是大多数时候仅仅交代一下任务，将任务直截了当地分为几部分并随意进行分配？事实上，这样的做法虽然简便，但在大部分时候会导致任务在实施过程中出现许多问题，如各部分任务衔接不畅，任务目标不统一等。此种粗糙的任务布置便是无效沟通的表现之一。我们需要意识到，很多时候其他人并不能像你自己一样了解自身，因此，必须要将任务所要达到的目的以及预期成果清晰地告知团队成员。团队对任务分配更加细致，说理更加清晰，成员对任务便更加重视，便更有利于达成任务目标。

2. 培养站位与补位意识

所谓“站位”与“补位”，顾名思义就是既要在自己所在的岗位“挑起大梁”，又要灵活机动、及时看到其他岗位人员的不足从而进行支援和协调。团队合作并不仅仅是一种口号，它具体体现为如何将自身的工作与团队每个人的工作情况进行精准对接，因而协作意识的一项重要的内容便是站位与补位意识。“站位”是团队内部每个个体的责任的体现，而“补位”则是团队成员全局意识的体现。我们常说的“团队要成为有机的整体”，其实说的就是团队内部的每一个人都应在恰当的位置，且能在恰当的时候在其他空缺位置进行支援和替代。举例而言，如果说整个团队是一个机器，那么成员就是这个机器的各种齿轮，只有齿轮在合适的位置并且每个齿轮均发挥其所长才能使整个机器运转效率达到最高。

站位意识虽是现今社会基本的工作意识，但同样存在许多公司员工连基本的职责都未能做好的现象，而自身工作的不足就会导致自身工作的质量低下，甚至会影响整个团队的工作质量。而作为一名法律人，法学生更应该意识到法律对社会的深远影响。如果法官故意违反法律、法规或者因重大失误造成裁判错误，便体现出此名法官的站位意识的缺失，不仅法官要依法承担违法审判责任，此行为造成的社会影响也是极其恶劣的，因此，从更大的角度而言，站位意识可以说是社会意识。

补位意识是一个团队正常运转的重要因素。如今社会人与人之间的界限十分明晰，人与人之间的距离也因此越来越大。就工作而言，有时当某个人无法进行工作时，其他有余力或者时间的人主动接替他的工作，以求整个团队正常运转，这其实就是一种补位意识。自己一直抱着事不关己高高挂起的态度，将帮他人完成工作等同于“吃亏”，是极其错误的观点。覆巢之下安有完卵，团队的发展与个人的发展其实是相辅相成的，团队成员缺少补位意识恰恰是当今许多团队办事效率低下，办事效果差的诱因。

3. 树立规矩意识

“人无规矩则殆，家无规矩则败，国无规矩则衰”或许是对规矩意识的必要性的最好阐释。实际上，守法行事便是在遵循“法定的规矩”办事。法学生作为社会的一个特殊群体，肩负着未来社会主义法治建设的重任，除“法定的规矩”外，在其他领域更应具备强烈的规矩意识。

大多数年轻人或许最反感的便是“规矩”二字，常常抱有“规矩存在的意义就是被打破”这一想法。但是我们在很多情况下只看到了规矩对我们个人的约束，而忽视了规矩对我们个人的保护与提升。树立规矩意识并不是对自我个性的瓦解，而是要在合理的界限内发挥自我个性，且不侵犯他人发挥个性的自由，从而达到一种和谐的状态。通俗而言，规矩意识既包括平时待人接物的礼貌与得体又包括懂得遵守团体的行为准则。

首先，懂得基本的礼仪便是树立了人与人之间交往最基本的规矩。礼貌是人际交往的前提条件，是交际生活的钥匙。举例而言，当我们刚踏入一个新环境时，懂得基本的礼貌，比如问候，使用礼貌用语，是他人愿意接近、接纳我们的第一步。法律人在很多情况下被视为“行走的法律”，可以试想一下，如果客户或者被害人在前往律所或者司法机关时，看到的法律从业者都是态度十分恶劣的形象，那么社会群众对法律人的信任以及法律信仰的根基一定会产生动摇，导致接下来的一系列法律服务难以开展。因此，得体的礼貌意识是规矩意识树立的第一步。

其次，按照集体的规矩做事是我们基本的工作准则。当置身社会群众这一庞大的社会群体时，需要遵守基本的道德规矩以及法律规范以免对社会利益与个人利益造成伤害。当我们置身于各自的工作团体这一较小的集体中时，同样需要依照集体的规矩办事。举例而言，进入律所或是法院实习时，若去参加会议就要准时在会议室提前做好准备；对于按照要求应当及时销毁的内部的文件就应该及时销毁。倘若经常不遵守规矩，必然会导致一些有损团体利益的后果出现。

二、较强协作能力的培养路径

除了协作意识的指引，协作能力的培养还需要两类具体能力的支撑。

(一) 统筹能力

简而言之，统筹能力是指做事情有整体意识，可以分清工作先后次序的能力。当我们成为团队的领导者时，如果有个课题或者案件交到大家手上，在不分轻重主次、不分前提和结果、没有规定任务的截止日期的情况下，项目的开展必定是一团乱麻，高效工作更是无从谈起。那么如何才能提高任务规划能力呢?

1. 梳理现有条件

这是指团队成员在进行正式的沟通之前，需要对现有任务的背景、任务完成的截止时间、现有资料等任务的基本条件进行梳理，以免在任务正式开展之后，才发现因为基础条件的不足而任务根本无法完成。

2. 明确目标

如果团队成员在进行沟通的时候未能对目标进行确定，会出现每个人负责的部分难以衔接的现象。例如，当团队需要完成一个“正当防卫适用的困境与出路”的课题时，如果未能明确课题最终需要解决什么问题，达到什么样的目标，很有可能就会出现 A 成员希望解决正当防卫在法律解释中的问题，因此梳理了大量理论困境问题，而 B 成员希望解决正当防卫在司法实践中的问题，因此总结的都是针对司法实践方面的解决办法。因此，对目标的分歧同样是造成无效沟通的重要原因之一。

3. 精细分工

团队分工是进行团队协作的基本要求之一，但粗糙式的分工往往并不能达到团队协作的目的。不事先进行细致规划的任务分配在很大程度上会导致各个成员只关注自己负责的部分，在任务汇总时出现前后内容不衔接、内容重复、格式错误等现象，导致还需要花费大量时间去修正现有错误。事实上，所谓的精细分工是指在除任务分配之外，还需要复述任务以及需要注意的事项，定期进行任务进展的反馈等步骤。这样的精细分工往往有利于工作与学习效率的提升，以尽早达到任务目标。

（二）提升信任与包容能力

步入职场的毕业生若想与团队成员进行有效协作，那么信任能力便是至关重要的能力。通俗来讲，包容与信任是相信你的团队成员可以做好自己的任务，并在团队成员出现错误的时候帮助对方改正错误。此能力听起来老生常谈，但是做起来却十分困难。而我们需要做的具体如下。

1. 摒弃“我的功劳最大”的想法

在团队协作的过程中，大部分团队成员都会高估自己在团队工作中的所作出的贡献或者自身的能力，这并不是十分严重的问题，但前提是我们需要知道这种认知实际上与事实是有所出入的，事实情况是“功劳最大的是团队，而非是我”。当大家能够正确认知自己的能力时，也意味着已经将他人与自身放置在了一个平等的地位，既不会轻视他人也不会高估自己，此时团队协作必然更加融洽。

2. 停止对他人的指责

当坏事发生的时候，大部分人的第一反应并不是找寻错误的原因，而是会下意识地找寻一个“替罪羊”，似乎只需要通过指责他人便可以解决问题。但事实上，这种归咎或者指责他人的行为却往往使我们忽视了找寻问题的本质。无论事情是向坏的方向还是好的方向发展，其原因往往是复杂且多样的，并非是某一个人的原因所导致的，指责或者歌颂某人，都不会使事物向更好的方向发展。因此，如果真的想要解决问题，就不应当指责团队内某个成员的失误或领导者的错误指挥，在有问题发生时，大家要做的是寻找系统上的原因，进行原因梳理，而不是寻找“替罪羊”。

3. 学会分享

在很多情况下，部分学生很容易受到竞争心态的影响，将团队成员视为潜在的竞争者，不愿意与成员分享获得的学习资料与案件信息，以免自己无法在最后的考评中得到优异的成绩。这样的现象其实从侧面反映出部分学生对自己能力的不自信以及对团队协作的不正确认识。团队协作的最终目的是将现有资源全部整合，发挥资源利用的最大优势，达到 1+1>2 的效果。只懂得信息收集，而不能做到信息分享，无疑使得最后的任务难以达到最优效果，作为团体成员的每个人也都会受到最终效果的束缚，不仅不能达到双赢的局面，自身的各方面能力以及团队协作能力都难以得到提升。

第四章 法科生的职业自我认知与生涯规划方法

法科生的职业自我认知与职业生涯规划方法，既有大学生自我认知与生涯规划方法的共性，也有法科生特别是法科本科生的个性。本章内容在介绍共性的基础上，适当介绍个性方面的内容。

第一节 法科生职业自我认知的内容

个体对自己的认知包含着多个层次，主要有对自己机体功能和状态的认知，对自己心理活动的认知，对自己外部形象的认知等，它是自我意识的重要组成部分之一，也是自我意识产生的前提。人类为了更好地使自己的行为适应外界环境的要求，就必须充分认识自身的状况。一个人在行动之前，不仅要对周围的人与事物有正确的社会知觉，对自己的身体、欲望、情感与思想也要有正确的认识。对社会的知觉，引导我们对外界作出反应，对自己的认识决定了我们行为的基本形态及生活态度。

职业生涯规划里的自我认知是自我评估，既包括对自己的兴趣、特长、性格的了解，也包括对自己的学识、技能、智商、情商的测试，还包括对自己思维方式、思维方法、道德水准的评价等。

一、对价值观的认知

（一）法科生职业价值观概述

从往年毕业的法学专业大学生择业情况调查来看，有大部分学生坚持“专业对口”，最终选择法律职业，而另一部分人却选择了其他职业，比如秘书、行政管理、电子商务等工作。我们也会从我们身边的亲朋好友中看到这样的现象：有人多年从事一个职业，并在这一领域积累了很多经验，声望也很高，但突然在中途又改行做了其他职业，并且在新的职业上成绩也不错。是什么原因让有的人“从一而终”，而有的人却“改头换面”了呢？这其实就是价值观的问题。

职业价值观是人生目标和人生态度在职业选择方面的具体体现。《法制周刊》曾对北京 6 所法学院做了一次问卷调查，最后得到了组成法学专业毕业生就业价值观的 8 个主成分因素：

第一主成分为“工作软环境与个人发展成就”。这包括行业发展前景好、企业文化好、个人有发展前途、有成就感、良好的人际关系、能实现个人抱负、领导开明等内容。

第二主成分为“工作内在价值”。这包括符合自己的兴趣爱好、能发挥个人特长、有独立性、刺激智力、工作有挑战性、能充分发挥自己的才能、有工作的新鲜感、所学专业能派上用场等内容。

第三主成分为“福利与保障”。这包括有可靠的养老及医疗保险等、福利好、能解决住房和两地分居等内容。

第四主成分为“成长机会与贡献”。这包括有接受培训的机会、机会均等、公平竞争、对社会的贡献大、能提供进一步受教育的机会等内容。

第五主成分为“自由与经济报酬”。这包括工作轻松自由、经济报酬高、便于流动等内容。

第六主成分为“有职有权”。这包括社会交际、管理、晋升机会多等内容。

第七主成分为“工作硬环境与职业安全”。这包括工作单位离家近、工作压力和强度小、职业稳定、有安全感、上下班交通便利快捷、工作地点地理环境好等内容。

第八主成分为“社会声望与地位”。这包括容易成名成家、工作单位知名度高、工作单位级别高、有出国机会、方便照顾家庭等内容。

（二）在个人职业价值观方面的建议

第一是正确选择行业。选择行业相当重要，在有些时候选择比努力可能更重要。

第二是做好机会和薪资之间的选择。选择工作时考量薪资多少无可厚非，但二者不能兼顾时选择什么很重要。刚毕业时最关键的是选择一个适合自己的行业和相应的岗位，多积累些经验和职业技能，工作 3～5 年后，自然就有能力去选择一个更好薪资的工作。

第三是逐步形成对未来的规划和定位。现在的自己是曾经的结果，明天的你取决于今天的你。对未来一定要有一个清晰的定位，然后再规划如何去实现那个目标。

第四是要有“尽心”努力的价值观。不论做什么工作，一定要全身心地投入，努力去完成，尽心尽力做好每一项工作。

第五是要有一个好的“品德”。比能力更重要的就是品德。很多用人单位会把人分成四大类：有德有才、有德无才、有才无德、无德无才，他们要的就是德才兼备的人才。

第六是要有“忠诚，勤奋”的价值观。能力再强，没有“忠诚、勤奋”等于零。因为没有哪位上司会把重任给予一个不忠诚以及懒惰的人。

第七是要有“感恩”的价值观。不要把别人的支持帮助当成理所当然，在工作中不懂得感恩，没人会愿意教你、帮助你。

二、对兴趣的认知

（一）职业兴趣概述

兴趣是指一个人力求认识、掌握某种事物，并经常参与该种活动的心理倾向。人的兴趣在职业活动中起着十分重要的作用。职业兴趣是指人对某种职业表现出的认识上的偏好和行为上的亲近性。职业兴趣具有倾向性、广阔性和稳定性的特征。如果一个人选择的职业与自己的兴趣相吻合，那么他行动的积极性就高，个体的主动性将会得到充分发挥，就会产生一种动力，就能发挥出个人的才能，成功的可能性就大；相反，积极性就低，行动意愿不强烈，一切都是敷衍了事，成功的可能性就小或根本就不会成功。

兴趣对职业生涯的影响，主要表现为以下三个方面：

第一，兴趣是个体进行职业生涯选择的重要依据。在日常生活中我们也常从事自己感兴趣的活动，具有一定兴趣类型的人也更倾向于选择与自己兴趣相关的职业，特别是在客观条件限制较小时，更倾向于选择自己感兴趣的职业。虽然很多高校毕业生首次就业会更多地考虑薪资待遇等方面的客观因素，但是如果一直做自己不喜欢的工作，久而久之就会特别厌烦，工作效率低下，出现职业倦怠。

第二，兴趣可以提高个体的工作效率，充分发挥才能。职业咨询专家认为，兴趣与从事职业相吻合是最理想的情况。因为如果一个人所选择的职业能够与他的兴趣爱好相匹配，那么其个人的主动性将会得到充分的发挥，兴趣将成为其克服困难、疲倦、辛苦的不竭动力，并且给他带来愉悦的心情、旺盛的干劲。

第三，兴趣是保证个体职业稳定、职场成功的重要因素。个体在从事自己感兴趣的工作时职业满意度和稳定性是最强的，用人单位的满意度也是最高的。一般从事自己不感兴趣的工作很难让人感到满意，因此也会导致工作的不稳定。对工作满意的个体也更愿意克服工作中的困难，刻苦钻研，能够最大限度地发挥个人的潜能，就会出成就。

(二) 职业兴趣与职业匹配

国外研究职业兴趣比较早的是心理学家斯特朗。20世纪50年代，霍兰德教授开始了对职业兴趣的研究，他认为，个体的职业兴趣可以影响其对职业的满意程度。当个体所从事的职业和他的职业兴趣类型匹配时，个体的潜在能力可以得到最彻底的发挥，工作业绩也更加显著。在职业兴趣测试的帮助下，个体可以更加清晰地了解自己的职业兴趣类型和在职业选择中的主观倾向，从而在纷繁的职业机会中找寻到最适合自己的职业，避免职业选择中的盲目行为。霍兰德职业兴趣理论也被称为RIASEC理论。六种职业人格类型的人格特征如下所述：

1. 现实型（R）

喜欢的活动：通常动作灵活敏捷，具有较好的操作技能，喜欢用手或工具制造或修理一些东西，喜欢从事户外工作，喜欢使用和操作工具，而不喜欢在办公室工作；宁愿与机械和工具打交道，而不愿与人打交道；通常从事的具体职业有较强的实践性，热衷于通过自己的双手创造出新事物；主要喜欢从事熟练手工工业和技术工作。

人格特质：重视物质、顺从、温和、实际、自然、坦率、害羞、谦虚、坚毅、诚实、稳健、节俭。

喜欢的职业：机械制造、建筑、渔业、野外工作、实验技师、工程安装、军事工作及木匠、铁匠、产业工人、运输工作等。

职业环境：较多运用到身体的实际操作；通常需要运用到某些特殊的技术，

以便进行机器的修理、电子器材的维护、汽车的驾驶或动物的畜养等。

2. 研究型（I）

喜欢的活动：对科学研究和科学探索有热情，喜欢与思想有关的研究活动，如数学、物理、生物和社会科学等；喜欢研究需要分析、思考的抽象问题；喜欢独立工作，对周围的人不感兴趣。

人格特质：聪明、好奇、有学问、有创造性和批判性，有数学和科学天赋等；重视方法和分析、独立、温和、谨慎、智慧、精确、好奇、有判断力、内向、理性、保守、好学、有自信。

喜欢的职业：实验室工作人员、生物学家、化学家、社会学家、工程设计师、物理学家和程序设计员等。

职业环境：通常需要运用复杂抽象的思考能力；常常采用数学或科学知识寻求问题的解决；不太需要处理复杂的人际关系，必须独立解决工作上的问题。

3. 艺术型（A）

喜欢的活动：喜欢自由自在、富有创意，喜欢借助文字、声音、动作或色彩来表达内心想法和对美的感受；个性热情、冲动，有丰富的想象力和创造力；在工作上乐于独立思考、创作，不喜欢受人支配；喜欢自我表达，喜欢在写作、音乐、艺术和戏剧等方面进行艺术创作。

人格特质：崇尚理想、不从众、有创意、复杂、无条理、独立、冲动、富幻想、善表达、情绪化、感情丰富、不重秩序、不服权威、不重实际。

喜欢的职业：作家、艺术家、音乐家、诗人、漫画家、演员、戏剧导演、作曲家、乐队指挥和室内装潢师等。

职业环境：非常鼓励创意以及个人的表现能力；提供了开发新产品与创造性解答的自由空间；鼓励感性与情绪的充分表达，不要求逻辑形式，经常使用到的工具也是为了传达内心的情绪或创意。

4. 社会型（S）

喜欢的活动：喜欢从事与人接触的活动；个性温和、友善，乐于助人，容易与人相处；对人慷慨、仁慈，喜欢倾听和关心别人，能敏锐察觉别人的感受；在团体中，乐于与人合作，有责任感，喜欢和大家一起完成工作，不爱竞争。

人格特质：令人信服、慷慨、助人、敏锐、富有洞察力、善解人意、善沟通、宽宏、合作、有责任心、仁慈、友善、温暖、理想主义。

喜欢的职业：教师、社会工作者、牧师、心理咨询员、服务性行业人员等。

职业环境：鼓励人和人之间的和谐相待、互相帮助、和睦相处；充满了有教无类的经验指导与交流、心理的沟通、灵性的扶持等；强调人类的核心价值，如理想、仁慈、友善和慷慨等。

5. 企业型（E）

喜欢的活动：喜欢冒险、竞争，通常精力充沛、生活紧凑，个性积极、有冲动，喜欢领导和支配别人，喜欢与人争辩，总是力求使别人接受自己的观点；社交能力强，是沟通协调的高手；希望拥有权力、受人注意并成为团体中的领导者。

人格特质：精力充沛、冒险、武断、外向、善于社交、擅长说服人和表达、有野心、冲动、自信、引人注意、乐观、擅长社交、热情、有管理和组织能力。

喜欢的职业：商业管理人员、律师、政治运动领袖、营销人员、市场或销售经理、公关人员、采购员、投资商、电视制片人和保险代理等。

职业环境：经常管理与鼓舞其他的人，力图达成组织或个人的目标；充满了权力、金融或经济的议题，甚至为了达成预期的绩效，不惜冒点风险；工作氛围重视升迁、绩效、权力、说服力与推销能力；非常强调自信、有社交手腕与当机立断。

6. 常规型（C）

喜欢的活动：个性保守谨慎，注意细节，有责任感；做事按部就班，精打细算，清清楚楚；喜欢安定，奉公守法，不喜欢常规型改变、创新和冒险；在工作上表现出有秩序、做事仔细、有效率、尽本分、值得信赖；喜欢在别人的领导下工作，乐于配合和服从。

人格特质：缺乏弹性、保守、顺从、自抑、缺乏想象力、谦逊、规矩、保守、坚毅、谨慎、重秩序、有责任感、有效率。

喜欢的职业：会计师、银行出纳、簿记、行政助理、秘书、档案文书、交通管理员、税务人员和计算机操作员等。

职业环境：注重组织与规划；对数据进行细致有序的系统处理，如档案管理数据记录、进度管控、信息组织和工作机器操作等。

霍兰德认为，个人的职业兴趣往往是多方面的，因此通常用得分最高的前三个字母的代码来标示一个人的职业兴趣，这个代码就称为“霍兰德代码”。三个字母之间的顺序表示了不同类型兴趣的强弱程度。如 SEC 代码表示 S 型得分最高，依次是 E 型、C 型。大多数人都属于六种职业类型中的两种以上类型的不同组合，与之相对应的职业类型或组合最能满足某种人格类型或类型组合的个体的职业需求，使其表现职业兴趣，发挥职业能力。

三、对性格的认知

（一）职业性格概述

性格通常指人格的一部分，即个性最主要的特征和核心部分，表现在人的态度和行为方式中就是独特而稳定的心理特征的总和，也就是个人对现实稳定的态度和习惯化了的行为方式。其心理特征：第一是对现实和对自己的性格特征，包括对社会、集体、学习、工作、劳动和对他人与自己的态度，如正直、诚实、勤奋、自信、孤僻等。第二是性格的意志特征，包括对行为目标的明确程度，对行为的控制水平，以及在紧急或困难条件下表现出来的意志特征，如目的性、果断、毅力、勇敢等。第二是性格的情绪特征，包括情绪活动的强度、稳定性、持续等方面的特点，如热情、冷漠、欢乐愉快、多愁善感、抑郁消沉等。第四是性格的理智特征，人们在感知、记忆、想象、思维等认识过程中表现出来的特征，如感知中的主动性与被动性、思维的独立性与创造性等。每个人的性格特征既有与别人相同的，又有自己独特的；既有积极的部分，又有消极的东西。人的性格是在长期的社会生活实践中形成的，具有稳定性，也有可变性。一方面，它一经形成，就比较稳定，也正因为稳定才能突出反映出一个人的心理面貌和风格。另一方面，由于社会生活环境的变化，人的性格也可以改变，特别是处于形成中的青少年的性格，具有较大的可塑性。

由于人们从事的职业各自具有不同的特点，因而对从业人员的性格特点也会提出不同的要求。一般说来，开朗、活泼、热情、温和的性格，比较适合从事外贸、涉外工作、文体工作、教育工作、服务工作以及其他同人群交往多的职业；多疑、好问、倔强的性格，比较适合于从事科研、治学方面的工作；深沉、严谨、认真的性格，比较适合做人事、行政、党务工作；而勇敢、沉着、果断与坚定是新型企业家和管理者不可缺少的性格。我们不可能让一个脾气暴烈的人去搞公关、谈生意或做服务性工作，也不可能让一个性格怯懦、柔弱的人去从事安全保卫工作；让做事大大咧咧、马马虎虎的人去当医生或会计，其结果必然不堪设想。

(二) 性格与职业匹配

迈尔斯-布里格斯类型指标（MBTI）是应用最广泛的性格测试工具。它已经被翻译成近 20 种世界主要语言，每年的使用者多达 200 多万，其中不乏世界 500 强的大型企业。MBTI，是一种迫选型、自我报告式的性格评估工具，用以衡量和描述人们在获取信息、作出决策、对待生活等方面的心理活动规律和性格类型。它以瑞士心理学家荣格提出来的"向性说"为编制根据，由美国心理学家凯瑟琳·布里格斯和伊萨贝尔·布里格斯母女共同研制开发。

迈尔斯-布里格斯类型指标包括四个维度，每个维度有两个方向，共计 16 个方面，即共有 16 种性格特点，具体如表 4-1 所示。

表 4-1 迈尔斯-布里格斯类型指标维度表

外向 E	内向 I
感觉 S	直觉 N
思考 T	情感 F
判断 J	知觉 P

以上四个维度的两个方向通过排列组合形成了 16 种性格类型。性格类型没有好坏，只有不同。每一种性格特征都有其价值和优点。迈尔斯-布里格斯类型指标中各种性格类型的主要特征如下。

ISTJ 型：安静严肃，通过全面性和可靠性获得成功；实际，有责任感；决定有逻辑性，并能一步步地朝着目标前进，不易分心；喜欢将工作、家庭和生活都安排得井井有条；重视传统和忠诚。适合从事信息系统执行、天文学家、数据库管理、会计、房地产经纪人、侦探、行政管理、信用分析师等职业。

ISFJ 型：安静、友好、有责任感和良知；坚定地致力于完成他们的义务；全面、勤勉、精确；忠诚、体贴，留心和记得他们重视的人的小细节，关心他们的感受；努力把工作和家庭环境营造得有序而温馨。适合从事内科医生、营养师、图书/档案管理员、室内装潢设计师、客户服务专员、记账员、特殊教育教师、酒店管理等职业。

INFJ 型：寻求思想、物质等之间的意义和联系；希望了解什么能够激励人，对人有很强的洞察力；有责任心，坚持自己的价值观；对于怎样更好地服务大众有清晰的远景设计；在目标的实现过程中有计划而且果断坚定。适合从事特殊教育教师、建筑设计师、培训经理/培训师、职业策划咨询顾问、心理咨询师、网站编辑、作家、仲裁人等职业。

INTJ 型：在实现自己的想法和达成自己的目标时有创新的想法和非凡的动力，能很快洞察到外界事物间的规律并形成长期的远景计划；一旦决定做一件事就会开始规划并直到完成为止；多疑、独立，对于自己和他人的能力和表现的要求都非常高。适合从事首席财政执行官、知识产权律师、设计工程师、精神分析师、心脏病专家、媒体策划、网络管理员、建筑师等职业。

ISTP 型：灵活、忍耐力强，是个安静的观察者；知道有问题发生，就会马上行动，找到实用的解决方法；分析事物运作的原理，能从大量的信息中很快地找到关键问题；对原因和结果感兴趣，用逻辑的方式处理问题，重视效率。适合从事人事信息服务业人员、计算机程序员、警官、软件开发员、律师助理、消防员、私人侦探、药剂师等职业。

ISFP 型：安静、友好、敏感、和善；享受当前；喜欢有自己的空间，喜欢按照自己的时间表工作；对于自己的价值观和自己觉得重要的人非常忠诚，有责任心；不喜欢争论和冲突；不会将自己的观念和价值观强加到别人身上。适合从事室内装潢设计师、按摩师、客户服务专员、服装设计师、厨师、护士、牙医、旅游管理等职业。

INFP 型：对于自己的价值观和自己觉得重要的人非常忠诚；希望外部的生活和自己内心的价值观统一；好奇心重，很快能看到事情的可能性，能成为实现想法的催化剂；寻求理解别人和帮助他们实现潜能；适应力强，灵活，善于接受，除非有悖于自己的价值观。适合从事心理学家、人力资源管理、翻译、大学教师（人文学科）、社会工作者、图书管理员、服装设计师、编辑、网站设计师等职业。

INTP 型：对于自己感兴趣的任何事物都寻求找到合理的解释；喜欢理论性

的和抽象的事物，热衷于思考而非社交活动；安静、内向、灵活、适应力强；对于自己感兴趣的领域有超凡的集中精力并深度解决问题的能力；多疑，有时会有点挑剔，喜欢分析。适合从事软件设计师、风险投资家、法律仲裁人、金融分析师、大学教师（经济学）、音乐家、知识产权律师、网站设计师等职业。

ESTP 型：灵活，忍耐力强，实际，注重结果；觉得理论和抽象的解释非常无趣，喜欢积极地采取行动解决问题；重当前，自然不做作，享受和他人在一起的时刻；喜欢物质享受和时尚；学习新事物最有效的方式是亲身感受和练习。适合从事企业家、股票经纪人、保险经纪人、土木工程师、旅游管理、职业运动员/教练、电子游戏开发员、房地产开发商等职业。

ESFP 型：外向、友好、接受力强；热爱生活物质上的享受；喜欢和别人一起将事情做成功；在工作中讲究常识和实用性，并使工作显得有趣；灵活、自然不做作，对于任何新的事物都能很快地适应；学习新事物最有效的方式是和他人一起尝试。适合从事幼教老师、公关专员、职业策划咨询师、旅游管理/导游、促销员、演员、海洋生物学家、销售等职业。

ENFP 型：热情洋溢、富有想象力；认为人生有很多的可能性；能很快地将事情和信息联系起来，然后很自信地根据自己的判断解决问题；总是需要得到别人的认可，也总是准备着给予他人赏识和帮助；灵活、自然不做作，有很强的即兴发挥的能力，言语流畅。适合从事广告客户管理、管理咨询顾问、演员、平面设计师、艺术指导、公司团队培训师、心理学家、人力资源管理等职业。

ENTP 型：反应快、睿智，有激励别人的能力；警觉性强、直言不讳；在解决新的、具有挑战性的问题时机智而有策略；善于找出理论上的可能性，然后再用战略的眼光分析，善于理解别人；不喜欢例行公事，很少会用相同的方法做相同的事情，倾向于一个接一个地发展新的爱好。适合从事企业家、投资银行家、广告创意总监、市场管理咨询顾问、文案、广播/电视主持人、演员、大学校长等职业。

ESTJ 型：实际、现实主义；果断，一旦下决心就会马上行动；善于将项目和人组织起来将事情完成，并尽可能用最有效率的方法得到结果；注重日常的细节；有一套非常清晰的逻辑标准，能系统性地遵循，并希望他人也同样遵循；在实施计划时强而有力。适合从事公司首席执行官、军官、预算分析师、药剂师、房地产经纪人、保险经纪人、教师（贸易/工商类）、物业管理等职业。

ESFJ 型：热心肠、有责任心、易合作；希望周边的环境温馨而和谐，并为此果断地执行；喜欢和他人一起精确并及时地完成任务；事无巨细都会保持忠诚；能体察到他人在日常生活中的所需并竭尽全力帮助；希望自己和自己的所为能受到他人的认可和赏识。适合从事房地产经纪人、零售商护士、理货员/采购、按摩师、运动教练、饮食业管理、旅游管理等职业。

ENFJ 型：热情、为他人着想、易感应、有责任心；非常注重他人的感情、需求和动机；善于发现他人的潜能，并希望能帮助他们实现；能成为个人或群体成长和进步的催化剂；对于赞扬和批评都会积极地回应；友善、好社交；在团体中能很好地帮助他人，并有鼓舞他人的领导能力。适合从事广告客户管理、杂志编辑、公司培训师、电视制片人、市场专员、作家、社会工作者、人力资源管理等职业。

ENTJ 型：坦诚、果断，有天生的领导能力；能很快看到公司/组织程序和政策中的不合理性和低效能性，发展并实施有效和全面的系统来解决问题；善于做长期的计划和目标的设定；通常见多识广，博览群书，喜欢拓展自己的知识面并将此分享给他人；在陈述自己的想法时非常强而有力。适合从事公司首席执行官、管理咨询顾问、政治家、房产开发商、教育咨询顾问、投资顾问、法官等职业。

四、对能力的认知

（一）职业能力概述

从心理学的角度看，能力是指影响活动效率、使活动顺利完成所必须具备的个性心理特征。对自己的能力，无论是一般能力或特殊能力、现有能力或倾向能力的自我认识和评价，对大学生的职业定向与职业选择往往起着筛选和定位的作用。

1. 一般职业能力

一般职业能力主要是指一般的学习能力、文字和语言运用能力、数学运用能力、空间判断能力、形体知觉能力、颜色分辨能力、手的灵巧度、手眼协调能力等。此外，任何职业岗位的工作都需要与人打交道，因此，人际交往能力、团队协作能力、对环境的适应能力，以及遇到挫折时良好的心理承受能力都是我们在职业活动中不可缺少的能力。

2. 专业能力

专业能力主要是指从事某一职业的专业能力。在求职过程中，招聘方最关注的就是求职者是否具备胜任岗位工作的专业能力。例如，你去应聘律师工作岗位，对方最看重你是否具备良好的接人待人亲和力、口头表达能力、书面写作能力和组织协调能力等；你去应聘公安机关的法制科员，对方最看重你是否具有较强的疑难问题判断力和法律适用能力等。

3. 职业综合能力

这里主要介绍国际上普遍注重培养的四个方面的“关键能力”：一是跨职业的专业能力，包括运用数学和测量方法的能力、计算机应用能力、运用外语解决技术问题和进行交流的能力。二是方法能力，包括信息收集和筛选能力、掌握制订工作计划、独立决策和实施的能力，准确地自我评价能力和接受他人评价的承受力，并能够从成败经历中有效地吸取经验教训。三是社会能力，社会能力主要是指一个人的团队协作能力、人际交往和善于沟通的能力。在工作中能够协同他人共同完成工作，对他人公正宽容，具有准确裁定事物的判断力和自律能力等，这是胜任岗位和在工作中开拓进取的重要条件。四是个人能力，包括想象力、记忆力、观察能力、联想能力、组织能力、沟通能力、领导能力、创新能力、学习能力、号召能力，适应能力等。在知识经济时代，学习能力是最重要的，因为知识总是在更新，只有不断学习才能跟上时代的步伐。

（二）世界通用能力素质

美国劳工部对劳动力市场进行分析和调查后提出，在当今技术时代，人们从事任何职业都应具有下述五项基本能力和三项基本素质。

1. 五种基本能力

（1）合理利用与支配相关资源的能力。这主要包括：时间——选择有意义的行为，合理分配时间，计划并掌握工作进展；资金——制定经费预算并随时做必要调整；设备——获取、储存与分配利用各种设备；人力——合理分配工作，评估工作表现。

（2）处理人际关系的能力。这主要包括：能够作为集体的一员参与工作，向别人传授新技术，诚心为顾客服务并使之满意，坚持以理服人并积极提出建议，调整利益以求妥协，能与背景不同的人共事。

(3) 获取信息并利用信息的能力。这主要包括：获取信息，评估、分析与传播信息，使用计算机处理信息。

(4) 综合与系统分析能力。这主要是：理解社会体系及技术体系，辨别趋势，能对现行体系提出修改建议或设计替代的新体系。

(5) 运用特种技术的能力。这主要是：选出适用的技术及设备，理解并掌握操作设备的手段、程序，维护设备并处理各种问题，包括计算机设备及相关技术。

2. 三项基本素质

(1) 基本技能。这主要包括：阅读能力——会搜集、理解书面文件，书写能力——正确书写书面报告、说明等，倾听能力——正确理解口语信息及暗示，口头表达能力——系统地表达想法，数学运算能力——基本数学运算以解决实际问题。

(2) 思维能力。这主要包括：创造性思维，能有新想法；考虑各项因素，以做出最佳决定；发现并解决问题；根据符号、图像进行思维分析；学习并掌握新技术；分析事物规律并运用规律解决问题。

(3) 个人品质。这主要包括：有责任感，敬业精神；自重，有自信心；有社会责任感，集体责任感；自律，能正确评价自己，有自制力；正直、诚实、遵守社会道德行为准则。

(三) 法律职业的招聘考查维度

从事法律职业应当具备的八种能力：敏锐的政治鉴别力、缜密的法律思维能力、准确的法律适用能力、流畅的语言文字能力、良好的人际交往能力、极强的自我学习能力、较强的团队组织协作能力、必要的创新与心理调适能力。其实，这八种能力就是法律职位的考查纬度，各法律职位的招聘也是围绕这八种能力有所侧重地进行考查的。比如说，针对检察院、法院系统招聘的各种职位，招聘面试时的考查纬度通常是以下几个方面：

第一，政治理论方面的能力。这方面主要考查毕业生是否具备一定的政治敏锐性和洞察力，是否能够理性客观地分析社会矛盾。

第二，业务知识。针对毕业生所报考岗位，这方面重点考查毕业生是否具备本岗位所要求的法律业务知识。

第三，逻辑思维和语言表达能力。这方面重点考查毕业生的逻辑思维能力，对复杂问题的分析能力及其语言表达的逻辑性、体系性。

第四，人际交往能力。这方面重点考查毕业生在校期间与老师、同学或者与亲朋好友的交往方式、相处原则和方法等，从而了解毕业生的人际关系和交往能力。

第五，团队意识。这方面重点考查毕业生在与亲朋好友、学校老师和同学的交往、合作中表现出的团队意识、合作能力、处事方式。

第六，个人自律能力。这方面重点考查毕业生在学校求学生活期间所展现出的个人遵纪守法、严格自律等方面的能力。

第七，职业规划能力。这方面重点考查毕业生的自我追求意识、个人成长与单位发展的结合能力。

第二节　法科生职业自我认知的方法

一、高校提供的职业测评工具

以下罗列了部分高校的职业测评链接，各高校法科生可以进入所在学校测评系统进行相关测试。

（1）中国政法大学：http://cupljob.51langtu.com/；

（2）西南政法大学：http://jyb.swupl.edu.cn/jobtest；

（3）华东政法大学：https://jy.ecupl.edu.cn/；

（4）西北政法大学：http://zfjob.careersky.cn/jixun/Account/signIn；

（5）北京大学：登录学生就业指导服务中心主页，通过“统一认证登录”后点击“咨询/测评”导航栏，进入测评系统。

二、360 度主观评估法

360 度主观评估法又称为多渠道评估法，是指通过收集与自己有密切关系的不同层面人员（如家人、朋友、老师、同事、同学等）的评估信息，来全方位地评估自己。

（一）自我评估

自我评估是指自己对自我发展的认识，主要可以通过与他人的比较和自我比较来实现。通过比较，可以认识到自己的优势和不足，认清自己在相比较的人群中所处的位置。在与他人比较的过程中，自己应该注意要有合理的参照系和立足点。自我比较主要包括：与过去的自己相比，自己是进步了，还是退步了；与理想中的自己相比，自己还有哪些差距，哪些可以进步的地方等。通过前者可以发现自己的成绩和不足，通过后者可以明确未来继续努力的方向，但要注意理想的自我应符合实际。

（二）他人评估

他人评估主要是指亲友、老师、同学等对自己的评价和态度。一个人对自己的认识难免有所偏差，因此有必要根据他人的评价和态度来认识自己。而像亲友、同学等长期与自己在一起生活、工作、学习的人对自己的评价就往往会比较客观、公正。古语云："以人为镜，可以明得失。"当然，别人的评价和态度并不一定准确、全面，但大多数人的态度还是有一定参考价值的。

通过评估反馈，受评者可以获得来自多层面的人员对自己素质能力等的评估意见，较客观、较全面地了解有关自己优缺点的信息，并以此作为制定目标、改善计划，及确定未来职业生涯及能力发展方向的参考。同时，受评者也可以通过对反馈信息与自评结果进行比较来认识差距的所在。具体如下表所示。

表 4－2　360 度主观评估表

	性格特征	优点	缺点
自我评估			
老师、领导评估			
父母、家人评估			
同学、朋友评估			
社会其他关系人评估			
自我认知小结			

三、乔韩窗口

乔韩窗口（Johari Window）理论是由约翰·鲁夫特和哈瑞·英格哈姆两位学者提出的。乔韩窗口理论借助直角坐标系的不同象限来表示人的不同部分，它以别人知道或不知道为横坐标，它以自己知道或不知道为纵坐标，把自我划分为四个部分，即公开我、隐私我、潜在我和脊背我，如图 4-1 所示。

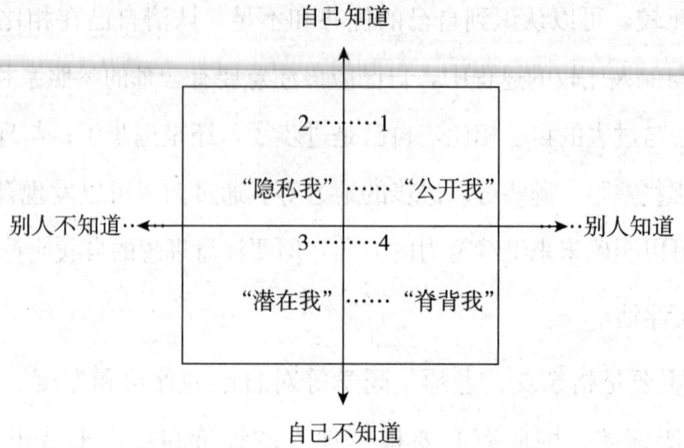

图 4-1　乔韩窗口

橱窗 1 为“公开我”，这是自己知道、别人也知道的部分，属于个人展现在外、无所隐藏的部分，比如个人的身高、年龄、学历、婚姻状况等。

橱窗 2 为“隐私我”，这是自己知道、别人不知道的部分，属于个人内在的隐私和秘密的部分，比如惭愧地往事，内心的痛楚，自私、嫉妒等平常自己不愿袒露的缺点，以及心中的愿望、雄心等不敢告诉别人的部分。

橱窗 3 为“潜在我”，这是自己不知道、别人也不知道的部分，是有待于进一步开发的部分。

橱窗 4 为“脊背我”，这是自己不知道、别人知道的部分，就像自己的背部一样，自己看不到，别人却看得很清楚，比如言语上的姿态、习惯动作等。

在进行自我剖析时，重点是了解“潜在我”和“脊背我”这两部分。“潜在我”是影响一个人未来发展的重要因素，“脊背我”是准确对自己进行评价的重要方面。

四、专家咨询法

专家咨询法是指在面临职业发展问题时，个体主动寻找职业咨询顾问或心理咨询师等，通过与咨询师的共同交流，解决职业发展问题的方法。社会的专门机构和学校的就业指导服务中心都提供专家咨询服务，特别是学校还为学生提供免费咨询服务。咨询师通过整合来访者提供的信息，使用测评工具和专业化咨询技术，帮助来访者成长为解决自己问题的专家。在这个过程中，咨询师只是一个引路人，他不会直接告诉来访者是该往东还是往西，他也不会替来访者作决定，而是帮助来访者走出自我设限，坦然接受自我并超越自我。

到就业指导服务中心咨询专业咨询老师，是一种有效快捷的方式。通过与职业生涯规划（指导）专家一对一、面对面的咨询交流，探讨你的人生经历、专业、学历、兴趣、价值取向、能力、个人内外资源等，借助专家的力量来清晰地认识自我，准确地定位，找到适合自己的职业发展方向。咨询老师会用他的学识、经验以及科学的咨询技术给个人提供帮助。在咨询过程中，个人会获得大量的知识和信息资料，获得对问题的重新认识，更重要的是，会提高自己的决策能力。

第三节　法科生职业生涯规划的方法

职业生涯规划是指在详细了解个人职业兴趣、职业价值观、个性、语言能力、动手能力、社交能力、组织管理能力等综合因素后，对自己一生职业发展道路的设想和规划，它包括如何在一个职业领域中得到发展、打算取得什么样的成就等问题。合理设计自己的职业生涯，为个人将来的成功提供技术与方法，可使个人充分认识自己，客观分析环境，科学地树立目标，正确选择职业，运用适当的方法，采取有效的措施，克服职业生涯发展中的困阻，并在开发自身内在潜能上不断探索和发展。这里的法科生职业生涯规划方法，仅就通常的大学生职业规划基本方法展开介绍。

一、胜任力模型

我们常说的胜任力模型通常指的是能力素质模型。素质又叫胜任特征，是指能将某一工作中成就卓越与成就一般的人区别开来的深层特征。在一个组织中，不同岗位的职务要求员工具备的胜任力内容和水平是不同的；在不同组织和不同行业中，在相同的或类似的工作岗位上，员工的胜任力特征也不尽相同。因此，我们把担任某一个特定的任务角色所必须具备的胜任力总和称为“胜任力模型”（competency model）。

素质词典中，心理学家们把人的素质分为 6 大类、20 个具体要素，每个要素又分为很多级别。这 20 个素质要素，对人类的知识、技能、社会角色、自我概念、性格、动机作了全面的概括，形成了任职者的完整的素质模型。

（一）成就与行动族

其具体包括 4 个素质要素：成就动机，主动性，对品质、次序和精确度的重视，信息采集、收集意识和能力。

（二）帮助与服务族

其具体包括 2 个素质要素：人际理解能力，客户服务导向。

（三）冲击与影响族

其具体包括 3 个素质要素：影响力，关系建立能力，组织认知能力。

（四）管理族

其具体包括 4 个素质要素：培养他人意识与能力，团队合作精神，团队领导能力，命令/果断性。

（五）认知族

其具体包括 3 个素质要素：分析式思考能力，概念式思考能力、技术，职业、管理专业知识。

（六）个人效能族

其具体包括 4 个素质要素：自我控制，自信，弹性，组织承诺。

下表是一位法科生在查阅资料及实际调研后形成的律师胜任力模型。

表 4-3　律师胜地任力模型

维度	指标	内容
职业素养	文案写作能力	掌握委托书、起诉状、答辩状的概念、格式、内容等写作要求，撰写的文字材料能达到行业规范
	语言表达能力	具备一定法庭陈述、辩论能力，能够流畅地与他人沟通协调，通过语言清晰表达自己的思想；具有一定的谈判思维，具有一定的说服能力
	发展自我	能够在实务工作中不断学习，虚心向前辈请教，不懂就问，积累经验和提升能力
	忠于事实和法律	在工作中忠于事实和法律，严格按照法律和规定办事或者办案，抵制或排除其他因素的干扰
	忠于当事人	在法律范围内，从当事人的角度出发、换位思考，为当事人尽可能争取更多利益
个人效能	适应力	在多种不同的环境下，与不同的人或团体共事时能快速调整好自己并正常开展业务，能根据情况调整自己做事的方式
	灵活性	能够从事不同类型的业务，不论是诉讼还是非诉，都能根据要求，及时调整自己的工作思路与工作方法
集体意识	队伍向心力	通过人际交往主动融入团队，增强亲和力，使部门工作更加协调
	组织知觉力	对律所及工作相关单位的关系敏感，能察言观色、看清形势
知识背景	专业知识的把握	取得高等教育法学学位证书；参加全国律师资格考试成绩合格；通过律协的实习律师资格申请和考核；三个月以上专业实习
	其他领域的涉猎与了解	掌握与法律相邻的其他学科的相关知识；能融会贯通其他例如金融、会计、法律英语等其他领域的知识

二、7W 法

自我规划法需要大学生自己独立思考并回答七个问题，找出自己职业规划的优势和劣势，综合七个问题的回答，就可以设计出自己的职业规划，七个问题的具体内容如下。

我是谁（Who am I）？

我想做什么（What do I want to do）？

我能做什么（What can I do）？

环境支持或允许我做什么（What can support me）？

我的优势（What is my advantage）?

我的弱势（What is my disadvantage）?

我的职业规划是什么（What can I be in the end）?

（一）我是谁

在回答“我是谁”的时候，要先考虑你自己扮演的社会角色，如孙女（孙子）、女儿（儿子）、姐妹（兄弟）、消费者、学生等，还要突出自己的性格特点和能力素质，争取尽可能多地回答这个问题，以帮助你认清自己的“真实面目”。随后，再想想哪些答案是需要修改的，哪些还要增加，尽量准确地表达自己的想法。确定答案完全齐备之后，按重要性对答案进行排序。

（二）我想做什么

第二个问题是对自己职业理想发展过程的一次测试。在从小到大的成长过程中，每个人在不同时期都可能有不同的理想，这主要与不同阶段的环境、自己的人生目标有关。大学生在具体回答的时候，需要回忆从儿时到现在每个阶段的理想，依次把它们列出，并查漏补缺，再依照理想实现程度的大小来对这些答案排序。

（三）我能做什么

回答“我能做什么”这个问题是对自己能力和潜力的考察。一个人的能力直接决定了他的职业定位，而他的潜力大小则决定了他职业发展空间的大小。那么，如何来了解一个人的发展潜力呢？我们应该从个人的兴趣、做事的毅力、处理事情的判断力、知识结构的健全程度以及能否跟上时代的发展及时更新旧知识、旧观念等方面来认识。考虑成熟之后，就可以把自己确定的能力和潜在的能力归纳出来，这也需要认真地排序。

（四）环境支持或允许我做什么

第四个问题主要考查影响大学生职业规划的个人资源与客观环境。个人资源包括社会关系（如与同学和朋友的关系）、家庭关系（亲戚关系），客观环境包括职业选择地的经济发展状况、人事政策状况、工作单位制度、职业的发展空间等。大学生在进行职业选择时应该把主、客观两方面的因素综合起来，把一切有利于自己发展的因素调动起来。在这些因素中，大学生需要把对自己有帮助的因素单独列出来，考虑一下自己可以得到哪些支持和帮助，在弄清楚之后把它们按重要性排列出来。

（五）我的优势

第五个问题是分析“我的优势”。回答这个问题需要从以下三个方面考虑。

1. 学习了什么

这是指，在大学期间，我从专业学习中的收益；在社会实践活动中提高与升华了哪些方面的知识和能力。努力学好专业课程是职业规划的重要前提。要注意学习、善于学习，同时要善于归纳、总结，把单纯的知识真正内化为自己的智慧，为自己多准备点后备能源。

2. 曾经做过什么

这包括在学校期间担任的学生职务，社会实践活动取得的成就及工作经验的积累等。为增强自己经历的丰富性和突出性，应该有针对性地选择与职业目标相一致的工作项目，坚持不懈地努力工作，这样才会使自己的经历有说服力。

3. 最成功的是什么

这包括，做过的事情中最成功的是什么？如何成功的？通过分析，可以发现自己的长处，如坚强、智慧超群等，以此作为个人深层次挖掘的动力之源和魅力闪光点，形成职业设计的有力支撑。

（六）我的弱势

第六个问题是分析自己的弱势。回答这个问题需要注意以下两点。

1. 性格的弱点

人无法避免与生俱来的弱点，这就意味着，在某些方面存在先天不足，这些是力所不能及的。多安下心来，跟别人好好聊聊，看看别人眼中的自己是什么样子，与自己预想的是否一致，找出其中的偏差并弥补，这将有助于自我提高。

2. 经验或经历中所欠缺的方面

欠缺并不可怕，怕的是自己还没有认识到或认识到了而一味地不懂装懂。正确的态度是：认真对待，善于发现，努力克服和提高。可以打出“给我时间，我可以做得更好”的旗号。

（七）我的职业规划是什么

在分析完前面六个问题之后，就可以找出对实现有关的职业目标有利和不利的条件，列出不利条件最少、自己想做并且能做的职业目标。至此，“我的职业规划是什么”这个问题的答案就有了一个清楚的框架。可以从前六个问题的答案中找出内容相同或者相近的，然后把它们连在一起，最后共同点最多的连线就是以后职业的发展方向。确定了职业发展方向之后，接下来就要制定系列行之有效的具体行动计划。通常行动计划分短期目标、中期目标、长期目标和人生目标。短期目标一般为1—2年，短期目标又分日目标、周目标、月目标、年目标；中期目标一般为3—5年；长期目标一般为5—10年。针对每个目标，应列出相应的可执行的行动方案，然后全身心地投入行动中，将个人计划变成现实。

可按照职业规划的“择己所爱、择己所长、择世所需、择己所利”四项基本原则，结合自身实际确定职业方向和目标。自我规划法适用面广，且操作比较简单，很适合大学生使用。但有些对自己的能力、性格、兴趣等不了解的大学生就不可能客观地分析自己、审视自己，作出科学的职业规划，这时他们就需要借助职业规划测评系统来认识自己，进而作出适合自己的判断。

三、SWOT 分析

SWOT 分析被广泛地应用于企业自身的竞争分析，用于在竞争环境中制定适合企业发展的竞争策略。但是，越来越多的人也从这一分析方法中获取认识自己的科学策略。SWOT 的意思是：Strength（优势）、Weakness（劣势）、Opportunity（机会）、Threat（威胁）。其中，S、W 是内部因素，O、T 是外部因素。

（一）优势

对大学生而言，“优势”主要分为个人优势和资源优势。所谓个人优势，指的是纯粹属于个人因素、不随外界因素变化的优势，比如，有些人口才很好，有些人交际能力出众，有些人具备某些文艺体育类的特长，有些人很容易在第一印象给人以信赖感，而有些人大学时系统地读过一些书，形成了对某一领域较系统的知识。这些都是优势，也比较显性，你很容易自己就把握到。

（二）劣势

常见的劣势如不善言语、害羞、粗枝大叶、知识贫瘠、学校比较差、专业冷门或太过热门等。分析劣势的目的不是使自己变得更沮丧，而是使自己了解该如何避开这些劣势，使自己在职业之路上变得更聪明些。当然，如果一定要挑战这些劣势，坚信“一切皆有可能”，倒也不是不行，只是困难会多出许多。大学生也有些较通行的劣势，需提醒自己注意，比如，缺乏经验，自我期望较高并由此造成职业的不稳定，具备的知识很可能比较陈旧，有一些不良习气（如懒散、易抱怨、不关心他人及其他基本素质方面的问题）等。

（三）机会

所谓机会，主要指外部机会，当然也包括学校可能提供的诸如出国、进修、考研、对口实习等机会。机会的分析需要很广的视角，宏观上包括国家的经济形势、产业政策、法律法规、各区域的产业发展态势、行业趋势等，微观上包括搜集到的来自各企业、政府部门、人才市场、学校或学长们提供的各类有利的信息。尤其要关注新生的、或高增长预期的职业领域，和自己专业或自身优势有关的边缘型、复合型职业领域，职业竞争小、国家大力支持的人才政策等利好信息。

（四）威胁

所谓威胁，包括人才市场竞争激烈，人才需求饱和，所学专业领域过缓的增长甚至衰退，新的低成本竞争者（甚至是技术上的替代者）出现，人才需求方谈判优势过强，政策信息不利，职业门槛提高等；也包括来自自身的威胁，比如身体健康有隐患，家庭不稳定，财务状况糟糕及还款压力大等。

通过 SWOT 分析，大学生能够更好地了解自己的优势和劣势，也能更好地针对自己的优、劣势来确定方向并做好自己的定位，同时可以更清醒地认识到就业形势下自己所面临的挑战和机遇，选择最适合自己的机会。

（五）评估内部优势和劣势

每个人都有独特的天赋和能力。利用 SWOT 分析，一方面可以发现自己喜欢和不喜欢的事情，另一方面可以找出自己做事情的强弱所在，并标出其权重。这些都是职业规划的关键因素。一位应届毕业生，分析自身优势的内容可以包括以下方面：一是主要经历和体验分析，如参与社会、学校活动以及学校班级干部的实践经验，曾得到的荣誉等；二是教育背景分析，在校期间在专业课程方面的积累，参与过某些突出的科研活动等；三是最成功的事件分析等。

一位大学生的劣势可能有很多方面，对于成功的职业规划来说，以下两个方面最为重要。一是正确认识性格弱点，大学生必须对性格弱点有正确的认识，并能勇敢面对，因为性格弱点在长时间里很难改变；二是尽量避免重复经验或经历中的错误。

（六）评估外部职业机会和威胁

不同的人在不同行业，所处的客观情景不同，就会面对不同的职业机会和威胁。对外部职业机会和威胁的分析有助于对职业环境及各种周围可供选择的职业前景进行分析，认清周围职业环境和前景，这样可以减少个体职业决策的难度，更容易进行职业选择。外部环境分析包括社会热点职业门类分布与需求如何，大学生选择的职业当前与未来趋势如何，其社会价值观如何，未来的科技发展或企业文化趋势会对个人发展产生何种直接与间接的影响，所从事行业的发展状况及前景如何，具体用人单位在本行业中的地位如何，等等。大学生在分析这些因素的同时，要将这些因素分为机会和威胁两大类，然后根据这些外部因素合理取舍职业发展方向。外部因素掌握得越多，职业发展方向修正得就越准确。

下面举一个中国人民大学法学专业小 A 的例子，她的个人情况如表 4－4 所示。

表 4－4　小 A 个人情况表

主题	内容
Strengths（优势）	本科学历；曾在《新京报》做过半年多的实习记者，完成了一系列的大型报道；曾在校推理协会任宣传部部长，并在校学生会女生部任职过；文笔能力较好；沟通能力和逻辑能力都较好
Weaknesses（劣势）	对网络媒体不是很熟悉；对网络媒体频道的策划、设计、编辑不在行；不会使用一些网络编辑工具
Opportunities（机会）	网络媒体或者门户网站招聘一些专业性频道编辑一般有两种：一种是有社会经验的，从事过网络媒体工作的；另一种是招聘有专业背景、文字能力比较好的大学应届毕业生。而且编辑的岗位更偏重招聘女性
Threats（威胁）	就业竞争日趋激烈，好的门户网站或网络媒体编制控制得很紧，另外像自己这种条件的应届毕业生很多

通过 SWOT 分析，小 A 看到了自己的机会和优势，同时对自己的劣势有了更进一步的认识，认为自己如想进入门户网站或者网络媒体做法制频道的记者或

者编辑，则需要更进一步地了解网络媒体的运作方式，并学习各种网络编辑工具。选定了目标，并针对自己的不足方面制定了学习计划和培训计划，最后小A同学终于如愿以偿被国内著名的门户网站录取了。

因此，在静下心来为自己做好SWOT分析后，一方面可以利用自己的优势，或者有针对性地改变自己的不足之处，以利于找到理想的工作；另一方面，这还有助于当面试官问到优缺点、为什么要选择这份工作、如何克服自己的缺点时，不至于不知所措。

四、平衡分析

如果需要在两个甚至更多的选择中作出决定，则平衡分析（Balance Sheet）能够提供更多的帮助。它是一个在你进行综合选择时，帮你权衡利弊的分析表。通过此分析表，大学生把可选择的选项列出，然后再经过综合的比较和分析，从所有被选项中综合平衡得出最适合自己的选择。

通常来讲，大学生应对选择过程中的几个关键要素进行重点分析，并且给每个因素赋予一个重要性权数，然后把每个因素进行加权平均，最后得分最高的选项便是最优项。

表4-5为甲同学在选择A企业和B企业时所作的一个简要的分析对比。

表4-5　A企业与B企业分析对比表

平衡分析	A企业得分	B企业得分	重要性权数
制度的完善性	90	75	0.10
培训机制	80	70	0.20
管理水平	85	80	0.10
工作的压力	60	80	0.15
晋升的空间	60	90	0.25
继续深造的机会	70	70	0.15
跳槽的难易度	80	65	0.20
人际关系的复杂度	75	85	0.05
综合结果	87.75	91.75	1.00

通过对以上列表的分析，不难得出，在甲同学的权衡中，B企业的综合情况

要比 A 企业的更为理想。

大学生利用分析表来分析自己所面临的选择时，要能够仔细地考虑个人在选择时所涉及的全部重要因素，并且能够根据个人自身的需要来为每一个主要的因素分配权重。在分配了各项因素的权重之后，自己可以根据一些收集到的信息资料或者个人的感受来为不同选项的相同因素评分，之后应用加权法来得出总分。平衡分析是基于主观意识的判断，在一定程度上代表着自己的偏好。

此表的依据就在于每个人在面临一项选择的时候，都有许多种牵制因素，而这些因素往往有着不同的重要性，在能够平衡地把所有重要的因素列出并且能为每项因素评分时，更能够理性客观地面对选择。可以通过给自己看得比较重的因素安排更高的权重的方式来影响最后的选择，同样，人们也会不自觉地根据个人的感性因素对其中的某一项因素评定不同的分数。

第五章
法科生的就业政策与就业选择

第一节　国家的相关就业政策

就业政策是指在一定的历史阶段和发展条件下，国家以促进经济发展、实现充分就业、保证社会和谐为目标，为给大学毕业生增加就业机会、改善就业环境，维护大学毕业生及用人单位的合法权益而制定的相关指导方针和行为准则。现行的高校就业方针政策总体为“国家宏观调控，各级政府管理，学校推荐与指导，毕业生和用人单位双向选择”，要求落实该政策必须坚持公平、公正、公开的原则。针对法科生这一类专业知识较强的学生群体，国家也有相应的就业政策支持。

一、鼓励法科生到城乡基层就业

2017 年 1 月，中共中央办公厅、国务院办公厅印发了《关于进一步引导和鼓励高校毕业生到基层工作的意见》，指出：高校毕业生是国家宝贵的人才资源，党中央、国务院高度重视高校毕业生就业工作，把基层作为高校毕业生成长成才的重要平台，对引导和鼓励高校毕业生到基层工作提出了明确要求。各地区各有关部门创新政策措施，完善服务保障机制，引导大批高校毕业生到基层工作，有力推动了基层事业发展。

（一）引导法科毕业生到基层任“大学生村官”

近几年来，为减轻大学生就业压力、解决大学生人才资源闲置与农村基层组织对人才需求的矛盾，全国许多地方纷纷实行“大学生村官”政策，鼓励毕业生到城乡基层就业。大学生到村任职，是党中央作出的一项重大决策，对于深入贯彻落实科学发展观，加快推进社会主义新农村建设，培养造就经过基层实践锻炼、对人民群众有深厚感情的党政干部后备人才，具有重大而深远的战略意义。对法科毕业生来说，担任“大学生村官”，不仅能够提升自身的综合素质，而且能够利用自身专业的法律知识到基层进一步开展法律援助等工作，为基层法律服务贡献自己的力量。

（二）引导法科毕业生参与“三支一扶”项目

“三支一扶”，是指大学生在毕业后到农村基层从事支农、支教、支医和扶贫工作。该项目的政策依据是人事部 2006 年颁布的第 16 号文件——《关于组织开展高校毕业生到农村基层从事支教、支农、支医和扶贫工作的通知》（简称《通知》），其目的在于为高校毕业生到基层单位就业提供具体的指导和保障。法科毕业生参加“三支一扶”项目，可从事支教、扶贫等工作，对法律知识进行普及和教育。“三支一扶”项目对高校毕业生的优惠政策较好，其组织招募有一套详细的工作流程，即每年 4 月底前，各地收集汇总、上报乡镇一级教育、农业、生等基层位需求；每年 5 月底前，各地根据下达的招募计划，采取考核或考试的方式进行公开招募；每年 7 月底前，派“三支一扶”大学生到服务单位报到。《通知》对“三支一扶”大学生工作期间的户档管理、日常管理、考核管理和经费保障等方面都作出了详尽的规定。对服务期满考核合格的大学生，颁发由人事部统一印制的《高校毕业生到农村基层服务证书》，作为服务期满后享受相关就业优惠政策的依据。

就业服务及优惠政策主要包括：第一，毕业生工作期满后，如原基层服务单位有工作空缺，要优先考虑“三支一扶”人员，所在县、乡的企、事业单位如有职务空缺，也要拿出部分职务吸纳该部分毕业生。第二，对于准备自主创业人员，可享受行政事业性收费减免、小额贷款担保和贴息等有关政策。第三，服务期满且考核合格的“三支一扶”毕业生可以享受一定的政策加分或在同等条件下优先被录用。第四，毕业生到西部地区和艰苦边远地区服务 2 年以上的，服务期满后 3 年内报考硕士研究生初试总分加 10 分，在同等条件下优先被录取。第五，服务期满考核合格的“三支一扶”大学生，根据本人意愿可以回到原籍或到其他地区工作，凡落实了接收单位的，接收单位所在地区应准予落户。第六，毕业生在工作期满进入国有企事业单位时，由接收单位按照所任职务比照同等条件人员确定其职务工资标准，其服务期限计算为工龄，在今后晋升中高级职称时，其在同等条件下优先评定等。因此，这样的国家就业服务和优惠政策，对法科生的未来职业发展是非常有帮助的。

(三) 引导法科毕业生参与“大学生志愿服务西部计划”

根据《国务院办公厅关于做好2003年普通高等学校毕业生就业工作的通知》（国办发［2003］49号）和2003年全国高校毕业生就业工作电视电话会议精神，国家决定从2003年开始实施“大学生志愿服务西部计划”，引导大学生到西部去、到基层去、到祖国和人民最需要的地方去建功立业，促进西部贫困地区教育、卫生、农技、扶贫等社会事业的发展，拓展大学生就业、创业的渠道，培养造就一大批既有现代科学文化知识、又有基层工作经验和强烈社会责任感的优秀青年人才，弘扬“奉献、友爱、互助、进步”的志愿精神，推动经济社会的全面发展。

参加“大学生志愿服务西部计划”的志愿者除享受国家规定的高校毕业生就业优惠政策外，还享受以下政策：第一，服务期间，毕业生享受一定的生活补贴（含交通补贴和人身意外伤害、住院医疗保险）。第二，服务期间，计算工龄，党、团关系转至服务单位。本人要求户口和档案保留在学校的，按规定保留两年，在此期间，档案管理机构对保管其档案免收服务费用，本人要求将户口转回入学前户籍所在地的，公安机关按照规定为其办理落户手续，人事、教育部门所属人才交流机构负责办理相关手续，人事部门所属人才交流服务机构免费提供人事代理服务。服务期满落实工作单位后，公安机关按有关规定办理户口迁移手续。第三，服务期间，毕业生可兼职或专职担任所在乡镇团委副书记、学校及其他服务单位的管理职务。第四，服务期满考核合格的，对报考研究生者给予加分，在同等条件下，优先录取，具体规定在当年的研究生招生政策中予以明确。第五，服务期满考核合格报考党政机关公务员的，可适当加分，在同等条件下，应优先录用，具体规定由省级公务员考试录用主管机关在当年招考中予以明确。第六，服务期满，对志愿者作出鉴定，存入本人档案；考核合格的，颁发证书，作为志愿者服务经历和就业、创业的证明。第七，服务单位应向志愿者提供住宿等必要的生活条件；在录用党政机关公务员和新增国有企、事业单位专业技术人员、管理人员时优先录用、招聘志愿者。第八，服务期为1年，服务期满考核合格的，授予中国青年志愿服务铜奖奖章；服务期为2年，服务期满考核合格的，授予中国青年志愿服务银奖奖章，表现优秀的授予中国青年志愿服务金奖奖章，表现特别优秀的推荐参加“中国青年五四奖章”“中国十大杰出青年”“中国十大杰出青年志愿者”“国际青少年消除贫困奖”等评选。

由此可见，国家非常鼓励大学毕业生、法科毕业生到基层就业，并推出了一系列就业服务和优惠政策，这有利于促进法科生就业。

二、建立就业见习制度促进就业

法科毕业生要想找到专业对口且适合自身的工作，需要在见习的基础上进一步选择。国家对此制定了相应的政策文件，大力提倡就业见习制度。人事部等六部委在2006年发第16号文，就贯彻落实中共中央办公厅、国务院办公厅印发的《关于引导和鼓励高校毕业生面向基层就业的意见》（中办发〔2005〕18号，以下简称《意见》），帮助回到原籍、尚未就业的高校毕业生提升就业能力，促进供需见面，尽快实现就业，提出建立高校毕业生就业见习制度，相关内容如下。

（一）积极做好见习单位和见习基地建设工作

建立高校毕业生就业见习制度是疏通高校毕业生面向基层就业渠道、改善基层人才匮乏现状的重要措施。各级人事、劳动保障、教育、财政、国有资产监管、国防科学技术工业管理等部门，要根据《意见》和中组部、人事部、教育部在2005年印发的《关于贯彻落实中共中央办公厅、国务院办公厅〈关于引导和鼓励高校毕业生面向基层就业的意见〉的通知》，通力合作，从实际出发，积极创造条件，在试点的基础上，逐步建立和完善高校毕业生就业见习制度。各地要在认真考察用人单位的工作岗位、工作环境的基础上，将条件合格并有积极性的企事业单位，确定为见习单位；要广泛收集见习单位的见习岗位信息，并定期予以发布；对于有一定规模、各方面条件较好且能持续提供较多见习岗位的见习单位，可以将其确定为高校毕业生就业见习基地，并予以挂牌。见习基地挂牌期限一般确定为3年。3年期满，经考核合格的，可继续挂牌。

（二）有计划地组织未就业高校毕业生参加就业见习

要加大宣传力度，通过报刊、广播、电视、网络等媒体，广泛宣传高校毕业生就业见习制度。要在政府网站上开辟就业见习专栏，为高校毕业生了解见习制度、选择见习岗位提供便利。要鼓励并有计划地组织当地未就业高校毕业生参加就业见习，帮助未就业高校毕业生通过就业见习扩展就业机会。

（三）认真做好见习期间的各项管理工作

各级人事、劳动保障、教育、财政、国有资产监管、国防科学技术工业管理等部门要加强对见习单位和高校毕业生的指导，加强宏观管理和检查，保证见习活动的顺利进行。见习期限一般为 6 个月，最长不超过 1 年。在见习期间被见习单位正式录（聘）用的，在该单位的见习期可以作为工龄计算。要指导见习单位制定见习活动的有关规定，规范见习单位和高校毕业生见习期间的有关事项，为见习生办理人身意外伤害保险，保障双方的合法权益。见习活动结束后，要指导见习单位对高校毕业生进行考核鉴定，出具见习证明，作为用人单位招聘和选用见习高校毕业生的依据之一。

（四）切实解决未就业高校毕业生见习的基本生活补助

高校毕业生见习期间由见习单位和地方财政部门根据当地实际情况，对见习高校毕业生提供基本生活补助。

（五）不断改进和完善高校毕业生见习期间的各项服务工作

政府人事部门所属人才中介服务机构要为见习高校毕业生免费提供人事代理等服务。各级公共就业服务机构要加强对参加见习高校毕业生的失业登记管理和就业服务工作。各级人事、劳动保障、教育部门要会同有关部门及时了解见习高校毕业生的求职需求和用人单位的用人需求，适时组织公益性的规模适度的供需见面会、双向选择活动，帮助见习高校毕业生顺利实现就业。对于见习期满仍没有落实就业单位的高校毕业生，由政府所属人才中介服务机构、公共职业介绍机构和高校毕业生就业服务机构继续进行就业指导和推荐就业。

（六）充分发挥就业见习的作用，积极引进所需的高校毕业生

各地在做好回到原籍的未就业高校毕业生就业见习工作的前提下，可以根据本地区人才引进工作的需要，吸纳非本地生源毕业生参加就业见习，改善本地人才队伍结构，满足本地区经济社会发展对人才的需求。非本地生源毕业生参加见习享受的优惠政策，由各地根据实际情况自行制定。

（七）加强对高校毕业生就业见习工作的领导

对法科生来说，就业见习制度有利于其形成对职业的正确认识和正确的就业观，同时也为正式就业积累一定的工作经验。西南政法大学据此与许多法院、律师事务所合作建立法科生就业见习基地，为法科生见习提供了较好的平台。对于即将步入职场的法科毕业生来说，其能够在法院或律师事务所提前熟悉相关工作，为就业奠定坚实的基础。

三、鼓励法科生自主择业创业

大学生创新创业是大众创业、万众创新的重要力量。《中共中央、国务院关于深化体制机制改革加快实施创新驱动发展战略的若干意见》（中发〔2015〕8号）、《国务院关于进一步做好新形势下就业创业工作的意见》（国发〔2015〕23号）、《国务院办公厅关于深化高等学校创新创业教育改革的实施意见》（国办发〔2015〕36号）要求，进一步加大对大学生［含各类高校在校生、毕业5年内的各类高校毕业生、出国（境）留学回国人员］创新创业扶持力度，激发大学生创新创业热情。法科生作为大学生群体中的重要一员，也能从多方面自主择业创业。国家从多个方面制定政策积极鼓励自主创业。

（一）法律职业创新教育

法科人才培养主要围绕法律职业特点进行创新教育。一是对法科生的创新性规则教育。创新性规则教育包括规则解释教育与规则批判思维教育，具体可以通过课内法学专业应用型课程三步教学模式、法学专业理论型课程两步教学模式对学生进行培养。规则教育作为法科生教育的基础内容，在规则解释教育和规则批判思维教育中都会涉及创新问题，而且关涉职业应用的创新。二是对法科生的法治运行创新教育。法治运行创新教育主要是一种师徒制教育培养方式。但是，有一些基础知识还需要法科生在校阶段学习、了解、掌握，如证据认定、认定事实与法律衔接等。

（二）法律职业创业教育

法科人才培养要围绕法律职业特点进行创业教育。一是对法科生的法律职业早期特点教育。法律职业要求法科生在职业初期要耐得住寂寞，耐得住清贫，遵守执业底线，打好终身创业的底子。二是对法科生的法律职业独立执业教育。教育者既要教育学生具备团队合作精神，又要教育学生具备独立执业、独立完成某项法律事务的能力。三是对法科生的法律职业终身创业教育。社会不断变化，法律不断修改、废止、制定，这要求学生具有终身学习的能力，适应法律职业终身创业的要求。

（三）建立法科生创业扶持基金

自2014年起，各市政府建立了年度规划预算的毕业生创业扶持基金，针对法科生也建立了专项创业基金。基金计划用于从启动和到孵化创业项目，建设创业孵化空间，评选和推选优秀创业项目，支持创业和创业追踪服务、创业培训师资培训和创业人员创业培训、创业比赛以及宣扬优秀创业人员创业精神、宣传其他创业活动等。这对法科生的自主创业提供了基金上的支持。

（四）搭建多种形式的创业孵化平台，开设法科专业创业课程

在高校、企业和社会广泛招募有意向单位积极参加创业孵化平台建设，向有创业意愿的法科生，提供培训、指导、咨询等创业服务。法科生可享受各高校挖掘和充实的各类专业课程和创新创业教育资源，以及面向法科生开放、开设的研究方法、学科前沿、创业基础、就业创业指导等方面的必修课和选修课资源，同时享受各地区、各高校推出的共享的慕课、视频公开课等在线开放课程资源，以及在线开放课程学习认证和学分认定制度。

（五）发挥小额担保贷款促进就业创业作用

小额担保贷款的贴息对象从应届毕业生扩大到在校创业学生。开展创新创业比赛，加大力度开展建设创新创业园区等活动。开展法律专业知识创新创业培训，为有意向创新创业的在校大学生和高校毕业生提供创业系统服务，例如咨询服务，推广项目、资金支持服务、培育创业能力以及跟踪帮助服务。

（六）建立有特色的法科生创业公共服务设施

建立从创业种子培养、创业孵化培育到加速创业成长和落地工业园的从低到高的孵化体制和制度，制定完备制度管理创业园区环境，刺激创业创新人才的活力，尽最大努力打造优良创业环境，吸收众多高校毕业生加入创业园区，帮助创业者利用市场丰富的资源，提高创业成功率。组织进行大学毕业生省级创业孵化

基地的申请、评估和复审，市级大学生创新创业示范基地的申请和认定工作。

在这样一系列完整的政策、条件的支持下，法科生的创业能力能够得到迅速提升，创业环境得到了有效保障。

四、加强就业服务和援助促进就业

国家、高校为毕业生提供有效就业服务和就业援助能够进一步有效促进未就业毕业生就业。各地区、各有关部门、各高校要根据法科毕业生特点和求职需求，创新服务方式，改进服务措施，加强就业指导和援助，提高服务质量，促进更多的法科毕业生通过市场实现就业。

（一）高校加强就业服务和指导

获取就业信息是成功就业的第一步。加强网络信息服务，建立、健全全国公共就业信息服务平台，加快招聘信息全国联网步伐，开展更多网络招聘，为用人单位招聘和法科毕业生求职提供高效便捷的就业信息服务。积极开展公共就业人才服务进校园活动，为法科毕业生送政策、送指导、送信息，特别是要让法科毕业生知晓获取就业政策和岗位信息的渠道。精心组织民营企业招聘周，高校毕业生就业服务月，就业服务周，部分大、中城市联合招聘高校毕业生专场活动和每季度的全国高校毕业生网络招聘月等专项服务活动；搭建供需信息平台，积极促进对接。高校要针对法科生加强就业指导课程和学科建设，积极聘请专家学者、企业人力资源经理、优秀校友担任就业导师，可从简历诊断到面试培训再到模拟面试，为法科生提供专业的就业指导，提升法科生面试成功率。

（二）国家、高校加强就业援助

各地区、各高校要将零就业家庭、优抚对象家庭、农村贫困户、城乡低保家庭以及残疾家庭等中就业困难的法科毕业生列为重点对象实施重点帮扶。享受城乡居民最低生活保障家庭的毕业年度内高校毕业生的求职补贴要在离校前全部发放到位，求职补贴标准较低的要适当调高标准。对于离校未就业高校毕业生实现灵活就业，且在公共就业人才服务机构办理实名登记并按规定缴纳社会保险费的，给予一定数额的社会保险补贴，补贴数额原则上不超过其实际缴费的 2/3，最长不超过 2 年。针对没有成功就业的法科生，经济上的援助只是暂时的，因此，从长远来看，不仅要从经济上给予援助，更重要的是要从就业信息和就业渠道、就业方式上为他们提供帮助。

促进高校毕业生就业创业，关系经济持续健康发展、民生改善和社会大局稳定。今年高校毕业生人数再创新高，促进就业任务更加繁重。各地以习近平新时代中国特色社会主义思想为指导，全面贯彻党中央、国务院关于稳就业的决策部署，落实就业优先政策，把高校毕业生就业作为重中之重，深入实施高校毕业生就业创业促进计划和基层成长计划，拓渠道、优服务、强保障，确保就业水平总体稳定、就业局势基本平稳。

大学生的就业工作，主要从以下几方面开展：一是积极拓宽就业领域支持多渠道就业、鼓励创业带动就业、大力加强就业服务、提前启动信息交接。二是强化针对性职业指导、着力推进精准服务、充分发挥人力资源市场作用、加大职业技能培训力度。三是强化就业权益保护、全力做好兜底保障、狠抓工作责任落实。

第二节　法科生的就业渠道

当前，我国已初步建立起市场导向、政府调控、学校推荐、学生与用人单位双向选择的就业体制，保证了人才资源的优化配置，有效缓解了人才供需的矛盾。国家、社会、单位和高校都为法科毕业生提供了多种多样的就业渠道，法科毕业生可以充分利用这些渠道实现就业。

一、通过校园现场招聘求职

校园招聘是一种特殊的外部招聘途径，指招聘组织（企业等）直接从学校招聘各类各层次应届毕业生，也指招聘组织（企业等）通过各种方式招聘各类、各层次应届毕业生。高校作为一个巨大的人才储备库，可谓“人才济济，藏龙卧虎”。法科毕业生经过几年的专业学习，具备了系统的专业理论功底，尽管还缺乏丰富的工作经验，但其仍然具有很多就业优势，比如富有热情、学习能力强、善于接受新事物。因此，校园招聘成为企业重要的招聘渠道之一。对法科院校来说，校园招聘中大多数律师事务所等的岗位，符合法科生就业需求。相对于社会招聘来说，校园招聘具有如下鲜明特点。

第一，时间集中。法科院校的校园招聘一般在每年9月中旬就开始启动，主要集中在每年的9月～11月和次年的3月～4月。9月初毕业生的最后一个学年开始后，出于招揽优质人才的考虑，越来越多的用人单位都在越来越早地进入校园，通过校园宣讲会的形式提前介入校园招聘活动中。10月份则是校园招聘最繁忙的旺季，高潮会一直持续到11月底。春节前后则迎来了校园招聘的淡季，节后3月、4月会再现一次小高潮，主要争夺公务员考试和研究生考试失利的一批毕业生。越来越多的企业选择了间接的方式，即利用“宣讲会”“介绍会”等其他形式进入学校，将其校园招聘活动尽早推广，抢得获取优秀人才的先机。

第二，范围广大。由于高校扩招等诸多方面的原因，法科毕业生就业压力大已成为不争的事实。为了找到理想工作，毕业生们一般都采取“全面撒网、重点培养”的策略。企业也逐年扩大自己的招聘范围。每逢进入金秋时节，法科生们便开始奔波于各大公司、律所宣讲会之间，行色匆匆，有些甚至不远千里跨省参加招聘会。简历更是通过网络从全国四面八方涌来，充斥着企业、律所的招聘邮箱。企业要想取得校园招聘的成功，就必须对自己所在的行业、地区、企业的综合实力有充分的定位，有的放矢地在全国范围内选择、锁定若干所学校和专业，使招聘工作更有针对性，进而保证应聘者的基本素质，减少不必要的资源浪费。律所类招聘单位，大多选择专业法律院校进行宣讲，这能够提高招聘成功率。

第三，对象局限。校园招聘几乎都是针对应届毕业生举行的，因此校园招聘会是应届毕业生相对于社会人员能够多选择的一条就业渠道。在校园招聘会中，虽然应届毕业生相对于社会人员有其自身的缺陷，主要是他们缺乏工作经验，而企业又很难仅凭其专业方向和专业成绩就确定其是否具备某项职位所要求的基本素质，但是校园招聘仍然是各企业、律所招聘的主要途径之一。因此，大多数法科毕业生是能够通过校园招聘找到合适的工作的。

法科生在参加校园招聘时，首先，要对应聘企业有较为详细的了解，包括企业理念、晋升空间、工作机会等。其次，自身应准备好一份符合实际且精美的简历，以便面试官了解自己。最后，要针对面试的企业或律所提前做好面试准备，提升应聘成功概率。因此，基于以上特点，校园招聘对于应届法科毕业生来说是一次较好的机遇，比社会招聘竞争更小，且参加招聘较为方便，大多数法科生可通过这种渠道实现就业。因此，校园招聘是法科生求职的重要渠道之一。

二、通过网络招聘平台求职

网络技术的不断发展，为用人单位招聘和毕业生求职提供了极大的便利。在招聘形式上，大多数的用人单位会选择网络招聘。在招聘信息发布的平台选择上，“智联招聘”、“前程无忧”、招聘单位官网是用人单位发布招聘信息的主要渠道。“智联招聘”“前程无忧”“中华英才网”等综合招聘网站占据了互联网招聘的半壁江山，“58同城”“赶集网”等分类信息招聘网站也慢慢以自身特有的优势获得毕业生的青睐。

网上求职是一种特殊的择业形式，网络求职方便快捷，是一种多快好省的择业新方式。毕业生利用网络平台搜索来自全国各地甚至世界各地的就业信息，寻找就业单位，可以不用携带纸质简历去现场参加招聘会、宣讲会，不用一家一家单位去投递简历，不再受地域限制，不局限于本地的招聘机会。网络求职的优势在于方便快捷、灵活性高、成本较低。此外，相较于线下的招聘方式，网络平台还具备招聘针对性强、资源充足等优势。据统计，现在有超过2%的人是通过网上求职而成功就业的，并且这种比例还在增长之中。网上求职一般有两种形式：一种是在网上发布求职信息，坐等用人单位联系；另一种就是根据网上发布的招聘信息发送自己的求职意向，或直接登录用人单位站点，主动发电子邮件和对方联系。网上择业已得到众多的用人单位和毕业生的认可，网上招聘大多还是通过搜索获得求职者个人信息的。因此，法科毕业生也可选择网络求职渠道，向合适的用人单位发出简历求职，简便且高效。

同时，网络招聘求职存在信息真实度较低、信息易泄露等问题，毕业生在求职时要注意甄别。招聘网站门类众多、参差不齐，发展还不完善。网络求职在给大学生带来便利的同时，也存在信息真实度低、求职者个人信息泄露等弊端，会有不法分子利用网站的虚拟性、不规范性，兜售求职者手机号、身份证号、家庭地址等个人信息，发布虚假招聘信息，从事传销、诈骗等违法犯罪活动。虚假招聘消息或虚假简历极大挫伤了求职者或招聘单位的积极性，个人隐私泄露问题也会给求职者带来麻烦，这都制约了网上招聘的健康发展。因此，法科毕业生在网络求职时，要努力提高自身的安全和防范意识，选择正规的网络招聘平台。在网上填写个人资料时，应注意不要泄露银行卡、身份证号等重要个人信息，以防不法分子盗取这些资料进行诈骗活动，更不能将身份证原件、学历证书原件交给用人单位，且不交任何押金、保证金。法科毕业生可以基于自身的基础法律知识，一旦受骗能够拿起法律武器为自己维权。同时，在网络求职过程中，毕业生还应该多问多查多看，对单位信息进行核实，向工商管理部门了解企业的真实情况，根据自己的专业和职业兴趣有针对性地筛选出规模较大、运营良好、声誉较好的企业进行申请。

综上所述，法科生一定要根据自己所在的地域、所学专业、求职行业及自身条件来选择最有把握和最有机会的求职单位，在网络求职中注意识别虚假信息，获取有利信息成功求职。因此，网络招聘也是法科生求职的重要渠道之一。

三、通过人才市场招聘求职

人才市场招聘是综合性的招聘会，包含各种专业的岗位。全国各大城市高新技术人才中心或人力资源机构，每年都会举办各种各样的招聘会，如大型的综合招聘会、中小型的专业招聘会以及专为毕业生服务的专场招聘会等。

人才市场招聘会有许多特殊优势，比如招聘会规模庞大、招聘单位众多、行业范围广泛，人才市场招聘几乎包含了所有专业的职位，与法科生专业相关的有律师事务所的职位、企业法律顾问等。毕业生可通过参加这类招聘会了解就业行情，接触和熟悉社会，即使不能顺利签约也能够丰富自己的求职经验。参加这类招聘会，需要注意的是，毕业生要有主见，因为参会的人很多，不要人云亦云，盲目从众，一定要通过自己的接触作出判断。此外，还需要进一步了解用人单位性质和需求。在参加人才市场招聘会时，毕业生要准备多份简历和个人材料，以备用人单位当场查阅。在重庆、成都等城市，每年有两场大型招聘会，一般上半年和下半年各一次。毕业生要及时关注消息，避免错过。

法科生参加此类招聘会时，可选择律师和企业的法律顾问等职位，比较契合自身专业知识。同时，不应仅限于此类职位，毕业生也可多了解其他行业单位的应聘需求，如有其他感兴趣或适合自身的职位，也可以与面试官多交流，试一试。因此，大型人才市场招聘会也是法科生的就业渠道之一，毕业生可多参与积累就业面试经验，通过此渠道成功求职。

四、通过其他求职渠道求职

其他求职渠道主要有通过社会关系介绍，如学校老师介绍、亲戚朋友介绍等。

根据麦可思的数据，5 人中平均接近有 1 人（17%）就是通过社会关系得到的招聘信息而最终求职成功。在获取就业信息上，不论是你的父母、老师，还是你的亲朋好友、同学，都有可能成为你求职路上的“贵人”。有的同学在辅导员老师的介绍下找到了工作，有的在某位教授的帮助下明确了未来的职业选择，有的同学去了校友的单位，有的同学靠实习时候认识的经理找到了工作等。

通过学校老师推荐求职。学校的老师教书育人多年桃李满天下，他们的很多学生早已是业界翘楚，或者都已功成名就成为一个公司或者企业的领导。这些学生需要招聘新员工的时候往往会想到他们母校的学弟、学妹们，而他们所想到的要联系招聘的人往往就是当年曾经悉心教育他们的老师。因此，在社会上有广泛的人脉资源和关系的老师们总会给毕业的同学们推荐一些好的就业机会。而同学们去应聘老师推荐的工作时，成功的概率非常大。

从老师、父母、亲友以及他们的社会关系中获得的需求信息针对性更强，通常具有毕业生所希望的行业或地区的定向性，毕业生对用人单位可以进行更具体的了解，易于双向沟通，因而就业成功率较高。

第三节　法科生的就业选择

在严峻的就业形势面前，热门专业一般具有较强的竞争力，而法学专业作为文科专业，相对于具有一技之长的理工科专业毕业生没有特殊的竞争优势。国家公、检、法系统作为吸收法学毕业生的主要单位，其在机制改革后对人员的需求量不断减少，而每年毕业生人数却在增加。法学本科毕业生在无明显竞争优势的情况下的就业困难是显而易见的。因此，法科生在就业选择时不能仅仅盯着国家党政机关，而应从多渠道、多种岗位实现就业。

一、继续求学深造

2020年教育部指出，要拓展毕业生升学深造渠道，综合考虑高校办学承载能力，及支撑国家战略所需学科、经济社会发展紧缺专业等因素，在保证研究生培养质量前提下，着力扩大硕士研究生招生规模。同时，结合职教本科、应用型本科类别学校建设，围绕社会服务管理新业态发展等对一线技术人才的需求，积极扩大普通高校专升本规模。

在国内，对法科本科生来说，升学就是参加全国硕士研究生统一招生考试（简称“考研”或“统考”）。它是教育主管部门和招生机构为选拔研究生而组织的相关考试的总称，由国家考试主管部门和招生单位组织的初试和复试组成。它是一项选拔性考试，所录取学历类型为普通高等教育。普通高等教育统招硕士研究生招生按学位类型分为学术型硕士和专业型硕士研究生两种；按学习形式分为全日制研究生、非全日制研究生两种，均采用相同考试科目和同等分数线选拔录取。

近年来，升学考研热度持续上升。2021年考研报名人数继续呈递增趋势。2021年考研报考人数377万，较2020年341万增加36万，增幅10.6%，报考人数再创历史新高。改革开放以来，社会主义市场经济的发展、高等院校的不断扩招、社会对技能人才的要求越来越高，因此促使大学生选择考研以追求更高的学历背景。有相关问卷调查的结果显示，近46.2%的学生表示考研是为了提高自己的知识水平和科研能力，希望将来在学术上可以有所成就，还有相当一部分考研学生有继续读博的打算。其实真正是为了学术研究而考研的学生的学习动机是较为端正的，这说明个人喜欢所学专业，希望在研究生期间进一步充实自己，努力学习专业知识，而这一动机也更能激发个人潜能。对法科生来说，通过升学考研能够进一步提升自身法律综合素质。

升学是就业的一种途径，也是为了进一步促进就业。对法科生来说，当前社会就业对个人能力要求越来越高，更要提升学历和专业知识才能给未来奠定建设的基础。

二、从事法律服务

从事法律服务的法律专业人员，例如律师，需要通过国家法律职业资格考试、拥有律所实习经历再加上强大的口才能力。正如很多人所知悉的一样，新进律师在最开始的几年里面会很累，要学的东西会很多，但是这个行业的报酬也是和它本身的劳累成正比的。现在国家正大力推进司法体制改革，律师的地位正不断提高，法科学子进入律所锻炼自己不失为一个好选择。

律师职业有着其独有的特征，从事律师职业的人员需要对其有清楚的认知。第一，律师身份的社会化。律师不属于国家公职人员，不是国家的法律工作者，而是社会法律专业工作者。律师作为社会法律工作者，是由律师工作的社会性所决定的。这种社会性首先表现为律师执业活动的非公务性。律师作为法律工作者，其接受当事人委托并提供法律服务的执业活动，就是为了维护“私权”，这与法官、检察官行使“公权”截然不同。第二，律师的社会立场。律师代表公众意志和社会公共利益，而不代表国家意志。第三，律师面向社会提供法律服务，律师是为需要法律服务的人提供法律服务的开放式服务的职业。我国的《律师法》第28条关于律师业务范围的规定指出，任何社会主体都有权得到律师的法律帮助。律师法律服务的内容和范围也随着社会需要的变化而变化。随着市场经济的快速发展，律师已经介入了金融、房地产、保险、证券、商标、专利、海事海商、知识产权保护、反倾销等非诉讼业务领域。这正是律师职业具有“社会性”属性的反映。

对于初涉法律职场的年轻大学生，成为一名律师要具备许多优秀的特质。首先，需要坚守公平正义。“律师是社会的良心”。社会主义法治和律师职业的本质特点要求律师要坚持原则，维护国家法律的公平和社会正义。在此过程中律师不仅是法律之师，更应该是正义之师，要将弘扬正气，追求正义作为律师的职业追求。在当前市场经济的大潮中，当“利”与“义”发生冲突时，律师应舍“利”取“义”。公平正义在律师的职业追求中应当被放在首位，成为本能的追求。不敢想象一个没有正义的律师，只追求利益或者其他，在代理案件、处理法律事务中能作出什么异常的事。黑白颠倒、胡编乱说、扰乱法律秩序、扰乱社会正常秩序，无法想象，是否还有更为严重的事。其次，要有专业的学识和素养。专业的学识和素养是律师必备的“杀手锏”，在依法治国推进的当前，律师从业资格也有了新的要求，法治在不断前进，法律在不断完善，律师的法律专业知识在给当事人提供法律服务中能起到关键性作用。正确地为当事人提供法律服务，为当事人提供专业的、准确的法律咨询和服务在维护社会公平正义中也有重要作用。律师是一个高度专业化的职业，因此现在各国皆有严格的律师准入制度。律师执业准入是指申请律师从业的人员必须符合法律规定的条件，通过法定的方式和程序，并由法定的国家机关审核同意才能以律师身份进行执业的制度。最后，要有严谨的逻辑实践能力和表达能力。严谨的逻辑能力对一个律师来说，有助于对了解案情，分析案情，还原案情的真实性，正确把握案情，判断当事人的权益，保护当事人的合法权益，维护社会的公平正义，推进法治的建设。严谨的逻辑能力是一个律师所必备的素养，厘清案件的来龙去脉才能准确地把握当事人的利益，更好地为当事人服务，更好地维护社会的公平正义。同时，语言是律师最重要的“兵器”，律师当然必须具备高超的语言运用能力，不仅要能“铁肩担道义，妙手著文章”，还必须得“能说会道”。但律师的“能说会道”显然不是喋喋不休、巧舌如簧，也不应该仅仅是锋芒毕露、侃侃而谈。律师的“兵器”也有高下之分，良好的表达能力，可以帮助律师在案件审判中清晰明了地表达观点意见，对案件的审理也是事半功倍，不仅有助于案件的审理也能节约司法资源，更能维护当事人的合法利益，何乐而不为。

因此，从事法律服务的法律专业人员是法科生就业的主要选择之一，不仅契合了其本身的专业特性，更能够提升其综合素质。

三、担任企业法务

依法治国是以法律、法制治理国家，要求国家的政治、经济运作、社会各方面的活动都要依照法律进行，充分体现社会发展的规律。法律已经渗透到社会生活的各个方面，其影响是不言而喻的，企业作为社会经济活动中的重要组成部分，更需要受法律约束，依法治企、依法治司成为企业发展的重要保障。市场经济是法治经济，同时也是契约经济，即契约精神的体现，企业的经营活动需要在法律的框架下依法进行。在企业中最有效实施和落实依法治企、依法治司的部门当属企业的法务部门，而法务人员更是走在依法治企、依法治司前沿的履行人和践行者。

从事企业法务工作对法科生有多方面的要求。目前，法务人员的工作任务主要分为两类，即意见咨询和业务承办。意见咨询主要针对单位的行为和决策组织论证并提供法律意见；而业务承办则主要是组织实施受领的工作任务。这就要求法务人员不仅要用法律专业知识对企业经营行为进行合法性分析，还要对未来的发展趋势进行预判。这样的工作属性既有别于传统的“法律顾问”，也与法官、检察官和律师的办案轨迹和思维方式存在较大差别。

企业法务工作者当前仍是许多法科生青睐的职位之一。法科生可以选择国企、中小企业就业，进入企业的一般工作是法务。公司法务需要对企业管理及财务状况有一定的了解，尤其要熟悉公司法、合同法、专利法等法律知识，需要通过法律职业资格考试，拥有较强的逻辑思维能力、较强的沟通能力和文字功底。公司法务的发展前景比较宽广，可以往企业法律顾问、涉外律师方向发展。对外企来说，其法务不仅需要丰富的法律知识储备，还需要熟练地掌握一门外语，必须熟练运用外语开展工作。

在具备基本的法律专业知识的基础上，能力的创新性和知识的复合性对法科生而言也是不可或缺的。安全和效率是企业运营过程中不能忽视的双重指标，随着运营状态的变动而不断变化，从而要求法务人员具有一定的创新能力，能够依据企业的实际运营状态，以法律为准绳，灵活、全面地处理包括安全、效率在内的各项事务。知识的复合性在于企业各项业务本身就是复合的，再加上各项业务又包含不同程度的法律因素，所以法务人员对各项业务的规范化审查需要有整体的考量。所以，企业法务除具有专业知识外，还需具备与之相匹配的专业技能，可将其概括为“商业”、“专业”和“职业”三个方面。企业所面临的经营风险归根结底也都是法律风险和法律问题，这就需要法务人员运用自身的法律逻辑和思维，通过自身的法律知识，帮助和说服企业决策层、领导层或是主营业务部门、其他部门和人员，在法律的框架下为领导层、决策层和其他部门提供法律支持，提出企业经营中面临的各种法律问题，并提供行之有效、可实施的解决方法和实施方案。

因此，企业的法务工作者也是法科生就业的选择之一，从事法务工作对法科生的要求较高，不仅需要具备专业的法律知识，还要具有一定的创新能力和综合能力。

四、入职公、检、法机关

公、检、法是公安机关、检察机关、法院的简称，三者是政法系统的重要组成部分，受中央政法委领导。对法学专业的毕业生，传统意义上的“专业对口”是指进入公、检、法机关或是从事律师职业。在调查结果中我们可以发现，大部分的毕业生把公、检、法机关等单位作为就业时的首选单位。

传统的公、检、法机关的职位少，律师、企业法律顾问等职业门槛高。以前，法律专业的大学生毕业后基本上都有机会进入国家司法机关，但近年来进入司法机关当公务员，成为大多数法科生的奢望。现在，想做法官、检察官、公务员，必须参加统一的考试，如国家法律职业资格考试和公务员招考，而这两种考试都存在一个特点，即竞争激烈、通过率很低，甚至因为报名的人数众多，招录的人数有限，甚至出现了几千人争一个岗位的情况。

因此，公、检、法机关是法科毕业生专业最对口的单位之一，同时也是大部分法科生的就业首选，但就业竞争较大，需要法科生提升自身优势。

五、入职党政机关

我国建立和推行公务员制度的主要目的在于，建立一支廉洁奉公、忠于职守、精干高效的国家公务员队伍，促进党政机关的勤政廉政建设，增强党政机关的生机和活力，提高工作人员的素质，提高行政工作效率，以适应和推动社会主义市场经济体制的建立。为满足中央机关及其直属机构、各省直机关及其直属机构录用公务员的需要，根据公务员法和公务员录用的有关规定，中共中央组织部、人力资源和社会保障部、国家公务员局、各省人力资源和社会保障厅每年将组织录用主任科员以下及其他相当职务层次非领导职务公务员的考试。随着我国公务员制度的逐步建立和完善，公务员工作条件、待遇和职业发展前景相比改革开放初期有较大改善，报考各级党政机关公务员、事业单位已经成为法学专业大学生的就业首选。而近年来国家公务员考试对法学专业人才需求数量最多、比例最大，在一定程度上也吸引了法学专业学生的关注和参与。

从当前来看，党政机关仍是毕业生心目中最青睐的就业单位，高达38.18%

的毕业生把工作稳定且有政治发展前途的机关单位作为自己的就业首选。事实上，虽然党政机关单位每年对法学专业毕业生有一定量的需求，但是政府近年来的改革使其对人才的需求量在减少，从而使一部分毕业生的期望落空。基层单位、事业单位、其他企业作为吸纳毕业生就业的主要力量，其报考法学专业的职位所占比例并不高。以 2020 年度中央机关及直属机构招考职位来看，法学（法律）类专业成为当年招考职位数量和招考人数最多的热门专业。根据公布的 2020 年国家公务员考试职位信息，中央党群机关、中央国家行政机关、中央国家行政机关直属机构和派出机构、国务院系统参照《公务员法》管理事业单位及其他单位，当年提供法学（法律）类专业人才选择报考的职位多达 1 134 个，共向社会招录法学（法律）类专业人才 2 578 人。招考法学专业人才的行业领域也十分广泛，包括了诸如国家广播电视总局等往年公务员考试热门单位。其中，中央国家行政机关直属机构和派出机构招考法学类专业人士所占比重最大，共有 683 个职位可供法学专业人士选择，其中税务和海关系统招考的职位最多。伴随着我国社会经济活动逐步进入法制化的轨道，工商管理、税务、海关等政府部门的调控和监管作用日趋明显和重要。海关、工商管理、税务等政府行政执法、经济监管部门，以及金融、证券、保险等行业近年来吸纳了较大数量的法学专业毕业生，这种情况将在今后一个时期内持续下去。

因此，随着公务员制度不断完善，就业前景良好，党政机关相关职位成为法科毕业生较青睐的职位之一。

六、自主创办产业

人的可贵之处在于人的主动性和创造性，当在就业中遇到难题时，毕业生要敢于运用自己的聪明才智积极创业。联合国教科文组织的一篇文章说，高等教育培养未来的毕业生不仅仅是求职者，还应该是成功的企业家和就业创造者。也就是说，我们学习和受教育绝不仅仅是为了就业。首届世界高等教育大会通过的《世界宣言》强调，毕业生将愈来愈不再仅仅是求职者，而首先将成为工作岗位的创造者。法科生创业也是其就业的主要选择之一，能够通过创业实现自身的职业理想。法律相关专业创业具有以下特点。

第一，法律执业者需要经历三到五年职业初创期。律师需要经过初期职业创业，才能进入职业发展期。一个律师在业界站稳脚跟，能够平稳执业、发展，需要经历一个比较困难的早期职业创业期。具有公职身份的律师事务所律师最为典型。初涉律师业的律师实际就是没有人扶持的“个体工商户”。闯过了初创期，有比较稳定的客户群，职业才进入平稳发展期。经过改革开放四十多年的发展，律师行业由孱弱期步入成长期，东部、中部不少律师事务所给予刚入业的律师以适当补助，保证初入业律师的基本温饱。但是在初创期，对律师个体来讲，仍是一个比较艰难的创业过程。如果一个律师能够顺利通过初创期，进入平稳创业期，职业发展就比较明朗，否则职业之路会比较艰难。

第二，法律执业者通常是独立执业，团队型配合作业不是其主要职业特点。律师业务通常是律师个人独立完成的，这使得律师业务独立性很强，律师个人的独立性也非常强。通常情况下，律师个体之间呈现为竞争关系，律师必须不断地强化自身优势去争取业务资源。没有一定优势的律师，难以获得稳定收入，业务、生活就会处于不稳定的漂泊状态。那些囿于自身见识、故步自封的律师，会很快丧失优势地位、被淘汰出局，这是律师业的基本规律。律师要强化自身优势，首先就需要终身学习，以习得的新知识、新技能保证职业的稳定与发展。一个能够不断更新自身知识、技能的律师，才能在律师行业中存续下去。

第三，法律执业者是终身创业职业。法律执业者创业是实现其职业社会价值、经济价值的前提。通常来说律师是自由职业者，换言之，律师在一定意义上就是一个独立的市场主体，不可能去依赖其他律师主体而存在、发展。律师作为自由职业者是就律师职业与其他非自由职业相比较而言的。那些其他非自由职业者，多数只要在一定的机构内部完成相应的工作内容，就能够持续获得一定的收益，具有比较固定的收益途径，工作环境相对稳定，生活相对安逸。律师作为一种直接对外的独立型主体，需要自己不断开拓业务、经营法律服务事业，从而取得收益。具有独立地位的律师，如果不继续创业，律师职业的社会价值将无法实现，其社会评价也会降低。

越来越多的法科学生加入自主创业行业。法科毕业生的自主创业是时代的要求，也是我国高校毕业生就业体系改革所大力提倡的。自主创业需要毕业生具有扎实的理论功底，独立思考、勇于创造的科学精神，积极探索未知领域的愿望和勇气，不怕困难、坦然面对逆境的良好素质。实际上，现实中法科学生创业的例子已越来越多，他们或利用专业法律知识投资合伙创办律师事务所，或在自己感兴趣的行业开始创业，这不但解决了自己的就业问题，还为其他人创造了许多就业社会。厦门大学潘懋元教授指出："中国高等教育大众化，既不能只靠城市生源，更不能仅在城市就业。"农村的经济与社会发展了，需要并能容纳更多的毕业生就业。具有创业精神和创业技能的法科毕业生，通过开展普及法律知识、开展法律援助等，更有可能成为新的工作岗位的创造者。

因此，创业也是法科生的就业选择之一，但创业的路并不是一帆风顺的，需要克服重重困难，脚踏实地、坚持不懈才能创业成功。

综上，国家针对法科生制定了一系列的就业服务政策，为法科生的就业奠定了坚实的基础。但在当前，法科生就业存在一定的误区，亟须对法科生进行就业指导，引导其形成正确的就业观。同时，法科生的求职渠道是多种多样的，可灵活结合线上与线下的方式，提高求职成功率。最后，法科生就业选择的范围也较广，法科生可结合自身优势，选择最适合自己的职业，提前做好准备，增强自身软实力，为未来职业发展打下基础。

七、从事其他职业

（一）法律新媒体公司或法律科技公司

法科生将来的毕业方向可以往法律新媒体公司或法律科技公司靠拢，就职于法律＋新媒体相关行业，都是法科生以后就业不错的选择。可能，很多法科生会有疑问，法科生在这些媒体公司或科技公司究竟会做些什么？

法科生在这些媒体公司或科技公司的工作主要包括新媒体运营（内容运营、活动运营、产品运营等）：内容运营负责文章的撰写、编辑、组稿（这是法律人写作基本功的体现）；活动运营负责策划线上和线下的活动，连接更多的法律人（这是法律人策划、管理基本功的体现）；产品运营负责媒体公司或科技公司的产品开发和设计等，这种运营方式更加倾向于产品经理的职位。

在当下的大数据时代和科技网络条件下，新媒体是一个新兴行业，将新媒体与法律专业结合起来顺应了时代的发展，在未来具有较大发展空间。

（二）法律翻译

虽然翻译属于前景比较固定的一个行业，但现在对法律英语翻译的需求越来越高。一般来说，法律英语翻译需要会翻译法律合同、文书（包括诉状、答辩状以及各种律师信函）、专利文件、法规以及各类市场推广的文件。

以理想状态而言，法律英语翻译应该同时具有法律和英语两重背景。尤其是现在翻译依然是越来越热门的职位，法律行业尤其如此。毕业生需要较强的法律和外语的知识储备。现今对法律翻译的需求越来越多，所以，以后从事法律翻译的人也会越来越多。

当然，这种职业对英语水平要求较高，一般来说，法律英语翻译应该同时具备熟练运用中英文的语言能力；系统地学习中国和欧美的法律；知识面广（比如了解财经、科技知识等）。因此，从事这种职业的人才也是当前中国市场比较稀缺的资源。对法科生来说，需要综合提升自身的专业知识，才能胜任这一职业。

第六章

法科生的求职、简历与面试实务

第一节　法科生的求职实务

一、确定求职目标

“求职目标”和“职业目标”是两个不同的层次，建立长远的职业目标并非一朝一夕就能完成的，如果还没有明确的职业目标，迫在眉睫的任务是设定求职目标。选择求职目标就像在白纸上画一个圆，如果这个圆很小就会失去圆外的机会，如果圆很大则可能使精力过于分散。有些学生选择的求职目标要么过于分散，没有把这个圆画起来，要么把这个圆画得过细，甚至只是几个小点。

（一）确定求职目标的方法

有几种方法可以快速地确定求职目标：（1）打开一个求职网站，浏览三五十页的招聘信息，从中挑出自己觉得“感兴趣”的。（2）向辅导员或者学生就业指导中心询问，上一届、上几届的学长学姐毕业后都去了哪些行业，从事什么工作，如无意外，求职范围会和他们差不多。（3）从能力、特长或者教育背景出发，把“对口”的职业写下来。然后一个个去分析为什么会写下这些职业，实现的可能性有多大，怎么去实现等。

（二）确立求职目标的原则

1. 实事求是

准确的自我认识和自我评价是制定个人职业计划的前提，要切实可行。首先，个人的职业目标一定要同自己的能力、个人特质及工作适应性相符合。其次，确定个人职业目标和职业道路，要考虑到客观环境条件。

2. 社会导向性

此即根据社会需求，结合社会经济、政治、科技教育的发展趋势，来设定个人的职业发展目标。选择职业往往受社会各种外在因素和自我因素的制约，虽然选择职业时任何人都是自由的，但都是相对的、有条件的。如果选择脱离社会需要，那么将很难被社会接纳。因此，大学生在求职时应以社会导向性为原则，努力做到社会发展与个人发展相统一，做到社会需要与个人愿望有机结合，以社会需要为出发点，以社会对人才的要求为准绳，把握社会对人才需求的动向，既要考虑个人的因素也要自觉服从社会需要。

3. 专业优势

大学生都有自己所学专业，每个专业都有一定的培养目标和就业方向，一般来说，专业在很大程度上决定学生的知识结构、工作能力和职业取向，这是大学生的优势，也是其进行职业选择时的基本依据。需要强调的是，大学生除要掌握宽厚的基础知识和精深的专业知识外，还要积极拓宽专业知识面，了解或掌握与本专业相关的、相近的若干专业知识和技术，在多学科交叉中增强实践能力，提高自己的竞争力，成为素质全面的“通才”。

4. 个体区分

每个人都有与众不同的气质特征，职业生涯规划要与自己的个人性格、气质、兴趣、能力、特长等方面相结合，充分发挥自己的优势，扬长避短，体现人尽其才、才尽其用的要求。学校在帮助和指导大学生进行职业生涯规划时也要充分考虑每个人的不同特点。

（三）其他

求职的行业、职业设定之后，大学生还需要选择地域范围。目标求职设定地域上要打破以城市为界的思维局限，可以参考“一天往返交通圈”法则。本地求职以学校所在城市为中心，以火车或者长途客车交通工具为准，一天往返的区域内的招聘机会都应该被纳入视野。现代经济并非以独立的城市，而是以“经济圈”作为基本单位的，例如长三角经济圈、京津冀经济圈、珠三角经济圈、成渝经济圈等。同一个经济圈内的城市在产业结构、政策制度、薪水报酬等方面比较接近。

这个法则对到外地找工作也同样适用，以落脚城市为中心划定“一天往返交通圈”范围，当中最主要考虑的是工作机会、应聘成本和面试便利的综合平衡。“一天往返交通圈范围”虽然增加了交通成本，但同时大大增加了应聘机会，从应聘成本和求职成功率等方面来看都非常合适。

就像“专业对口”一样，毕业生因为对社会不了解，其设定求职目标时常常会有些不合常理、不合逻辑或者与事实不符合的非理性信念。这些想法一般都带“只有”、“应该”或者“必须”等绝对化的特征，如必须考公务员，外企一定比国企好（反过来亦然），只有读了研究生才有出路，必须在上海（北京、深圳……）工作等。这些非理性信念一方面会限制职业选择范围，使其错失很多机会；另一方面会造成自己情绪上的不安和沮丧，当目标无法顺利达成时，甚至会有严重挫败感，貌似“明确定位”，实际上是“画地为牢”。

如果不知道该找什么工作，那就尽力去拿更多录用信，然后从中选一个看起来最好的。求职可以从盲目开始，但不可以将盲目进行到底。“大多数人都没有职业规划”“以前也没有职业规划”——这样的逻辑是不对的。正确的求职发展路径应该是从盲目中开始，从失败和错误中获得经验，一次一次了解应聘的行业和职位，然后逐渐建立越来越明朗的方向。从盲目起步，以胜利结束，这才是努力的方向。

二、选择求职途径

综合如前所述我们在求职过程中一般有以下几种途径供选择。

（一）网络求职

网络求职是广大求职者找工作的一种重要途径，也被称为“网申”。毕业生一是可以登录知名人才网站如中华英才网、前程无忧、智联招聘等综合性网站或一些行业性招聘网站投递简历求职；二是可以关注高质量公众号和小程序，直接获取大量内推名额，面试题库，如果有特别想去的公司，一定要关注公司的公众号。

（二）招聘会

招聘会一般由政府所辖人才机构及高校就业中心举办，主要服务于待就业群体及用人单位。招聘会一般分为现场招聘会和网络招聘会，日常中所讲的招聘会通常指的就是现场招聘会。招聘会分行业专场和综合两种，毕业生参加招聘会前先要了解招聘会的性质，以免因其和自己要找的岗位不对口而浪费时间。

在现场招聘会，毕业生能与招聘人员面对面沟通，能透过职位说明进一步了解企业和岗位的信息，同时也能了解到一些职场和行业的相关信息。这免去了简历的预考程序，直接进入正考。

网络招聘会其实就是现场招聘会的网上展示版本，网络招聘会在表现形式上可以说是多元化的，一般网络招聘会的举办时间都在20～30天，其中包括10天左右的宣传时间，在每届招聘会中举办方都会策划不同的主题和基调，设计不同风格的专题网页页面。

校园招聘会，顾名思义是在校园里面举行的招聘会，主要是面向在校应届毕业生。

（三）熟人介绍

利用人脉关系，通过已参加工作的校友、亲戚、朋友介绍来获得实习机会或工作机会，这是最古老的一种猎头手段，但也是最有效的捷径。

（四）实习留用

大学期间，大学生会通过自己联系或者学校联系到一些工作单位实习，如果表现足够优秀，实习单位会愿意留用。

（五）参加各大公司的学生俱乐部

大学生通过加入这些俱乐部，或者主动参加他们的宣讲活动，会优先获得实习信息。

下面罗列一些公共就业信息发布平台供大家参考。

表6-1　全国高校毕业生就业信息网汇总

序号	网站名称	网址
1	中国公共招聘网	http://www.job.mohrss.gov.cn
2	国家24365大学生就业服务平台	http://www.ncss.org.cn
3	中国国家人才网	http://www.newjobs.com.cn

续表

序号	网站名称	网址
4	中国人力资源市场网	http://www.chrm.mohrss.gov.cn
5	中国就业网	http://www.chinajob.mohrss.gov.cn
6	中国人事考试网	http://www.cpta.com.cn
7	中国中小企业信息网	http://www.sme.miit.gov.cn
8	高校人才网	http://www.gaoxiaojob.com/

表 6-2 部分社会招聘网站

序号	网站名称	网址
1	应届生求职网（重点推荐）	http://www.yingjiesheng.com/
2	梧桐果（校园招聘网站）	http://www.wutongguo.com/
3	智联招聘	http://www.zhaopin.com/
4	中华英才网	http://www.chinahr.com/
5	前程无忧	http://www.51job.com/
6	校联人才网	http://www.job9151.com/
7	华威人才网	http://www.hwhr.cn/
8	大渝人才网	http://cq.qq.com/job/
9	高校毕业生就业信息网址导航	http://www.eol.cn/html/c/job/

表 6-3 求职类微信公众号

序号	名称	微信号
1	中国大学生就业	zgdxsjy
2	24365 就业资讯	ncssweb
3	公务员事业单位招聘考试网	gwyzpks
4	国企招聘考试网	cnguoqi
5	应届毕业生网	yjbys_com
6	职场 Vstyle	V-fashionstyle
7	重庆市高校毕业生就业创业	gh_51f898095a17
8	北大就业	pku_scc
9	清华就业	THUCareer

续表

序号	名称	微信号
10	复旦就业帮	fdjiuyebang
11	中大就业	sysujob
12	川大就业	scujob
13	法大就业	cupljob
14	中南财经政法大学就业	jyzx_znufe
15	重大就业	cquxsjy
16	华政就业创业	HDZFXSJY
17	西南政法大学就业指导服务办公室	xizhengjiuyeban

三、求职技巧

（一）网络求职技巧

1. 多开窗口

求职者可同时多打开几个浏览器窗口，有助于节省传输时间，也可以在一个窗口输入个人信息，在另一个窗口查看就业信息。

2. 留意首页

一般每个网站都会在首页放上“最新消息”，很多求职者都忽略了这一点，其实“最新消息”里往往包含了最新的招聘信息和政策信息。另外，首页上的网站内部结构与索引也十分重要，如果时间允许最好不要错过。

3. New 的诀窍

在网站上，不少标题旁都有“New”字样，表示最新更新过。对于首次访问该网站的求职者来说，“New”的意义并不大，但当下次再访问时，只要留意“New”旁最近更新的栏目就可以了，这样可以省下大量的时间。

4. 关心政策

许多政府人事网站都有“政策法规”栏，在初步确定求职地域后，求职者应关注当地的人事政策，要对应届大学毕业生就业政策、户口迁移等相关内容，有一个大致的了解。

5. 随时下载

有些招聘页面的内容较多，岗位、条件罗列一大堆，求职者可能担心来不及看和漏看，所以最好的办法就是下载网页。可以先建一个名为“求职”的文件夹，把选中的网页下载到自己硬盘上的“求职”文件夹目录下，等离线下载网站后再慢慢查看。

6. 注意保密

求职者可以在登记时使用英文名字（不要用汉语拼音，那等于没有保密），但学历、工作经验等必须真实，同时注意在接到面试通知时要告诉招聘单位真实姓名。

7. 订阅邮件

部分网站还提供信息邮件，求职者只要在家里打开电子邮件信箱就能得到最新消息，方便又快捷。目前越来越多的求职网站开辟了这个业务，如果网站上有可订阅的求职信息邮件就别错过。

8. 及时联系

招聘岗位的空缺往往是暂时的，如发现条件符合的岗位就要及时联系，否则会错失良机。许多招聘单位都注明了自己的 E-mail 地址和联系电话，求职者要尽快采取适当的联系方法寄去自己的简历。有些单位要求求职者自报薪酬，求职者不用客气，实事求是地提就可以。

9. 友情网站

求职网站上的“其他网站”“友情网站”“友情链接”栏目里都有有用的内容，至少会有许多相关招聘、应聘站点，特别是不同区域的人才网站，都值得一看。

10. 整理信息

求职者可以把网上有益的求职信息和网站摘录下来，以便定期拜访，对填写了简历的网站和单位要重点记录。有的网站有个人信息记录密码，求职者最好把密码写在本子上，以免忘记。

11. 保持联络

求职不会一蹴而就，要做到持之以恒。求职者在接到录取通知后要写信或发 E-mail 表示感谢，以便下次联络。

12. 建立个人主页

为让有关单位全面了解个人情况，最好的办法是建立个人主页，在个人主页中把你的有关情况都罗列出来，做到一目了然。

13. 其他补充技巧

求职者搜索前应注意选择发布时间，避免重复浏览，谨慎选择那些常年招聘的公司和职位，其中骗子很多。

（二）招聘会求职技巧

（1）招聘会上第一印象至关重要。求职者要满怀自信和热情，握手要坚定有力，眼睛直视对方，要注重举止形象，衣着得体，切忌过分随意的打扮。

（2）先到招聘单位的展台前，了解招聘材料，诚恳地交谈，简单地介绍一下自己。当招聘人员表露出一定的兴趣时，可以适时地留下简历。

（3）求职者与招聘人员谈话时，尽量突出和展示自身的优势和能力与招聘条件相吻合的部分。

（4）由于招聘会上与每位招聘人员的谈话都相当于面试，所以无论从态度、着装还是言谈举止，求职者都要以面试的标准来要求自己。

四、求职安全

（一）通过以下政府官方网站验证招聘单位的真实性与合法性

1. 全国组织机构代码管理中心——诚信体系实名制查询

网址为 https://www.cods.org.cn/，该网站实现了对全国组织机构代码信息数据库所有组织机构代码基本信息的管理、查询、检索、统计等功能，涵盖合法在政府登记注册的企业、事业、政府机构等单位，可查到该单位的组织机构代码电子版文件，这有利于求职者核实相关单位信息。

2. 国家企业信用信息公示系统

网址为 http://www.gsxt.gov.cn/，该网站可查询企业成立日期、注册资本、企业年报信息、股东及出资信息、行政处罚信息、列入异常经营名录信息等。

3. 中国执行信息公开网

网址为 http://zxgk.court.gov.cn/，该网站可查询全国法院被执行人信息，及财务方面的问题。

（二）多方验证招聘信息的真实性

社会上会有不法分子假冒某些单位的名义进行招聘，或者“挂羊头卖狗肉”

以优质的职位吸引求职者然后去做违法的事情。建议求职者通过单位官网、单位办公电话或网络搜索、核实招聘联系方式等多渠道核查该招聘信息的真实性，避免上当受骗。以下网址可供查询企业情况：天眼查 https://www.tianyancha.com/，企查查 https://www.qcc.com/，看准网 https://www.kanzhun.com/（类似用人单位“大众点评”的网站，评价仅作参考）。

（三）通过视频面试判断企业是否正规

如果面试企业有清晰的线上面试流程，有明确的招聘标准，参与招聘的面试官素养高，那么该企业应该比较正规。

（四）注意保护个人证件和财产安全

有些单位可能会利用毕业生急于求职的心理，在招聘时对求职者提出“扣押证件”或“交保证金”之类的要求，用以“保留录取岗位”或者“确定你会到岗”，请求职者注意，这些都是不合法的。我国《劳动合同法》第9条规定：用人单位招用劳动者，不得扣押劳动者的居民身份证和其他证件，不得要求劳动者提供担保或者以其他名义向劳动者收取财物。

第二节　法科生的简历制作

一、简历的制作方法

简历是用于应聘的书面交流材料，它向未来的用人单位表明自己拥有能够满足特定工作要求的技能、态度、资质和自信。成功的简历就是一件营销武器，它向未来的雇主证明自己能够解决他的问题或者满足他的特定需要，因此确保能够得到会使自己成功的面试。

写一份好的简历，单独寄出或与求职信配套寄出，可以应聘自己感兴趣的职位。求职者参加求职面试时带上几份简历，既能为介绍自己提供思路和基本素材，又能供主持面试者详细阅读。面试之后，简历还可以供对方归档备查。

简历撰写是向对方展示自身综合能力的方式。因此，需要从简历内容、语言水平、排版设计等多个方面对中英文简历进行优化，展示出工作业绩、专业技能、个人特质、突出优势、教育背景等信息，提高说服力及与职业目标的匹配度。

（一）基本内容

一份简历，一般包括以下四个部分。

第一部分，个人基本信息。求职者应列出自己的姓名、性别、政治面貌、学校、系别及专业、健康状况、电话号码、联系邮箱等。

第二部分，学历情况，即教育背景情况。求职者应该注明哪个时间段在哪个学校的哪个专业学习。除了说明学了什么，还要说清楚学得怎么样。如果有不错的绩点、奖学金等一定要清晰注明，增强说服力。比如叙述奖学金时，求职者一定不要只简单地说出奖学金的名称，而是要补充说明获得奖学金的难度。“20××年获得岳成奖学金”会让用人单位不知所云，因为没有人知道获得奖学金的难度和评选奖学金的标准，而“20××年作为法学院唯一的本科生获得岳成奖学金”则说服力极强。类似的说法还有：所在法学院仅有 5 人获得此项全国性奖学金，该奖学金获奖比例是 6%，该奖学金旨在奖励那些在法律志愿者服务中的优秀分子。

第三部分，描述个人求职意愿以及个人达成此意愿所具备的能力。如果是有针对性地投放简历，一定要仔细研读用人单位的招聘需求和具体的岗位描述，最好找到相应岗位的岗位（工作）说明书，结合岗位（工作）说明书，描述自己与该岗位的匹配情况。毕业生可以通过校内外实习实践情况、技能证书、各类获奖等进行相应佐证。

大学生在校内外的课外活动经历和在实习单位的工作经历都可以被称为实践经历，对大多数用人单位来说，这才是他们真正看重的部分，这也是大学生之间存在差别的地方。很多大学生的简历千篇一律、平淡无奇、毫无内容。而招聘方喜欢的是“有血有肉”、很有说服力的简历，这个“说服力”表现在：应聘者提供的实践经历所表现出的能力，恰恰就是他们要招聘的职位所需要的能力。对有的大学生来讲，其本身实践经历就很少，只能把所有的实践经历都写上去；有的大学生经历十分丰富，在简历上把所有的实践活动都写了出来。不论是经历少还是多，求职者都不能毫无选择地写上去。招聘单位要找的是适合相应岗位的人，而不是一个经历丰富或者精力旺盛的人。所以说，求职者在简历上写实践经历的时候，一定要对所应聘的职位有一个较清晰的认识，了解其所需要的知识和技能，然后把能表现这些知识和技能的实践经历写上去，这样才能达到事半功倍的效果。

有位中国人民大学法学院四年级的学生，在网上看到了一份外企招聘法务助理的招聘广告，广告内容如下。

我公司根据业务发展需要，现招聘应届法学专业毕业生两名，具体职责和要求如下。

1. 职位名称

法务助理

2. 岗位职责

（1）能够收集、整理与部门法律事务（一般法务、知识产权、技术法务等）相关的资料、文件；

（2）能够进行法务相关资料及数据库的录入、整理及日常维护工作；

（3）能够协助较高职级专业人员及相关人员翻译部门法律事务相关资料文件，为部门工作提供支持；

（4）能够协助较高职级专业人员准备资料、进行初步分析，协助进行认证申请及参与诉讼活动的准备工作；

（5）能够在工作中快速学习并掌握工作所需的专业知识及技能，并能够灵活应用。

3. 任职条件

（1）法律专业毕业（公司法、合同法、知识产权法方向）；

（2）有良好的文字功底；

（3）具有较强的逻辑思维能力和条理性，以及良好的沟通能力；

（4）具有较好的英文听说读写能力，英语水平在全国大学英语六级以上；

（5）良好的 Office 办公软件使用技能，尤其是 Word、Power Point、Excel、Visio。

因此，这位同学在自己的简历中是这样描述她的实践经历的。

(1) 作为本校校报记者，于20××—20××年共参加了四次由中国人民大学新闻学院为本校校报记者组织的新闻知识与写作培训。担任校报记者三年期间，共获得“优秀记者”称号两次，在全校性的每年一度的写作大赛中，共获得一等奖一次、二等奖两次。

(2) 20××年参加校“樱花杯”演讲比赛获得“最佳辩手称号”；20××年作为本校派出的四名辩手之一参加了十二所高校演讲比赛，获得亚军。大赛评委给予本人的评语是：思维敏捷、架构清晰、知识全面。

(3) 20××年暑期（7月15日—9月1日）在北京×××律师事务所实习，主要做了下列工作：按照事务所的要求，把自20××年来的近400件诉讼案件进行了档案的归类和整理，该所主任律师对本人给予高度评价——“做事认真、细腻、一丝不苟，做事很有条理，也很有想法。”

(4) 20××年暑期（7月20日—8月25日）在北京××市场部实习，主要做了下列工作：

协助市场部人员组织了15场办公产品楼展工作（即在办公楼大堂中把本公司的办公产品展示出来，达到宣传产品和吸引潜在客户的目的）。独立联系了6家物业公司，在其同意我们去做楼展之后，在楼展上主动和潜在客户交流，最后还为公司签订了2万余元的办公文具的销售合同。

配合市场部人员组织了一场“客户答谢会”。本次答谢会共有50余家大客户到场，参与了其中的查看场地、文案制作、邀请函的发放，和15家客户的电话确认等工作。

对照这个职位的要求来看，这位同学写的实践经历无疑是非常成功的。任职条件中要求的“有良好的文字功底”可以由实践经历中的第1条（担任校报记者、参加写作培训、写作大赛获奖）来印证，“较强的逻辑思维能力和条理性”可以由实践经历中的第2条和第3条来印证；而“良好的沟通能力”，我们可以在第4条中“独立联系了6家物业公司”“为公司成交了2万余元的订单”“和15家客户电话确认”等得以佐证。

因此，实践经历千万不要泛泛而谈，一定要有针对性，还要注意下面两个小技巧。

1. 尽可能地将工作成果数字化

数字具有两种功能。首先是可以展出业绩的卓著。同简单表示“为公司作出了一定的业绩”相比，“最后还为公司签订了2万余元的办公文具销售合同”更有说服力和令人印象深刻。其次，数字可以提供难以质疑的具体证据，数字没有任何模糊的想象空间。

2. 学会使用STAR原则来描述工作内容

在描述自己的工作时，不能简单地一句话带过，这让人对所做工作的细节和成果都无法了解。所以，为了让招聘者在看到简历后留下印象、产生好感，可以尝试着使用STAR原则来描述你的工作内容：S（Situation），要写明碰到了什么状况、遇到了什么样的问题；T（Task），要写明面临的任务或项目是什么；A（Action），要写明所采取的行动和做的事情；R（Result），要写明采取行动之后，产生了哪些结果，达到了什么目的，取得了什么成绩。

结合上面的实践经历中的“在北京××市场部实习”，如果该学生只简单地写明“20×× 年暑期（7月20日—8月25日）在北京××市场部实习，担任市场助理一职”，可能对招聘者所产生的说服力就不大，而如果按STAR的要求来描述自己所做的工作：“协助市场部人员组织了15场办公产品楼展工作（就是在办公楼大堂中把本公司的办公产品展示出来，达到宣传产品和吸引潜在客户的目的）；独立联系了6家物业公司，在其同意我们去做楼展之后，在楼展上主动和潜在客户交流，最后还为公司签订了2万余元的办公文具的销售合同”。这就把自己的“良好的沟通能力、主动性”，甚至“工作勤奋、能承受工作压力”等品格、能力都展现出来了，这是这个职位所需要的，也是招聘者所寻找的候选人应具备的特质。

另外在介绍社会活动时，很多人在简历中仅说明“担任学生会副主席”，其他内容皆无。这样招聘者就不知他为学生组织做了哪些有益的活动，取得了哪些成果。难怪有报道说，某所大学一下子出了近百名“学生会副主席”。所以，重要的不是是否担任过学生干部，而是曾经为学生组织做过哪些有益的活动，承担了什么角色及从中得到了什么收获，学会了什么本领，领悟了什么道理。

第四部分，表明求职意向以及进一步进行个人推广。求职意向是应聘简历的核心内容，应聘简历一定要写明求职意向，书写求职意向应当尽可能明确和集中，并与自己的专长、兴趣等相一致。整个简历的内容重点与对经历素材的取舍，应以求职意向为中心展开。与求职意向无关的素材（知识技能、兴趣爱好、培训内容等）应尽量省略。因为罗列了所有经历和内容的简历在招聘经理眼里是一盘散沙，他看不出来应聘者最核心的优势和技能是什么，尤其对国内企业来讲，其一般都希望招到的员工能够立即投入工作，如果求职者在简历中明确地表现出自己对这类工作有很强的倾向性，这会让招聘经理十分满意。同时，通过对个人品质、素养和特点的描述（比如敬业、职业操守、热爱学习等），求职者可进一步展示自己的职业品质和职业素养。

下面是一个法学专业毕业生在申请一个企业的法务专员职位时，在简历一开始就列出的申请这个职位的核心优势：

经济法法学硕士，6 年系统、规范、扎实、全面的专业学习；

日臻完美的英语口语，曾获"北京大学生英语演讲比赛"一等奖；

对工作抱有无与伦比的热情，在社团工作时被大家笑称为"永动机"；

曾在 A 公司的法律部门实习并受到好评，谙熟该部门的所有基本业务。

（二）简历写作

Microsoft（微软）公司出品的 Word 软件以及金山公司出品的 WPS 办公软件均提供了中文简历模板和向导，在现代信息技术的支撑下，许多制作简历的应用软件也相继出现，比如乔布简历、知页简历、超级简历、极简简历、求职简历大全等。此外，法科生也可在浏览器中进入相应的简历网站下载模板，比如超级简历、创客贴、可画、五百丁简历等。大学生可以以这些模板为蓝本进行加工和修改，使之更适合自己的风格和需要。

1. 简历定位

用人单位之所以花时间和精力来到招聘现场阅读简历、筛选人才，是因为想知道人才可以为他们做什么。为简历定位，明确自己到底能干什么，最能干的是什么，如果有多个目标，最好准备多份不同的简历，在每一份上突出重点，这将使简历更有机会脱颖而出。

2. 使用"从事事件：结果"这种格式

仅有漂亮的外表而无内容的简历是不会吸引人的，要注意，是内容决定一切。所以简历中一定要有过硬的内容，特别要突出能力、成就以及取得的经验，这样才会使简历富有特色而更加出众。

3. 让简历醒目

简历的外表不一定要很华丽，但它至少要清楚醒目。尽量使用一页纸简历。如果觉得有很多东西可写，试着组织出一张最有说服力的简历，删除那些无用的东西。

4. 力求精确

阐述技巧、能力、经验时要尽可能准确，不夸大也不误导，不要模糊处理，同时要确信所写的与实际能力及工作水平相符。

5. 强调成功经验

雇主们想要对方用证据证明实力，记住要证明自己以前的成就以及获得这些成就的原因和经验，一定要客观和准确地说明在取得这些成就的过程中有什么创新、有什么特别的办法，这样的人才一般普遍受到用人单位的青睐。

6. 使用有影响力的词汇

使用有影响力的词汇，比如撰写、发表、组织、策划等，这样可以提高简历的说服力。

7. 联系方式一定要准确

联系方式包括手机号码、E-mail 等，这方便招聘单位第一时间通知参加面试或发布面试结果。

8. 选好简历照片

简历照片应以一至两寸的彩色半身职业近照为佳。男士穿白衬衫、单色领带和黑色西装外套；女士可穿带衣领的白色或浅色衬衫加单色小西装或者外套，以便给招聘者留下一个好的第一印象。

9. 最后测试

写完以后，再检查一下简历是否回答了以下问题：它是否清楚并能够让招聘者尽快知道能力？是否写清了能力？是否写清了对这份工作的基础要求？有东西可删除吗？尽力完善简历直到最好。

二、简历的投递技巧

简历的投递是一个看似一个很小，但很容易被忽略的问题，其实小问题里也有大道理。很多求职者在前面的职业规划环节做的工作比较具体、认真扎实，但就是在一些寻找工作的小细节上容易疏忽，这也会造成求职困难，无法获得更多的职业选择机会。

简历投递应该是更偏重于技巧性的环节，里面有很多窍门和需要注意的细节，如果能有意识做一些准备和调整，可以有效地提高求职者获得面试的机会。简历投递其实是一个大概率和小概率的问题，也是一个方法技巧多少的问题。总体的目标是拓展求职渠道，以达到增大获得面试的概率的目的。

（一）避免一份简历投递所有的岗位

求职者在搜索职位前，还是有必要对自我能力和单位需求的结合点作一个简单的分析判断，这个职位主要的工作职责和基本要求侧重点在哪里？自己是否能达到招聘要求？自己与岗位还存在哪些差距？如何在给这家用人单位的简历中，突出他们期望的需求点？这要根据每个应聘职位作一些简历调整，在简历内容中更多地加入所要应聘职位要求所要提供的信息。需要注意的是，千万不要用同一份简历去投递所有的公司的岗位，也不要每天花很少的时间就浏览完所有招聘类网站的新职位，并迅速完成投递。不经过任何分析思考的盲目行为，是求职者的简历投递无效的最主要原因。

（二）避免一岗多投或多岗多投

一岗多投指的是对同一家单位的同一岗位，在一个时间段内多次重复投递简历。多岗多投指的是同一份简历，在一个时间段内投了这家单位的很多岗位。这其实是简历投递的大忌。可能很多求职者求职心切，觉得网上投递一次不保险，要多投几次才能确保用人单位收到简历。有的求职者会认为自己同时可能适合好几个岗位，每个岗位都投简历可以引起用人单位的注意。其实，这完全没有必要，除非人才网站自身运行出现问题，正常情况下网站设有自动转接的功能，一次投递就可以直接把简历转发到相应招聘邮箱。在用人单位看来，短时间内过多接收到转发过来的同类简历，或者很多岗位都看到相同的简历，这样对自己的工作造成了不便和影响，其会认为这种行为是一种缺乏诚意、缺乏责任心的表现，甚至很多用人单位连简历都不看，直接就删除了。所以，求职者需要重视这个问题，在选择岗位的时候，必须要明确一次只能投一个岗位，如果用人单位确实有其他的岗位也适合自己，也可以在面试的时候提出，让招聘者考虑是否需要调整岗位。

（三）邮件的标题要写上要应聘的职位和姓名

关于邮件的标题问题，如果对方在招聘的时候已经声明了以哪种格式为主题，求职者应尽量照着做，因为这是它初步筛选的标准。不要认为一个用人单位一天收到的简历只有几份或几十份，事实上多的话是有成百上千份应聘不同职位的信件。如果求职者的标题只写了“应聘”或是“求职”或是“简历”等，可以想象一下简历被关注的程度。认真阅读招聘广告，明确招聘职位的准确名称。求职者在提交简历的邮件中填写应聘职位的名称，务必按照招聘企业在招聘广告中列出的职位名称来写，切记不要自己擅自、随意“改名”。姓名、应聘职位这两个重要信息尽量要写入邮件标题，如果是应聘专业技术岗位，也可以考虑加上所就读的专业。这样便于用人单位及时收集到重要、关键的信息，对某份简历给予更多的关注。

（四）尽量不要把简历放在附件中

有些求职者可能天性比较马虎大意，通过自己邮箱发送简历时，往往邮件正文没有字，而是直接在附件中粘贴了一份简历。甚至有些企业在招聘广告中就强调了请勿以附件形式投递职位，可能是担心下载的过程中邮箱中毒或者有其他的原因。如果求职者还是用附件，那只说明了一个问题：如果连应聘的时候都没有仔细看说明，或是看了也没有照着做，那怎么能证明在工作中会认真仔细服从安排呢？所以应抱着换位思考的心情为自己也为招聘方考虑一下。其实解决的办法很简单，邮件中要有简短的书信语，然后求职者把简历粘贴在正文中就可以了。

（五）关于需要附件时的处理

现实中招聘单位的做法要求各不相同，一般情况下简历最好避免以附件形式投递，但确实也经常有需要以附件的形式发送的情况。那么在这种情况下，该怎么办呢？

1. 巧妙利用求职信

这就是指，求职者在邮件正文写求职信，说明是通过何种渠道获知该职位信息，拟应聘何部门、何职位，应聘理由，优势特长等，并提醒招聘方阅读附件简历。字数不必多，一段话即可。求职者在求职信中可以表达诚意，这也是推销自己的“广告时间”，要做到求职信与简历配合使用、相得益彰。

2. 附件的名称要起好

这就是指，作为附件的文档的命名要避免使用“我的简历”“简历”等字眼，多从对方角度着想，减少对方重新命名的麻烦。作为附件的文档的名称最好是“应聘职位+姓名”，这样方便招聘方直接下载保存并查阅。

3. 其他附件材料的命名也要规范统一

如果招聘方还要求应聘者提供其他材料比如发表的文章、获奖证明、技能证书等，那么这些附件的名称同样要命名好，比如用“作品名称+姓名”的格式。这些细节同样体现出求职者作为职业人士的专业化与职业化。

4. 文档格式最好是 PDF

因为 Word 格式文本经常在对方收到打开后出现格式变化、乱码等情况；而以 PDF 格式最终呈现的版本则较为干净、整洁，不会出现上述的状况。

所以，简历有效投递不在于量的积累，而在于投递的准确有效性。求职者对用人单位在行业内的地位、单位的战略及发展目标、单位决策层的个人影响力、核心业务的客户组成结构、产品的市场前景、工作环境和企业文化、对岗位胜任能力的自我评估、薪资福利待遇的市场预期、单位内部的学习培训及成长空间、单位背景与岗位发展空间对自己职业成长的潜力评估等因素，都需要在面试前有一个整体的把握。对这些问题进行考虑的好处在于其在面试的时候会胸有成竹，有的放矢，既能游刃有余地找到个人能力与单位所提供的岗位之间的有效契合点，又能给招聘者留下充分准备的好印象而增大应聘成功的概率。同时，这些前期考量的因素也可以确保个人在进入单位工作之后长期职业发展的稳定性，不至于造成由于自身对单位和岗位认识不足，在内心需求得不到满足之后产生抱怨，甚至提前离职。

以下附两份简历示例以供参考。

照　片

中共党员

199-9999-8899

XXXXXX@163. com

技能证书

- **国家计算机二级证书（MS Office）**
- **国家乒乓球二级运动员**
- **国家体操运动二级教练员、裁判员（舞蹈啦啦操项目）**
- **古筝八级**
- **大学英语六级**
- **驾照 C 证**

兴趣爱好

摄影
辩论
主持
阅读
公益

微信二维码

李某某　求职意向：国企总经理秘书

教育背景

研究生：2016.09-2019.06　XXXX 大学 XX 学院　XX 专业
本　科：2012.09-2016.06　XXXX 大学 XX 学院　XX 专业
双学位：2012.09-2016.06　XXXX 大学 XX 学院　XX 专业

工作经验

校内经历

- **研究生：**XX 学院 XX 级文体总班（组织编排舞蹈获得校级大赛三等奖；主持大型晚会 3 次；带领研究生第一次获得院级运动会团体总分第一名）
- **本　科：**XX 学院 2012 级文艺总班（组织编排文艺类比赛，8 次获得校级三等奖及以上荣誉；成功策划、主持大型晚会 3 次）
  院乒乓球队队长（带领全队 4 次获得校级团体第三名）
  院学生社团联合会主席（负责组织学生队伍比赛、经费报账等）
  寝室长（获得寝室文化比赛一等奖、校级、院级文明寝室 5 次）

校外经历

研究生期间：

- **2016.04- 至　今** XX 省 XXXXXX **社会工作服务中心副主任，迄今为止，竞标成功并运行负责 6 个项目。负责项目方案策划、审核、制作；项目现场竞标、路演；审核及发布简报新闻信息、机构宣传。**

本　科期间：

- 2013.01-2013.03　XX 区刑警支队，负责会议记录和简报工作。
- 2014.07-2014.10　XX 市人民检察院，公诉二科检察长助理，卷宗整理和草拟 3 个案件的公诉意见书。
- 2015.01-2015.03　XX 市治安总队，Excel 整理统计 2014 全年治安案件数量上报市局核对无误。
- 2015.06-2016.06　万学海文机构XXXX分部代理，制作海报并招生67名。

能力匹配

- **学习能力：**以**专业综合排名第一**获得国家励志奖学金 3 次、XXXX 大学一等综合奖学金 7 次、XX学院九三学子奖学金 1 次、庆华巾帼女子奖学金 1 次。
- **组织能力：**XX 市科技学术创新先进个人、XX **市优秀毕业生**；XXXX 大学校级三好学生、优秀团员、优秀学生干部、文明寝室。
- **文字写作：第一届全国警察公共关系之星大赛一等奖**；省部级课题《中学生犯罪与被害预防研究》主研人之一；校级课题两个；《证据法学编丛》第五卷发表论文；运营重庆贝辈家微信公众号、西南证据与刑辩论坛微信公众号；华龙网公益通讯员。
- **语言表达：**XXXX 大学第六届模拟法庭（仲裁庭）**辩论赛冠军、最佳辩手、**优秀申请书；主持大型区级文艺汇演 4 次。
- **身体素质：**XX 市 2013 年大学生运动会甲组比赛乒乓球团体（女子）冠军、混双第四、女双第八。
- **创新能力：**XXXX 大学学生创业大赛三等奖；XX 区公益创业大赛人气奖。
- **其　　他：**参与录制江苏卫视XXXX期《职来职往》；感动XX人物获得者。

李某

求职意向：律师助理

照 片

199-0099-8099　12345678@163.com　1994-06　中共党员

重庆市 XX 区 XX 大道 321 号　XXXX 大学 XX 学院　123456

实践·活动

专业经历

2017.06-2017.10　**重庆 XX 律师事务所**　实习律师助理

参与包括诉讼、顾问，清算在内的多项法律事务；独立审查、拟定相关法律文书，会见当事人

熟悉 XX OA、财务等相关流程制度；参与 2017 年夏季论坛准备工作

在 XX 公众号上独立发表多篇文章，其中《你的命到底谁做主》阅读量突破 3000 次

2014.06-2014.09　广东省 XX 市 XX 区公安分局　警务助理

参与多起刑事案件由立案至移送审查起诉的全过程，熟悉公安机关办案流程与特点

熟悉讯问与询问技巧，善于抓住案件重点与逻辑关键

2013.09-2014.06　XXXX 大学司法鉴定中心　鉴定人助理

主持数十件文书鉴定工作，累计标的额超过亿元，对于证据问题观察敏锐，能迅速掌握证据审查重点

参与包括法医学人体损伤程度鉴定在内的诸多司法鉴定，了解司法鉴定相关流程

语言表达

2013.09-2015.07　**XXXX 大学学风宣讲团**　队 员

面向 XXXXXX 学院 2013-2016 级四个年级近 2000 名本科新生宣讲“开学第一课”

参加电视节目《职来职往》，获得北京 XX 律师事务所实习机会

代表学校参加重庆市第三届大学生职场模拟招聘大赛，从全市六万余名选手胜出，获特等奖

代表学校参加重庆市“齐奏诚信曲、共筑中国梦”故事演讲比赛，获优秀奖

代表学校参加重庆市第七届“绿之源”环保演讲比赛，获第三名

入选 XX 校史馆“名人堂”

2012.09-2016.07　XXXX 大学 XXXXXX 学院辩论队　教 练

参与指导 XXXX 大学第十五届“天伦杯”辩论赛，获得冠军

XXXX 大学第六届模拟法庭辩论赛冠军

从全校 147 只队伍中脱颖而出，获得 XXXX 大学第九届辩论擂台赛季军

团队协作

2014.09-2015.07　**共青团 XXXX 大学 XXXXXX 学院委员会**　副书记

策划、组织“和你在一祺——为 XX 同学募捐”公益活动，统筹三大学生组织近 200 人，三天校内外共募集 47 万余元善款，出入流向明晰，活动影响巨大

组织材料汇编整合，获校“五四红旗团委”称号

文案写作

2014.03-2015.07　XXXX 大学 XXXXXX 学院党总支　党刊总编

从零开始，创建学院党刊《先锋》与党报《今朝》，担任总编辑，拟定组织章程，组建 50 余人团体

至今共采编稿件 1100 余篇；全校已累计发行上万册

磨炼写作能力，曾于实习或学习期间独立撰写公诉意见书、移送审查起诉意见书、司法鉴定意见书等

XXXX 大学第六届模拟法庭辩论赛优秀申请书

教育背景

- 2016.09—2019.07　XXXX 大学　XXXX 学院　XXX 法学　硕 士
- 2013.09—2017.07　XXXX 大学　法律（本科）　双学士
- 2012.09—2016.07　XXXX 大学　XXXXXX 学院　XXXX 专业　本 科

奖项·技能

荣誉奖励

国家级　**国家奖学金** (0.2%)

省 级　重庆市2016届**优秀毕业生** (1%)；重庆市“三下乡”社会实践先进个人

校 级　连续三年以专业**第一名**成绩获得 XXXX 大学一等综合奖学金

XXXX 大学**三好学生**；优秀共青团干部；“三严三实”专题教育活动优秀党员

职业技能

法律职业资格证书（2015）

全国计算机等级考试二级（NCRE-2）

大学英语六级（CET-6）

中华人民共和国机动车驾驶证（C1）

第三节　法科生的面试实务

一、面试礼仪

(一) 着装礼仪

面试着装以得体、干净、整洁为原则，一般以正装为宜。良好的着装不仅反映个人的内在修养，也是尊重自己和尊重他人的表现。一个得体、大方、职业化的求职形象，是打开机会之门的基本条件。国际公认的着装礼仪为"T. P. O"(三个英语单词的缩写，分别代表时间（Time)、地点（Place）和目的（Object）)，即着装应该与当时的时间、所处的场合和地点以及工作任务相协调。这实际上就是要求个人认真设计形象，既要符合个人气质特点，又要符合招聘单位的特点。对在校大学生来说，求职应聘时不要求穿时尚品牌的、昂贵的服饰，只要整洁美观、大方得体就好。

1. 男生着装礼仪

（1）整体形象：男生在求职前，要注意个人面部清洁，胡子一定要刮干净，头发要梳理整齐，最好是前不过眉，后不及领，两侧不遮耳朵。手部卫生通常是展示其气质外观的一个重要的方面，要注意手和指甲的卫生。男生若戴眼镜，要把镜片擦干净。衣服、裤子和鞋子的风格应协调。总之，整体形象应该和应聘的职业形象基本吻合，这样可以拉近与用人单位的距离。

（2）西装配置：在一般场合下，求职者最好穿深色的西装，深灰色和深蓝色都是不错的选择，它们可以给人留下稳重、可靠、忠诚、干练的印象。在衬衣的配置上，经典的白色衬衣永不过时。

（3）便装配置：男生求职者着装不一定都要求西装，穿着便装同样可以给用人单位良好的印象。在便装的选择上，整体着装从上至下不能超过三种颜色，这样从整体上看会更朴实。注意上衣和裤子的搭配一定要合理。

（4）鞋袜配置：鞋袜的作用在整体着装中不可忽视，搭配不好会给人头重脚轻的感觉。着便装穿皮鞋、布鞋、运动鞋都可以，而着西装、正式套装则必须搭配皮鞋。袜子颜色最好和鞋的颜色一致，求职者身穿正装时，应穿着单一、深色的袜子。

2. 女生着装礼仪

(1) 整体形象：女生要头发整齐，有前刘海的尽量不要让头发挡住眼睛。面部可以化必要的淡妆，但不要化得太过浓艳，另外手指甲不要涂艳丽的指甲油。总之，女生的整体形象要与自身的年龄、气质、肤色、体态和应聘职业要求相协调、相一致。

(2) 服饰配置：与男生相比，女生的服饰比较灵活，每位女生应准备一至两套较正规的套装，以备去不同单位面试之需。尽可独树一帜，穿出自己的风格，突出个人的气质，但切忌穿太紧、太透和太露的衣服。

(3) 鞋袜的配置：鞋子的选择要适当，不要穿后跟太高的鞋子。相对而言，中高跟皮鞋更适合在求职面试时穿。鞋子颜色和套装的颜色要基本一致。女生穿着丝袜时，要特别注意检查是否有脱线情况，最好随身带一套以备用。

(4) 饰物的选择：饰物在着装中起画龙点睛、协调整体的作用。佩戴的饰件最好以简单为主，不宜戴过多的首饰；可以背与整体相协调的小包，放置个人随身小物件。

(二) 面试各阶段礼仪

1. 见面的礼仪

(1) 必要的自我介绍。

求职者应准时赴约，最好提前十分钟到达，这样可以稍微平静一下心态，整理一下服饰，然后以饱满的精神出现在主试面前。面试的自我介绍并不是不必要的重复，而是为了加深印象，给对方以立体的感觉，自我介绍一般要求简短。

(2) 接受对方名片。

假如对方递送名片应以双手接过来，并认真看一看，熟悉对方职衔，有不懂的字可以请教，然后将名片拿在手中。在谈话中，再从口袋里重新取出名片来看，会让人感到诚意不够，进而给对方留下不好的印象。最后告辞前，一定要记住把名片放入自己上衣兜里以示珍重，千万不要往裤袋里塞。

2. 入座的礼仪

不要自己主动坐下，要等主试请坐时再入座。在面试中，坐的姿态非常重要。如果你坐时，双手相握，或者不断揉搓手指，那么，会使对方感到求职者缺乏信心，或显得十分紧张；如果稳稳当当地坐在座位上，将双掌伸开，并随便自在地放在大腿上，就会给人一种镇静自若，胸有成竹的感觉。

3. 交谈中的礼仪

（1）诚恳热情。

把自己的自信和热情“写”在脸上，同时表现出对去对方单位工作的诚意。

（2）落落大方。

要把握住自己，应答时要表现得从容镇定，不慌不忙，有问必答。碰到一时答不出的问题可以用两句话缓冲一下：“这个问题我过去没怎么思考过。从刚才的情况看，我认为……”这时脑子里就要迅速归纳出几条“我认为”了。要是还找不出答案，就先说你所能知道的，然后承认有的东西还没有经过认真考虑。考官在意的并不一定只是问题的本身，如果能从容地谈出自己的想法，虽然欠完整，很不成熟，也不致影响大局。

（3）谨慎多思。

回答提问之前，应对自己要讲的话稍加思索，想好了的可以说，还没有想清楚的就不说，或少说，切勿信口开河、夸夸其谈、文不对题、话不及义。

4. 聆听的礼仪

（1）专注有礼。

当主试向你提问或介绍情况时，应该注视对方以表示专注倾听，可以通过直视的双眼、赞许地点头，表示在认真地倾听所提供的更多的信息。

（2）有所反应。

要不时地通过表情、手势、点头等必要的附和，向对方表示在认真地倾听。如果巧妙地插入一两句话，效果则更好，如“原来如此”“您说得对”“是的”“没错”等。

（3）有所收获。

聆听是捕捉信息、处理信息、反馈信息的过程。一个优秀的聆听者应当善于通过主试的谈话捕捉信息。

（4）有所判断。

求职者倾听时要仔细、认真地品味对方话语中的言外之意、弦外之音，以便正确判断他的真正意图。

5. 告别的常规礼仪

(1) 再次强调对应聘该项工作的热情，并感谢对方抽时间进行交谈。

(2) 表示与面试官们的交谈使自己获益匪浅，并希望今后能有机会再次得到对方进一步的指导，有可能的话，可约定下次见面的时间。

(3) 记住了解结果的途径和时间。

(4) 面试后寄上一封感谢信。信中再次感谢对方抽出时间来接待，并对该单位表示一番敬意，重申自己对所谈的工作很感兴趣，并简要地陈述自己能够胜任该项工作。

二、自我介绍

面试自我介绍既是面试必备环节，也是求职者最关心的问题之一。一个常规的面试，寒暄之后面试官提出的第一个问题几乎千篇一律："请简单地作一下自我介绍。"

一分钟的自我介绍，就像商品广告，在短短六十秒内，针对对方的需要，将自己最美好的一面，毫无保留地表现出来，不但要令对方留下深刻的印象，还要即时引起招聘者的兴趣。

(一) 面试官看什么

去面试首先要"征服"面试官，那么求职者主要得了解面试官是怎么想的，摸清楚面试官考查的是什么，就有基本的应对策略了。

除了主持人、演员等特殊岗位，一般来说，面试官主要看以下两点：(1) 看工作能力，能否胜任目标岗位的工作；(2) 看沟通表达能力，能否快速融入团队。

自我介绍作为面试的开场白，就要提纲挈领地体现出这两方面。

(二) 充足的准备

准备自我介绍前，要做一些基础的功课，搜集行业、公司、岗位的信息，这些不一定在自我介绍里都能直接用到，但能让自我介绍更有针对性。

1. 了解行业

如果面对的是一个陌生的行业，则要收集一些行业的信息，例如行业的整体市场规模、发展趋势、领头羊、对人员素质的要求等。

2. 了解用人单位

考查一下用人单位的具体业务、在行业中的排名、发展趋势、组织架构、文化特点等情况。

3. 了解岗位

搞清楚应聘岗位具体是做什么的、有什么需求、工作的目标和指标是什么、在行业内的薪资待遇范围等。

以上这些信息，从对方官网或百度、知乎都可以搜到一部分，从网上了解了基础信息之后，再找几个该行业的朋友沟通交流一下会更好。

（三）清晰的条理

最好在纸上将自我介绍写下来，即使不全写也要列一个提纲，这样表达出来显得有条理。一方面让面试官快速了解你的基础情况，另一方面，清晰的条理本身也是面试的重要考查点。

可以参考以下提纲：

（1）一句话概括说明自己的经历和优势；

（2）一句话简要描述之前做过的工作；

（3）一句话简要描述最近一份工作以及重点的业绩；

（4）一句话简要描述对目标岗位的理解和想法；

（5）一句话表明应聘的意愿。

整个自我介绍时长在1分钟左右即可，最好事先对着镜子多练几遍。

（四）和缓的情绪

和缓的情绪是心理素质的体现，也就是俗话说的“情商高”。情绪的控制能力在团队协作中也起着很重要的作用，这一点正对应“团队协作能力”的考查点。在自我介绍的过程中如果面试官打断，先耐心听面试官的问题，简要回答后，继续拉回自我介绍的提纲里。情绪和缓跟语速有一定关系，尽量提醒自己把说话的速度降下来，这不仅让面试官感受更好，也能让自己的情绪更稳定。

以下是一个自我介绍示例。

我叫×××，英文名字×××，××省××市人，今年6月将从××学校××专业本科（或研究生）毕业。除了简历上您看到的介绍，我愿意特别说一下我在×××方面的特长或我最大的优点是……正是基于对自己这方面的自信，使我有勇气来应聘贵公司的×××这一职位。（看表）一分钟到了，希望我没有超时。（阳光般的微笑）

三、面试种类与注意事项

（一）结构化面试

结构化面试又称结构化面谈或标准化面试，它是指在面试前就面试所涉及的内容、试题的评分标准、评分方法、分数使用等一系列问题进行系统的结构化设计的面试方式。面试过程中，主持人不能随意变动流程，必须根据事先拟定好的面试提纲逐项对被试者进行测试，被试者也必须针对问题进行回答，要素评判必须按分值结构合成。面试的结构严密，层次性强，评分模式固定，面试的程序、内容以及评分方式等标准化程度都比较高。

1. 结构化面试操作要点

第一，面试小组组成。面试小组成员一般为7～9名，依据用人岗位需要，根据专业、职务、年龄及性别按一定比例科学化配置；并设主考官一名，具体负责向应试者提问并总体把握面试的进程。

第二，时间安排。面试按照严格的程序进行，时间一般在30分钟以内；同时对每一题目也通常有时间限制，一般每题问答时间在3～5分钟。

2. 结构化面试的特点

第一，面试问题多样化。面试问题应围绕职位要求来拟定，考查职位所要求的知识、技术和能力，也要考查面试对象的工作经历、教育背景，还可以采取让面试对象对某一问题发表见解或阐述自己的观点。

第二，面试测评要素结构化。结构化面试的测评要素的确定应依据面试要达到的目的、职位的具体要求而定。一般考查以下两类：一类是基本面试项目，如仪容（外貌、衣着、礼仪）、健康与精神、沟通表达能力、职业发展潜能、灵活反应能力、对单位制度和文化的适应性；另一类是结构化考查项目，如考查求职动机、沟通能力、组织协调能力、灵活反应能力、分析判断能力、创新能力等的项目。

第三，根据面试要求，确定面试测评要素，并对各测评要素分配相应权重。同时，在每一面试题目后给出该题测评要素（或考查要点），并给出答题要点（或参考答案），供面试官评分时参考。

第四，评分标准结构化。这具体体现在与面试试题相配套的面试评价表上。

第五，面试程序及时间安排结构化。结构化面试应按照严格的程序进行，时间也有统一规定。

（二）非结构化面试

非结构化面试是指主试者可以向应聘者提出随机想起的问题。面试没有应遵循的特别形式，谈话可以向多个方向展开。

非结构化面试主要特点有：第一，面试比较随意，相对结构化面试而言，涉及的问题往往都是随机的、片面的；第二，很难在短时间内快速评价一个求职者的大部分素质和能力；第三，如果是相对资历经验比较少的面试官来操作，往往给人感觉虎头蛇尾。

（三）半结构化面试

半结构化面试是指基于结构化面试和非结构化面试之间的一种模式，面试遵循一定的形式，但不拘泥于结构化面试的形式，适度根据与应聘者的谈话而展开。这种方式是目前大部分人力资源从业者所使用的方法，一方面，使用结构化面试方法要做特别多的前期准备工作，另一方面，面试者也会发现，单纯从求职者简历上看到的信息还是非常不全面的，需要在面试的过程中寻求各种问题及其背后的信息，因此不能单纯使用结构化面试的方式，还需要加一些自由的、可发挥的面试方式。

（四）压力面试

压力面试的目标是确定求职者将如何对工作上的压力作出反应。主试者提出一系列直率（通常是不礼貌）的问题，置求职者于防御境地，使之感到不舒服。主试者通常寻找求职者在回答问题时的破绽，在找到破绽后，主试者就集中对破绽提问，希望借此了解求职者在压力下的反应。

压力面试，一方面是界定高度敏感和可能对温和的批评作出过度反应的求职者的良好方法；另一方面，使用压力面试的主试者应当确信“厚脸皮”和应付压力的能力是工作之需要，主试者还需具备控制面试的技能。

常见的压力面试题可划分为以下4种类型。

1. 连串设问类

这类面试题是针对某一事项发问，逐步深入，详细而彻底，环环相扣，要求应聘者在3秒钟之内作答，基本上没有过多思考和准备的时间。比如：你做过法律方面的工作吗？根据你的经验，你认为做一名合格的法务人员应具备哪些条件？你认为自己具备哪些条件？你认为自己最欠缺的是什么？你认为自己竞聘这个职位的最大优势是什么？目前的经验以及你的能力与这个职位的要求有差距吗？差距在哪里呢？

2. 处处挑刺类

这类面试题是指主考官通过求职者的背景资料寻找弱点，处处“刁难”求职者，并在他的陈述中寻找漏洞予以反驳。一般来说，能经受得住较多“挑刺”类问题的求职者，其情绪控制能力、压力承受能力和逻辑思维能力都较强。例如，面试官在看过求职者的简历后，会这样问：你脑袋里装的全是一大堆没有用的法学理论，你认为自己将来会为我们公司作出贡献吗？今天来的求职者大多是硕士学位，而你为什么没有进一步深造呢？你有硕士学位，为什么还来我们公司呢？你没有我们这个行业的工作经验和相关背景，你怎么可能胜任这项工作呢？

3. 打击自信类

在面试过程中，考官会针对求职者的言行举止、能力素质、回答的内容等给以意想不到的负面评价，通常是以故意不友好的或具有挑衅性的语气进行发问。例如，主考官会要求求职者回答“请给我们讲讲，在你的职业生涯中最成功的一件事情”，当求职者兴高采烈地讲述完时，主考官直接评价说“你的这种成功对胜任应聘职位并没有太大的帮助”。有些职位需要求职者具有开朗外向的性格，这时主考官会要求求职者讲一个笑话，但无论是什么笑话，考官们都会面无表情，并且直接说“你讲的笑话一点都不好笑”。

4. 两难选择类

面临两难选择时，求职者的回答最能反映其态度、习惯思维、核心价值取向、行为导向、管理经验、逻辑思维能力等，所以这也是压力面试常见的试题。例如：你的领导要求你在3天内完成4篇稿子，并限制了最低字数，而你的最大能力只能完成3篇，你会怎么办？在什么情况下，你会试图去说谎？你不喜欢上级主管做哪些事情？请谈一个你事先没有取得上级同意而采取行动的例子。

（五）无领导小组讨论

无领导小组讨论是评价方法技术中经常采用的一种测评方法。其操作方式是给被评价者一个待解决的问题，给他们大约一个小时左右的时间，让他们展开讨论以解决这个问题。被评价者的最佳数量一般是5～7人。在无领导小组讨论中，可以给参加讨论的每一个被评价者分别指定一个角色，即有角色的无领导小组讨论；也可以不给被评价者指定角色，即无角色的无领导小组讨论。但是，不论参加讨论的被评价者有无角色，在参加讨论的一组被评价者中事先并不指定哪一个人充当小组的领导者，即“无领导”，他们在讨论的问题情境中的地位是平等的。被评价者自行安排、组织发言次序并进行讨论。所讨论问题的内容根据招聘的职位特点而确定。在被评价者的讨论过程中，评价者并不参与。评价考官的任务是在讨论之前向被评价者介绍一下讨论的问题，给他们规定该讨论所要达到的目标以及时间限制等，最重要的是在被评价者进行讨论时对他们的表现进行观察和评估。

无领导小组讨论主要考查被评价者的组织协调能力、领导能力、人际交往能力、辩论说服能力以及决策能力等，同时也可以考查被评价者的自信心、进取心、责任感、灵活性、情绪的稳定性以及团队精神等个性方面的特点及风格。

1. 无领导小组讨论的优点

无领导小组讨论能测试出笔试和单一面试所不能检测出的能力或者素质；能观察到被评价者之间的相互作用；能依据被评价者的行为特征来对其进行更加全面、合理的评价；能够涉及被评价者的多种能力要素和个性特质；能使被评价者在相对无意之中暴露自己各个方面的特点，因此对预测其在真实团队中的行为有很高的效度；能使被评价者有平等的发挥机会从而很快地表现出个体上的差异；能节省时间，并且能对竞争同一岗位的被评价者的表现同时进行比较（横向对比）；应用范围广，能应用于非技术领域、技术领域、管理领域和其他专业领域等。

2. 无领导小组讨论操作要点

第一，评价考官组成。评价考官成员为 3～5 名，依据用人岗位需要，按专业、职务、内外部专家构成按一定比例科学化配置；并设主考官一名，具体负责向被评价者提问并总体把握控制讨论的进程。第二，时间安排。讨论实施按照严格的程序进行，时间一般在 45～60 分钟内。

3. 无领导小组讨论题目类型

(1) 意见求同型题目。

意见求同，顾名思义，就是一个被评价者可能有不同意见的问题，要求他们在规定的时间内达成一致的意见。这种题目常见的出题思路是一个问题有若干种备选项目，让被评价者对备选项目的重要性进行排序，或者选择符合某种条件的选项。一般的实施过程是首先将题目的主题和备选项目以及对被选项目进行操作的要求提供给被评价者，被评价者先分别提出自己的见解，然后通过讨论与辩论达成一致意见。

(2) 资源争夺型题目。

所谓资源争夺，就是题目情境提供给被评价者的是一些有限的资源，这些资源可以是钱、空间、物品、人、机会等，每个小组成员都是代表他们各自的利益或他们各自从属的群体的利益，他们每个人都设法使自己获得更多的资源，小组成员之间的目标是相互冲突的，但评价者又往往要求他们最终实现资源的圆满分配，甚至指出如果资源无法得到分配，每个被评价者都会被扣分。这样小组成员之间既存在利益的冲突，又存在一致的目标。

(3) 团队作品型题目。

所谓团队作品型题目，就是要求被评价者小组完成一定的工作成果，例如设计一个方案，给出一个问题的解决建议，动手操作得出某个成果等。

(4) 两难式问题。

两难式问题是指让被评价者在两种互有利弊的选择项中选择其中的一种，并说出选择的理由。在编制这种问题时，一定要注意使两难的选项具有对等性，即使得被评价者选择两种选项的概率大致相等，不要使被评价者都轻易地倾向于选其中的某一个选项。

（六）视频面试

视频面试是指用人单位与求职者足不出户利用连通了互联网的电脑，通过视频摄像头和耳麦以语音、视频、文字的方式进行即时沟通交流的招聘面试行为。求职者在进行视频面试时，要特别注意以下细节问题。

（1）确认面试时间、形式。和招聘沟通确认面试时间与形式，确认面试软件，提前在官网下载软件，把用户名改成真实姓名，便于面试官找到自己。

（2）整理出境形象。衣着须大方得体，以显示自己对面试的重视。着装可根据应聘单位情况作调整。一般情况下，商务装或商务休闲装比较稳妥。

（3）灵活运用灯光。保证房间光线明亮，但不要背对灯光或者头顶有强光，光线不足时可以用台灯调节。

（4）选择合适的背景墙。书架或者白色墙面均可，不要出现不合适的海报或者其他背景。

（5）避免人为干扰。保证视频环境的安静，尽力排除所有可能的噪声。

（6）避免设备干扰。视频设备提前充好电，把网速、摄像头、耳机、话筒等都提前测试好，避免出现卡顿情况或者无法启动的问题。

（7）适当准备材料。要针对目标单位，作好组织分析和职位分析，并据此调整个人电子版简历，使个人简历能够符合对方兴趣点。Word 版本和 PDF 版本的材料都准备好，避免出现格式问题。重要的奖励证书、等级证书等可以备在一旁，也可以准备一些面试提示的小纸条，但注意保证只有自己可见。准备好纸笔，以便随手记录问题、答题思路和重要信息。

（8）看着镜头说话。连线画面保证包含头部和肩部以上的位置。求职者可以试演盯着摄像头而非屏幕说话，摄像头尽量和眼睛在同一水平线甚至略高，面试的时候尽量看着摄像头。

（9）控制语调语速。音调过尖或语速过快会令对方不适，需要注意视频说话时的语调和语速。此外，需要注意与麦克风的距离，避免喷麦，同时还要保持适当的音量，可以提前练习。

（10）注意面部表情。尽量保持微笑的表情，心情尽量平静，不要出现惊诧、失落、悲伤等表情。

（11）注意肢体语言。挺直腰板，放松肩膀，坐姿端正。面试官说话时身体微微前倾，并适时点头以示回应。注意避免不必要的动作，比如托下巴、摸耳朵、玩头发等。不过，也需要注意身体不要一直定住不动，这样会显得有些呆板，可以增加一些无伤大雅的微动作，比如点头赞同对方。

（12）注意调整节奏。视频面试往往会有一段时间的画面和声音延迟，每讲一段时间适时停顿，注意观察对方的反应。要等待对方发言完整结束再回答。

（13）模拟面试练习。大多数求职者对在线面试较陌生，不少人在镜头前不够自信，因此容易紧张。可事先进行模拟练习。可以单独对着镜子进行练习；也可以请亲人、朋友相助，利用在线面试工具进行模拟面试练习。

（14）在线沟通积极热情。做过直播的同学可能有感受，直播时需要比正常沟通更为兴奋一些，情绪更高昂饱满一些，才能达到和平常沟通类似的效果，否则观众容易觉得演讲者缺乏精气神，内容无趣乏味。所以在面试时，要主动沟通，比平常更热情一些，营造愉快积极的面试氛围。

（15）如遇突发状况，保持冷静。如果遇到网络卡顿、设备突发故障、有人进入房间或者有巨大噪声等情况，须第一时间向面试官说明，双方积极配合；若需要可向对方请求1～2分钟解决突发状况。如果遇到停电等不可抗力，须尽快和面试官道歉解释后重新约定面试时间。

（16）面试结束，保持联系。线上面试结束后，要感谢在场的每位面试官。通过微信、电话、邮件等方式主动询问面试反馈，以表明对工作的重视和负责、主动的态度。如果有后续在线测评、任务等，可尽早知悉并认真完成。

四、面试技巧

（一）面试小妙招

（1）要以一颗平常心正确对待面试，要做好承受挫折的心理准备。即使面试时一时失利，也不要以一次失败论英雄。

（2）对招聘单位和自己要有一个正确的评价，相信自己完全能胜任此项工作。“有信心不一定赢，没信心一定输。”

（3）适当提高服装档次，穿得整洁大方，以改变自身形象，增强自信心。用气质、形象告诉面试官自己适合这份工作。

（4）面试前做几次深呼吸，心情肯定会平静得多，勇气也会倍增。

(5) 与主考官见面时，要主动与对方进行亲切有神的目光交流，消除紧张情绪。在心里尽量建立起与招聘者平等的关系。如果心里害怕，有被对方的气势压倒的感觉，就鼓起勇气与对方进行目光交流，待紧张情绪消除后，再表述自己的求职主张。

(6) 当出现紧张的局面时，不妨自嘲一下，说出自己的感受，可使自己变得轻松些。

(7) 当与对方的谈话出现间隔时，不要急不可耐，应给自己留下思考的空间，抓紧理清头绪，让对方感觉你是一位沉着冷静的人。

(8) 回答问题时一旦紧张，说话可能结结巴巴或越说越快，紧张也会加剧，此时，最好的办法就是有意放慢自己的说话速度，让字一个一个从嘴里清晰地吐出来，速度放慢了，心情也不紧张了；也可加重语尾发音，说得缓慢响亮，用以缓解紧张。

(9) 进入考场，见到主考官时，不妨有意大声地说几句有礼貌的话，做到先声夺人，紧张的心情就会自然消失。

(二) 面试小贴士

(1) 多带几份简历前往面试，面试官可能不止一个，预先料到这一点并准备好多份简历会显得做事有预判、细致。

(2) 初步印象和最后印象。最初和最后的五分钟是面试中最关键的，在这段时间里的表现决定了留给人的第一印象和临别印象以及面试官是否会欣赏。

(3) 按要求填妥用人单位的表格——即使已经有简历。即使带了简历来，很多用人单位都会要求填一张表。主动配合并且认真填好，会传达出做事正规、执行力强的信息。

(4) 谨记每次面试的目的都是获聘。人职高度匹配是找到一份工作的关键。必须突出地表现出自己的性格和专业能力以获得聘请。面试尾声时，要确定知道下一步怎么办，以及用人单位什么时候会出面试结果。

(5) 给出有针对性的回答和具体的结果。描述取得的成绩时，举出具体例子来说明会更有说服力，记得一定要有针对性。

(6) 不要害怕承认错误，招聘方希望知道求职者犯过什么错误以及有哪些不足。不要害怕承认过去的错误，但要坚持主动地强调长处，以及如何将自己的不足变成优势。

（7）面试前先自己预演一下，尝试会被问及的各种问题和答案，即使不能猜出所有可能被问的问题，但思考它们的过程会减轻紧张而且在面试时心里有底。

五、面试常见问题

（1）你觉得你个性上最大的优点是什么？

回答提示：使用沉着冷静、条理清楚、立场坚定、顽强向上、乐于助人和关心他人、适应能力和幽默感、乐观和友爱等正向词汇并能予以佐证。

（2）说说你最大的缺点？

回答提示：用人单位问这个问题的概率很大，通常不希望直接听到回答缺点是什么等，如果求职者说自己小心眼、爱忌妒人、非常懒、脾气大、工作效率低，用人单位肯定不会录用你。绝对不要自作聪明地回答“我最大的缺点是过于追求完美”，有的人以为这样回答会显得自己比较出色，但事实上，他已经“岌岌可危”了。用人单位喜欢求职者从自己的优点说起，中间加一些小缺点，最后再把问题转回到优点上，突出优点的部分。

（3）你对加班的看法？

回答提示：实际上好多用人单位问这个问题，并不证明一定要加班，只是想测试求职者是否愿意为公司奉献。

回答样本：如果是工作需要我会义不容辞加班。我现在单身，没有任何家庭负担，可以全身心地投入工作。但同时，我也会提高工作效率，减少不必要的加班。

（4）你对薪资的要求？

回答提示一：如果对薪酬的要求太低，那显然会贬低自己的能力；如果对薪酬的要求太高，那又会显得分量过重，公司受用不起。一些用人单位通常都事先对求聘的职位定下开支预算，因而他们第一次提出的价钱往往是他们所能给予的最高价钱。他们问求职者这个问题，只不过想证实一下这笔钱是否足以引起求职者对该工作的兴趣。

回答提示二：如果必须自己说出具体数目，请不要说一个宽泛的范围，那样将只能得到最低限度的数字。最好给出一个具体的数字，这样表明已经对当今的人才市场作了调查，知道像自己这样学历的人才有什么样的价值。

回答样本一：我对工资没有硬性要求。我相信贵公司在处理我的问题上会友善合理。我注重的是找对工作机会，所以只要条件公平，我则不会计较太多。

回答样本二：我受过专业系统的培养，上手能力强。而且我本人对这个工作特别感兴趣。因此，我希望公司能根据我的情况和市场标准的水平，给我合理的薪水。

（5）你朋友对你的评价？

回答提示：想从侧面了解一下你的性格及与人相处的问题。

回答样本一：我的朋友都说我是一个可以信赖的人。因为，我一旦答应别人的事情，就一定会做到。如果我做不到，我就不会轻易许诺。

回答样本二：我觉得我是一个比较随和的人，与不同的人都可以友好相处，在我与人相处时，我总是能站在别人的角度考虑问题。

（6）如果通过这次面试我们单位录用了你，但工作一段时间后你却发现自己根本不适合这个职位，你怎么办？

回答样本：一段时间发现工作不适合我，有以下两种情况。

1）如果我确实热爱这个职业，那就要不断学习，虚心向领导和同事学习业务知识和处事经验，了解这个职业的精神内涵和职业要求，力争减少差距；

2）如果我觉得这个职业可有可无，那还是趁早换个职业，去发现适合我的、我热爱的职业，那样我的发展前途也会大点，对单位和个人都有好处。

（7）在完成某项工作时，你认为领导要求的方式不是最好的，自己还有更好的方法，你应该怎么做？

回答样本：原则上我会尊重和服从领导的工作安排，同时私底下找机会以请教的口吻，婉转地表达自己的想法，看看领导是否能改变想法；如果领导没有采纳我的建议，我也同样会按领导的要求认真地去完成这项工作。还有一种情况，假如领导要求的方式违背原则，我会坚决提出反对意见；如领导仍固执己见，我会毫不犹豫地再向上级领导反映。

（8）如果你的工作出现失误，给本公司造成经济损失，你认为该怎么办？

回答样本：

1）我本意是为公司努力工作，如果造成经济损失，我认为首要的问题是想方设法去弥补或挽回经济损失。如果我无能力负责，希望单位帮助解决。

2）其次是责任问题。分清责任，各负其责，如果是我的责任，我甘愿受罚；

如果是一个团队中别人的失误，也不能幸灾乐祸，作为一个团队，需要互相提携共同完成工作，安慰同事并且帮助同事查找原因寻求解决方法。

3）总结经验教训，一个人的一生不可能不犯错误，重要的是能从自己的或者是别人的错误中吸取经验教训，并在今后的工作中避免发生同类的错误。检讨自己的工作方法是否正确、分析问题的深度和力度是否不够，以致出现了本可以避免的错误。

（9）你为什么愿意到我们公司来工作？

回答提示：对这个问题，要格外小心，如果已经对该单位作了研究，可以回答一些详细的原因，比如，“公司本身的高技术开发环境很吸引我。”“我同公司出生在同样的时代，我希望能够进入一家与我共同成长的公司”“你们公司一直都稳定发展，在近几年来在市场上很有竞争力”“我认为贵公司能够给我提供一个与众不同的发展道路”。这些都显示出你已经作了一些调查，也说明你对自己的未来有了较为具体的远景规划。

（10）你和别人发生过争执吗？你是怎样解决的？

回答提示：这是面试中最险恶的问题。其实是考官布下的一个陷阱。千万不要说任何人的过错。应当知道成功解决矛盾是一个协作团体中成员所必备的能力。假如工作在一个服务行业，这个问题简直成了最重要的一个环节。是否能获得这份工作，将取决于对这个问题的回答。考官希望看到求职者是成熟且乐于奉献的。他们想通过这个问题了解你的成熟度和处世能力。在没有外界干涉的情况下，通过恰当的方式来解决争执才是正确答案。

（11）你希望与什么样的上级共事？

回答提示：1）通过应聘者对上级的“希望”可以判断出应聘者对自我要求的意识，这既是一个陷阱，又是一次机会；2）最好回避对上级具体的希望，多谈对自己的要求，如“作为刚步入社会的新人，我应该多要求自己尽快熟悉环境、适应环境，而不应该对环境提出什么要求，只要能发挥我的专长就可以了”。这个问题比较好的回答是，“希望我的上级能够在工作中对我多指导，对我工作中的错误能够立即指出”。总之，从上级指导这个方面谈，不会有大的纰漏。

（12）你工作经验欠缺，如何能胜任这项工作？

回答提示：1）如果招聘单位对应届毕业生的应聘者提出这个问题，说明招聘公司并不真正在乎“经验”，关键看应聘者怎样回答；2）对这个问题的回答最好要体现出应聘者的诚恳、机智、果敢及敬业。比如，“作为应届毕业生，在工作经验方面的确会有所欠缺，因此在读书期间我一直利用各种机会在这个行业里做兼职。我也发现，实际工作远比书本知识丰富、复杂。但我有较强的责任心、适应能力和学习能力，而且比较勤奋，所以在兼职中均能圆满完成各项工作，从中获取的经验也令我受益匪浅。请贵公司放心，学校所学及兼职的工作经验使我一定能胜任这个职位”，这个答案尚可。突出自己的吃苦能力和适应性以及学习能力（不是学习成绩）为好。

（13）假如领导派你和一个与自己有矛盾的同志一起出差，你如何处理？在日常生活中，出现这样的事情你是如何处理的？试举例说明。

回答样本：在日常生活中，由于每个人的观点和立场，看待和分析问题的方法不同，矛盾是不可避免的。假如我和一个和我有矛盾的同志一起出差，我想首先应该开诚布公，如果因为有矛盾，就把许多东西隐藏起来，这只会加深误会，假如互相坦诚相见，以一种客观、不带个人情绪的态度看问题，你会发现你原先自认为十分得意的想法并不完全正确，你先前反对的看法和观点可能只是一个事物的另一侧面，你们原来在许多方面可以互相补充，互相完善。我个人认为在处理矛盾问题上要有一种宽容的态度，俗话说得好——宰相肚里能撑船。心胸狭隘是化解矛盾的大敌，而一个心胸狭隘的人是绝不可能成就一番大事业的。

（14）关于你的个人隐私（是否有男/女朋友，或是否已婚）

回答提示：在大多数情况下，面谈者会竭力地打探证明求职者是否稳定或可靠的信息，还有其他一些可能是某个用人单位关注的问题，这些只是对某些性格的人的推测，都是些不相关的问题，但是，如果用人单位想以此来了解求职者是否可靠，求职者就得全力以赴地去应付了。要记住即使是随意地闲谈也要避免提及隐晦的问题。在回答个人情况时，要态度友好而且自信。

（15）你说一下对某专业内容的了解，对此专业应用领域的了解？

回答提示：如果求职者对该专业内容及应用领域是精通的，一定要详细阐述；如果只是了解，也要对其中掌握的部分进行一下简单描述；如果确实不知道，就说“对不起，不是很了解”。因为没有一个人什么都知道。

第七章
法科生的职业适应与职业发展

职业适应是指从业者进入职业角色，履行职业角色义务，享受职业角色权利，遵守职业角色规范的发展过程。职业适应度高，既表明从业者的知识，技能和态度，所受的教育与训练，能对工作及其环境所产生的种种刺激作出协调的反应，又表明职业性质、类型和工作条件与从业者需要、价值目标等相融合，能满足个体心理上的需求。法科生作为职场新人进入工作岗位后，都要度过一段时间长短不一的职业适应期，如何成功进行角色转换？如何较快适应工作环境？如何尽快得到领导和同事的认可，为今后的职业发展打下良好的基础，需要法科毕业生正确对待职场角色转换和适应问题。

第一节　职场角色转换和适应

一、认识角色转换

法科生跨出校门走上工作岗位时，便迎来了人生的一个特殊时期——职场生活，这是人生道路上的一次重大转折，标志着学生时代的结束和职业生涯的开始。进入职场后，同学们最重要的生涯角色将从学生角色转变为工作角色，即职场角色。职场角色是一种特定的重要的社会角色，它包含两层意思：首先，任何一种角色都和其行为模式相关，一定的角色必有相对应的权利义务。比如法官有审判案件必须以事实为根据，以法律为准绳，秉公办案，不得徇私枉法；依法保障诉讼参与人的诉讼权利；维护国家利益、公共利益，维护自然人、法人和其他组织的合法权益等义务。法官也有依法审判案件不受行政机关、社会团体和个人干涉；非因法定事由、非经法定程序，不被免职、降职、辞退或者处分的权利等。其次，职场角色是人们对处于一定社会职位者的行为期待，随着社会职业化程度的提高，这往往要求每个人按自己的角色行事，对在特定的场合下采取什么样的行为有一定的预期。比如人们对法官就有公平正义、伸张正义等角色认知。

职场角色是人生最重要的角色之一，需要法科生少一点感性和浪漫，多一份沉稳和坚韧，即使目前身处校园，也要心系职场。只有事先明白大学毕业后将承担的责任，了解职场和校园的不同，才会更加珍惜大学时代宝贵的学习机会，才能在大学期间尽快做好进入职场的各种准备。有些法科生在顺利进入职场后，初到就业岗位，面对新的人群、新的环境、新的工作，出现很多不适应的情况，不能快速进入角色，导致很长一段时间不能稳定和安心地进行工作，甚至选择逃避、不理性地直接换工作等。这主要是因为在进行职业角色转换的时候出现了许多问题，具体表现如下。

（一）定位过高，高于自己实际可以承担的角色定位

有些法科生刚进入社会或者一个新手新进入一个新的行业会犯“定位过高”的错误。这些人往往对自我的评估过高，会认为自己什么都可以做，自己是个能手或者专家，于是就出现了眼高手低的状况。部分毕业生自以为接受了系统的高等教育，学到了不少知识，就是人才，因此轻视实践，放不下架子，看不起基层工作和基层工作人员，甚至认为一个堂堂的大学毕业生做一些琐碎的不起眼的工作是大材小用，有失身份。经常有刚工作三到五个月的职场新人想离职，说自己真的不适应目前这份工作。原因是其入职后觉得辛苦工作得不到应有的肯定，对发展前景产生怀疑，因而不愿意再坚持下去。其实刚入职的最初几个月，工作单位不可能安排新人做很重要、很核心的业务。每天简单、烦琐的工作任务无法带来成就感，实际上是眼高手低，大事做不了，小事又不做。只有用自己的实际行动来证明自己，在实践中提升自己，低调行为，才能为自己胜任新的职业角色寻求时机。

（二）定位过低，低于自己实际可以承担的角色

这是一种对职业角色的畏缩。现在的毕业生很多在家里都是独生子女，受到长辈的溺爱。在学校，老师都是以教育和爱护的态度，在任何事情上都会以最大的包容心，尽量把同学们遇到的各种事情安排妥当。有些毕业生面对新的工作环

境和生疏的人际关系，缺乏应有的自信，不知道工作该从何入手、如何应对，在工作中放不开手脚，怕担责任，怕出事故，怕闹笑话，觉得自己这也不行那也不行，前怕狼、后怕虎，缺乏年轻人的朝气和锐气，所以当进入职场，第一次遇到一些棘手的问题，第一次需要自己独自处理复杂的人际关系……当太多的第一次来到自己面前的时候，不知道怎么处理。或者进入职场，发现很多现象好像没有想象那么美好，很多人好像也没有那么友善，甚至还会遇到被骗等现象，使新入职毕业生产生害怕和恐惧心理，从而表现出对职业角色的不适应。这需要初进职场的大学生多向同事们学习做事的方法，遇到问题要学会请教领导和同事，要学会高效率、高质量完成交办的工作任务。要根据现实的环境调整自己的期望值和目标，真正了解自己能做什么，该往哪方面发展。

（三）角色错位，定位与自己实际应当承担的角色不符

刚走上工作岗位的法科生，在角色转换中易出现怀旧性。长期的学校生活，使其形成了比较固定的价值观念、生活方式、思维模式、行为规范等。到了工作岗位后，其仍旧以学生角色来要求自己和对待工作，以学生角色的习惯方式观察事物和分析事物，这反映出对学生角色的依恋。比如有的法科生进入律所工作担任实习律师，按照律所的规定，对实习律师的要求和正式员工的一样，但其作为实习律师觉得自己还是一个学生，到律所来是为了锻炼实践，把学校学的东西应用到实际工作中，自己在公司表现得好不好无关紧要，不及时完成团队负责人派给的任务，以至于影响了整个案件办理的进度，负责人告之其这是极不负责任的，该学生不高兴觉得领导没有人情味。实习生在学校的角色是学生，老师们会以教育者的角色和同学们建立关系，当其有不会做的事情，或者做错事情的时候，老师会从内心原谅或者接纳，但在律所里，负责人和实习生是上下级关系，实习生扮演的是员工的角色，就要遵守律所的相关规定，及时完成领导交给的任务，明白自己在律所的角色，担负相应的工作职责。

应该说，不论从学校到社会，还是从一个单位到另一个单位，都存在一个角色转换的过程。这个过程要求法科生按照社会规定的角色去工作，同时把不同的角色区分开来，在不同的场合作出符合角色要求的行为。如果在未来求职中，简历上出现不到一年的工作经历，可能令用人单位对求职者的适应能力、忠诚度等基本素质和能力产生怀疑。高离职率对新员工及其所应聘的单位均会产生负面影

响：用人单位会陷入重复招聘的境地。一位人事部门的负责人认为应届生流动性比较大，他们在招聘毕业生时，会格外关注该毕业生是否脚踏实地以及有没有承受压力的能力。短时间的工作经历无法为职场新人带来能力的提升，频繁跳槽会使他们的简历在接下来的求职中很容易被“刷掉”。因此，建议法科生在毕业后初入职场时努力调整心态，使自己尽快完成从校园人到职场人的转变。尽快调整自己、尽快适应第一份工作，顺利完成从校园人到职场人的合理角色转换非常重要。

二、适应职场环境

离开校园、进入职场，第一份工作既是职业生涯的起点，又是未来职业发展的基础，对个人的成长至关重要。初入职场几乎每个人都会经历一段职业适应期。所谓职业适应，是指一个人从事某项工作时必须具备的生理、心理素质特征，这种特征是在先天因素和后天环境相互作用的基础上形成和发展起来的。由于各个岗位的工作性质和工作环境不同，职业适应也被赋予了不同的内涵。不过一般来说，职业适应通常包含三个方面的内容：心理适应、人际关系适应和职业能力适应。这体现了毕业生的一种能力，而且是一种非常重要的能力，即适应社会的能力。

（一）心理适应

1. 职业心理素质的养成

心理素质是在遗传基础之上，在教育与环境影响下，主体经过实践训练所形成的性格品质与心理能力的综合体现。从心理学角度讲：心理素质包括情感、信心、意志力和韧性等。它的主要特征：一是相对稳定性与可发展性，心理素质始终处于变化发展之中，具有自我延伸的功能。二是综合性，心理素质是人的个性心理品质在学习、工作和生活实践中的综合表现。三是可评价性，心理素质具有优劣高低之分，可以从以下几方面进行衡量——性格品质的优劣、认知潜能的大小、心理适应能力的强弱、内在动力的大小及指向。它对内体现为心理健康状况的好坏，对外影响行为表现的优劣，因而具有社会评价意义。

心理素质是一个人整体素质的基础，也是个人整体素质的核心。职业心理素质是指个体顺利完成所从事的特定职业所必须具备的心理品质，即从业者认知、情感、意志、态度、个性特征等方面的素质，其主要表现为职业需要、职业兴趣、职业道德、职业态度、职业习惯、抱负水平、竞争意识、协作精神等与个体个性倾向性相联系的心理品质，也包括知识经验、智慧、能力、技巧、技能等直接影响职业劳动效率与成就水平的智能因素。法科毕业生进入职场，竞争激烈，对每个人来说，不但机遇与挑战同在，而且成功往往与挫折并存。因此，需要法科毕业生有较强的心理适应性和心理承受力。良好的心理素质能确立稳定的自我意识，使自己能从容应对各种危机，能克服情绪发展的危机，能克服个性发展的危机，能促进其他素质的充分发挥。所以，心态决定成败，要做个成功的职业人士，法科生应当先拥有良好的职业心理素质。

良好的职业心理素质包括：智力正常、情绪稳定、意志健全、思想与行为统一协调、人际关系和谐、行为适度、遇事从容。在从学校到工作单位的适应转换过程中，法科生需要培养自强自信、心态积极、宽容大度、情绪良好、耐受力强的心理素质。如何在职场变化加剧、竞争激烈的环境中保有强大的职业适应力和可持续发展能力，职业心理素质的培养非常关键。

2. 明晰自我认识

卡耐基说："我非常相信，这是获得心理平静的最大秘密之一——要有正确的价值观念。而我也相信，只要我们能定出一种个人的标准——就是和我们的生活相比，什么样的事情才是值得的标准，我们的忧虑有50%可以立刻消除。"人为什么会产生痛苦、不安、犹豫和彷徨？归根结底是因为不清楚自己到底要什么，也就是说，自己没有清晰的价值观和人生定位。所以，拥有好的职业心理素质的第一步就是要彻底认清自我。自己的心理素质究竟如何？这是一个首先要对自己提问的问题。一个人的心理素质在不同的方面的体现不一定一样，在有些方面是强项，而在有些方面可能是弱项。例如有的学生一到考试就焦虑，看到题目就忘答案，越做越紧张，而可能他在人际交往上却轻松自如，即便遇到十分棘手的人际问题，他也能不急不躁，游刃有余地化解开来。因此，首先要看清楚，哪些是自己心理把握能力的弱项，哪些是强项。中国有句俗话，叫"知己知彼，方能百战百胜"。看清自己的弱项和强项是第一步。只有看清楚了缺点才有改正它的目标和动力。学会把自己放到范围广大的领域中从多方面、多途径了解自我，尽可能对自己有一个较为全面客观的了解和认识。个体对自己心理能力的体验和估计，主要表现为相信自己的力量，确信自己所追求的目标是正确的，并坚信自己有能力去实现所追求的目标。自信心不仅是战胜困难、完成好各项工作的基础，也是保持个人心理健康的核心要素之一。职业自信心的培养有利于帮助学生正确认识自己的优势和发展潜力。

3. 把握自己的情绪

部分初涉职场的新人因为经验不足，心理上不适应，加之在工作上不出彩，或在工作上不够积极主动，易受到领导的指责或批评。曾有职场新人在赌气的情况下，一脸不服气地看着领导，当着同事的面，把文件往领导桌上一摔，说："我不干了！"然后昂首挺胸地走出办公室，但事过之后，再细想一番竟是后悔莫及。职场新人这种控制不住的情绪，最终会"毁"了自己来之不易的机会。人的脑能量是无限大的，也因此酝酿出各种各样的情绪，一旦被情绪影响与操控人生。情绪是一个人心理活动的最直接也是最真实的外在反映，认知心理学家认为，思维决定情绪，也就是对人、对事件、对环境进行的解释，内心有什么样的想法就会有什么样的情绪体验和情绪表现。那么，一个人在面对困境、面对挫折的时候，会表现出怎么样的情绪呢？其实通常情况下，最常见的无非就是紧张、焦虑、烦躁、失落和抑郁等消极情绪体验。试想人们在这样的情绪体验下，能做好什么样的事情呢？再有能力的人又能发挥出多高的水平来呢？因此把握自己的情绪是有效克服和提高心理素质的关键。在职场中要避免产生不良情绪，控制好自己的情绪对工作前途和同事关系都有一定的影响。学会控制会让你变得更成熟。增强理智感，遇事多思考，多想想别人，多想想事情的后果，认真对待，慎重处理。当你想与人争吵时，也可反复提醒自己："千万别发怒，要冷静。"这样，就可以遏制情绪冲动，避免不良后果。为了获得成功，必须要做情绪的主人，无论遭遇什么挫折、受到什么委屈，要把它看成生活中平常的事情，这是个人成长的必要经历，要从这些经历中吸取经验、教训，逐步适应和熟悉，要学会调节、时刻保持理智和积极的心态，调整自己的情绪，尽快适应环境。

4. 提高受挫力

在巨大的职业压力下，如何调整自己的心态，做到波澜不惊、坦然面对，这是每一个职场人都十分关切的问题。心态调整是一个复杂的心理和生理过程，适当的挫折不但有助于更好地认识自我，也能很好地培养心理素质。因为人其实是感知耗损型的生物，人对同一事物的感觉，随着次数的增加和时间的推移，会由激烈逐渐趋于平缓，感觉敏感度会呈一个下滑的趋势。网上有一篇题目是《心胸，是被痛苦和委屈撑大的》的文章。此文中写了一个沙粒与蚌的故事：一粒沙粒进入蚌内，蚌不舒服，但它用体内的营养把沙粒包围，最后沙粒变成了美丽的珍珠。这故事给人启发、思考。法科生要学习蚌，要用委屈去撑大自己的心胸，这就是历练、这就是成长。历练是为了更好地成就最好的自己。比如有些法科生毕业后选择去北、上、广、深等一线城市工作，在一个大的区域和平台，机会更多、眼界更为开阔，站得高、看得远，但对扎根过程中的心酸和付出也要有心理准备，即需要承载更多的压力和竞争，这也是督促自己不断学习和提升自己的动力。

5. 进行自我调节

运用心理调节技术，培养良好的心理素质。一是寻找有利的环境支持。法科生的环境支持主要是社会环境和人际关系，要学会改变自身的环境条件，搭建有利自身心理素质健康发展的平台。二是学会行为改变技术：（1）观察与模仿学习。榜样的力量是无穷的。法科生要注意给自己寻找良好的榜样，向身边的优秀榜样学习，直至形成良好的行为习惯。（2）放松训练技术。放松是使身体或精神由紧张状态过渡到松弛状态的过程。这需要在安静的环境中按一定要求完成某种特定的动作程序，使法科生学会有意识地控制自己的心理活动，从而达到身心放松、防病治病的作用。（3）宣泄疗法。当心理出现适应不良、矛盾冲突和消极情绪时，法科生应尽早进行调整和宣泄，使压抑的心境得到缓解和减轻。常用的宣泄技术有谈话宣泄、书写宣泄、运动宣泄、哭泣宣泄等。总之，具备积极心理品质可以促进个体的职业适应能力的发展。

在严峻的就业形势下，法科生获取一份满意的工作相当不容易。一份满意的工作仅仅是职业生涯的开始，并不意味着职业生涯的成功。离开校园初入职场，面对开始的不适应，大家一定要有积极主动、迎接挑战的心态，争取有个良好的开端。调整心态、尽快适应职场、完成从学生角色到工作角色的转变，是职场新人的首要任务。

（二）人际关系适应

孟子说过："天时不如地利，地利不如人和。"这里所说的"人和"就是人际关系。戴尔·卡耐基在他的《成功之路》一书中论及："一个人在事业上的成功，只有15%是靠他的专业技能，另外85%要靠他的人际关系和处世技巧。"吉米·道南和约翰·麦克斯韦尔在他们的《成功的策略》一书中论及："无论你干哪一行，或者从事何种职业或专业，学会处理人际关系，你就在成功的路上走了85%的路程。"与象牙塔里单纯的人际关系不同，踏入了职场，人际关系也相应地复杂了起来。

职场人际交往的过程，其实就是心理博弈的过程，也是摸索规律，建立规则的过程。在职场生活中，无论同学们扮演什么角色，出于任何一种合作关系、权威关系或是竞争关系，都不可避免地与他人产生一些心理较量，在这个过程中最重要的就是沟通能力。职场中有很多规则存在，而利于我们适应职场环境的规则与方法，被称为"生存法则"，而"生存法则"就是人与人的沟通产生的人际关系网，有一个良好的人际氛围，所以，学会与人相处，懂得与人沟通，就必须要提升自己的沟通能力。

职场关系常常因人而异，对待领导，最重要的工作是请示和汇报。普通员工所做的工作也是领导从手中拆分出去的，领导掌握更多信息，并随时要带领队伍调整方向。所以，向领导及时请示汇报工作尤为重要，这关系到领导了解实际工作进展，便于其作出最合时宜、最恰当的决策。有了更好的方向决策，团队的工作才会取得相对有效的成果。领导也会在此过程之中了解员工的价值和工作方式，久而久之，在职场中员工甚至会有更多提升的机会。坦然表达自己的愿望，凭实力说话，大胆参与竞争，同时也尊重同事的选择和实力，不搞小团体，避免非正当的竞争行为，保持一个良好的心态，在过程中努力，自然会赢得良好的人际关系，当举步维艰之时，常问问自己，什么是自己最需要的，作出选择，解开困扰。

（三）职业能力适应

职业能力适应是人们在社会化过程中以职业发展为目标，定向形成和发展的专项社会适应能力。工作价值观会影响职业适应能力。一项质性研究发现，职业价值观将会影响个体从学校到工作的顺利转换、工作态度与工作行为，并进一步影响其工作幸福感。职业适应能力根据职业性质可分为一般职业适应能力和特殊职业适应能力。法律是靠人来执行的，所谓“徒法不足以自行”，这对法律人提出了极高的道德标准和专业素养要求，只有具备健全人格和良好道德操守的法律人才能担当起公正执法的重任。因此，因其工作内容和工作对象、工作职责限定的“特殊”，对从业者职业适应能力的要求不仅着眼于一般职业适应能力，而且对其工作价值观有更高的要求，比如具备使命意识、责任意识、探索精神等。

1. 使命意识

随着中国特色社会主义事业不断发展，法治建设也必将承载更多使命。无论是完善市场经济，还是进一步提高国家治理体系和治理能力现代化，很多工作都依托于标准化建设，需要法治保驾护航。法科毕业生必须具有较高的政治素质，坚定的政治立场，要始终忠于党、忠于人民，具有较强的政治战斗力。有一篇文章很有名，叫《法律人为什么会变坏》，里面阐释了一个深刻的道理：如果一个学法之人自身的道德水准与专业素养不匹配，那么法律在其手中只会成为作恶的工具。学法之人相比于其他人，更容易执掌权柄、面对诱惑，因此不可缺少道德感的鞭策、正义感的约束和伦理感的引领。过硬的思想政治素质相当于一层攻不破、腐不坏的防护罩，能够确保其在工作过程中不被侵蚀，能把法律公平正义的初衷不断地贯彻下去，能把法律的精神发挥到最大化，守住法律的底线。

此外，目前基层和欠发达地区法律服务资源不足、高端人才匮乏，对法律人才需求量大。法科生应冷静分析现状，增强使命感，树立面向“基层法治”“西部法治”的就业理念。

2. 爱岗敬业

爱岗敬业是对工作负责的第一步。爱岗就是打心底里接受工作岗位，敬业就是对职业心存敬畏之心。理解职业是形成敬业精神的认知基础。首先，准时上班。作为一个新人，不仅要准时上班，而且不要到下班时间就马上离开，可能还要付出晚上或周末的时间完成上级交给你的临时性紧急任务。灵活性、合作性、服从力会获得加分。其次，做好日程管理。工作要有计划，每周达成哪些任务，每月有哪些任务目标。设定每项活动具体明确每天要做什么。再次，要学会区分事情的重要性，分清轻重缓急，找出正确的做事顺序。最后，在各项工作中找到平衡。

3. 责任意识

职场责任感是指身处工作中的人应该秉持一个积极解决问题、主动完成任务、忠于企业和行业、具备高度品质意识的心理预备状态。很多法科生刚参加工作，就经常抱怨工作简单枯燥。诚然，有一定难度的工作能够激发人的工作热情，但是在职场中，很多一般的工作如果做不好，同样会给部门的发展带来危害。而且，如果连一般的工作都做不好，上级又怎敢把有难度的工作交给你去做呢？因此，大部分用人单位都会让刚毕业的大学生到基层工作，一是让新人充分了解单位的运行情况，二是锻炼新人的工作能力。作为一个职场新手，不能只想做大事，不要认为做一些技术含量不高的事就是大材小用。既然选择了这份工作，不论岗位是否重要，一定要有责任心，把每件小事做好。职场犯错会给组织造成经济利益或社会信誉的损失，严重的话会影响组织的整体发展。所以责任心强的人，思考问题应从维护集体利益角度出发，全力以赴，寻求对策，不计个人得失，脚踏实地，不断积累工作经验。要珍惜初次就业机会，不要意气用事，还没有完全了解工作就作出简单判断，觉得单位对自己的成长发展、生活改善不会有太大的帮助，轻易离职，选择放弃。其实在工作中，一定要懂得付出，不要那么急功近利，马上想得到回报。踏实做人，潜心做事，不要担心此时此刻的付出得不到回报，要学会等待时机的成熟。

什么叫作不简单？把简单的事情千百遍都做好，就是不简单。什么叫作不容易？把大家都认为容易的事情非常认真地去做好，就是不容易。很多情况下，安排新人做简单、枯燥的工作，很大程度上是为了考察新人的责任感。责任感是对职场人最基本的要求，只有负责任，才能认真完成每一件小事，只有把小事做好，自己又主动，才能争取到“做大事”的机会。

4. 探索精神

法律职业入门难，到法院、检察院工作既要通过公务员考试，又要通过国家法律职业资格考试；即使不进入体制内，而是做律师，要取得律师执业证平均也需要 2—3 年的时间。此外，法律行业是一个需要经验积累的行业，法科生要把法律知识转换成生产力，还需要一个经验积累和不断探索的过程。法律的变动、互联网和人工智能的发展都需要法科生不断学习、深入研究，在学习中去认识和解决新的问题，具有探索精神，在专业上更加精进，技能上持续磨炼，拥有过硬的专业功底和干练的专业素质。

比如法官、律师等应侧重学习部门法学、关注法律职业考试；卫生行政执法人员还要强化学习医学知识，重视医事法学的学习和实践；其他公务员要突出组织管理能力、文字写作、统计和信息处理能力、人际交往能力；教师或研究人员要加强法学理论修养，对学科前沿或有争议问题应有思考力、语言表达和学术论文写作能力，提高英语水平以及关注研究生考试和学位教育等；公司企业法务或管理人员要侧重相关部门法学的学习和运用，如保险法、公司法、知识产权法等，以及补充学习经济学、管理学、公共关系学等知识。

法科生必须保持不断探索的精神以及学习的习惯，更新知识，保持较高的知识新鲜度，通过接触各种各样的人和事，处理纷繁复杂的法律事务，对社会和人的认识也会更加深刻。

第二节　实现职业发展

职业发展是致力于个人职业道路的探索、建立、取得成功和成就的终身的职业活动。职业发展就是在自己选定的领域里，在自己能力所及的范围内，成为最好的专家。一种是自然顺势发展。就是当职业符合自己的个人意愿时，在完成职业的要求中熟能生巧，自然而然地也就达到一个更高的境界。比如一个爱好写作的人应聘到一家报社做记者，时间一长，写得越多，顺理成章地就成了一名作家，甚至是较有影响的作家。另一种则是人为努力的发展。就是当职业并不符合自己的个人意愿但无法改行时，自己在履职过程中渐渐培养起对现行职业的热爱，由此积累经验，获得意外的成功。比如一个法科毕业生被录用到一家企业搞营销，一开始很不适应，但无法改行，只好慢慢地去适应、习惯，居然渐渐地对营销产生了浓厚的兴趣，成为一代营销大师。这是所谓歪打正着。法科生的就业范围很广泛，涉及多个行业，可以从政、从商、从学、从企等。每一位法科生根据自己的爱好、特长、性格和社会资源综合考虑适合自己的职业；通过长期的某种职业工作，积累丰富经验；通过不断学习、受培训、受教育，智力、知识、技能、人际交往能力得到提高，实现职业发展。

一、树立职业形象

商业心理学的研究报告表明：人与人之间的沟通所产生的影响力和信任度，主要是来自以下三个方面：语言，语调，形象。它们的重要性所占的比例分别是：语言占7%，语调占38%，形象占55%。由此可见，形象对一个人是多么重要。形象主要是指人的体形、肤色、面容、神态、服饰、风度等几个方面。从心理学的角度来看，形象就是人们通过视觉、听觉、触觉、味觉等各种感觉器官在大脑中形成的关于某种事物的整体印象，简而言之是知觉，即各种感觉的再现。

有一点认识非常重要：形象不是事物本身，而是人们对事物的感知。不同的人对同一事物的感知不会完全相同，因而其正确性受到人的意识和认知过程的影响。由于意识具有主观能动性，因此事物在人们头脑中形成的不同形象会对人的行为产生不同的影响。人与人之间的交往通常首先是通过形象来对彼此作出初步的感性化的判断和评价。因为当一个人对你的内在不太了解的时候，言谈举止、服装外貌等一些外在的表现就成了别人唯一的判断标准。人都是感性的动物。当人们无法最初用理性来作出正确判断时，他们宁愿选择相信自己的眼睛和耳朵，根据自己所看到的，所感受到的来对陌生人作出评价。

而职业形象是指社会和他人对一个人从事某项职业的总体印象和态度。良好的职业形象既是职业的体现又是从业人员素质和水平的象征，尤其是良好的第一印象，这是成功树立职业形象的开端，在职业生涯中的作用也是至关重要的。

（一）良好职业形象的特征

一是职业从业者的外在美。即在职场中，个人的外在形象与社会对该职业的期待相吻合。任何职业形象都有一个约定俗成的标准，个人在职场中的外在表现如服饰、发型、言行、举止等需要符合社会对这一角色的职业期待。如果一个人的着装逾越了社会对从业者职业形象的认知底线，那就会给人留下不良的印象。二是职业从业者的内在美。与外在美相比，内在美的境界更高，更能够持久地树立良好的职业形象。人的内在形象是指人的内在修养，它主要包括道德情操、理想追求、心理状态、文化水平、审美情趣、人际关系等，而亲和的态度、谦逊的作风和诚实守信的为人是内在美的主要表现，当然这些修养都必须借助外在形象才能更好地表现出来。

良好的形象能够帮助获得“信任”，至少有如下三点理由：第一，一个人的外在形象跟自身素质密切挂钩，形象不断变好也是素质不断提升的过程。曾经有一位法国美容专家这样说过：“不要小看一个能够长久保持优美身材的女人，这通常表明，她是一个顽强和很有自制力的女人。”这就是说，女人美丽的身影能折射出她的内涵与素养。第二，良好的形象更容易获得别人的好感，能影响别人的评价，因此职业形象也是一种资本，形象就是第一张名片，良好的形象有助于人际关系的建立，人际关系就是人脉资源，人脉是每个人职业生涯最重要的财富。第三，良好的形象能让人变得自信，特别是在洽谈、演讲、聚会等多种情景下，良好的职业形象会有助于完成重要的任务。

良好的职业形象是职业成功的重要条件之一，对刚进入职场的法科毕业生来讲，具有不可低估的作用和意义。

（二）树立良好第一印象

研究表明，第一次见面的最初几分钟，是印象形成的关键期。第一印象是职业形象的特定组成部分，它在职业形象中具有特殊的地位和作用。第一印象效应也叫首因效应、首次效应或优先效应，是由美国心理学家洛钦斯首先提出的，指交往双方形成的第一次印象对今后交往关系的影响，是“先入为主”带来的效果。第一印象具有良好的“思维定式效应”、“形象光环效应”和“认识先入为主效应”。第一印象一旦形成，就会左右人们日后对对方的看法。当再次见到这个人的时候，就会带有一定的倾向性，并且这种倾向性深植心底，难以改变。虽然这些第一印象并非总是正确的，但是最鲜明、最牢固的，并且决定着以后双方交往的进程。如果在初次见面时给人留下良好的印象，那么人们就愿意接近，彼此也能较快地取得相互了解，并会影响人们以后一系列行为和表现的解释。这些听起来似乎很可笑，但事实上，细节往往决定成败，比如整洁的着装总是给人一种信赖感。反之，对于一个初次见面就引起对方反感的人，即使由于各种原因难以避免与之接触，人们也会对之很冷淡，在极端的情况下，甚至会在心理上和实际行为中与之产生对抗状态。

因此，法科毕业生初入职场，应格外重视自己的职业形象，要树立良好的第一职业印象，不仅要使自己的行为和修养符合良好职业形象的共同特征和标准，更要注意树立良好的第一印象。

(三) 注重职场礼仪形象

我国历史悠久，享有“礼仪之帮”的美誉，礼仪是人修身养性、持家立业的基础。从某种意义上讲，礼仪比智慧和学识都重要。职场礼仪不仅可以有效地展现一个人的教养、风度、气质和魅力，还能体现一个人对社会的认知水平、个人的学识以及内在素养。因此，职场礼仪作为工作中一门重要的学问，对于刚走向职场的法科生同样有着很重要的意义。只有掌握它、应用它，才能更好适应工作，适应社会。

职业礼仪形象是指人们在特定的职业活动中遵循职业岗位的行为规范所展现出的形象。礼仪形象集中反映了一个人的个性气质、道德品质、审美修养与文化品位。每个人所具备的职业素质需要通过职业形象展现出来，遵循基本的职业礼仪规范也是塑造良好职业形象的重要条件，将会提升个人职业化程度，职业礼仪不仅是人际关系的“调节器”，更是职场成功的“助跑器”，这样才能在职场中赢得别人的尊重，才能在职场中获胜。

1. 以礼待人

礼貌和礼节是一种无声的语言，它体现了一个人的修养和内涵。礼貌，是世界上最受欢迎的“通行证”。爱默生有一句名言：“美好的行为比美好的外表更有力量。美好的行为，比形象和外貌更能带给人快乐。这是一种精美的人生艺术。”

职场上的社交礼节有很多，例如：在公众场合，不要大声喧哗。社交过程中，握手的时候，双方力度要相当，表示相互的尊重；女方先伸手，长者先伸手，上级先伸手；如果客人来访，主人先伸手，客人要离别时客人先伸手；握手时不要戴墨镜，不要戴手套。打电话时要言简意赅，语气温和；早上七点之前，晚上十点之后不要往他人家中打电话。发名片时要双手递上，名片正对对方，接到名片，要仔细看一遍，适当表示好奇，以示尊重。看见客人要起立迎接，主动让座，端茶递水。拜访之前要记得预约，准时拜访等。

2. 仪表端庄

仪表是职业形象的基本外在特征，端庄的仪表会给人留下良好的第一印象。作为职业新人，初到工作单位，法科毕业生一定要注意自己的着装打扮，衣着上尽可能地摆脱学生时代的稚嫩装扮，衣服要符合自己的职业身份和个性特点，稳重又不失个性。女生着装要表现得庄重大方，避免低胸露背装、烟熏妆和超短裙等过于夸张、前卫的打扮，始终保持积极向上的良好形象。男生发型要定期修理，注意清洁卫生，给人传递出踏实、清爽、干练、可靠的感觉，这样才能赢得领导和同事的好感和信任，产生好的第一印象。

良好的职业形象，除了穿戴要干净整洁，还体现在言行举止的大方得体上。温文尔雅、大方得体、以礼待人、不卑不亢的行为举止是一个人综合实力的表现。一个人在职场里应该追求优雅的风度，这是从骨子里流露出的一种文化积淀。有时候，一个微笑可以让人感觉很温暖、很亲切，它往往能感染身边的人。一个言行举止、大方得体的人，到哪里都会受人欢迎。一种优雅的社交姿态往往是落落大方、不卑不亢。通常人们都喜欢和脸上带着笑容的人交谈，因为人的心情是可以互相感染的，好的心情能够带给别人好的精神面貌与愉悦的感受。温文尔雅、面带微笑的人也更容易获得别人的信任。如果还能够做到言辞幽默、侃侃而谈，那就是锦上添花了，必定会在别人心中获得很高的评价。

3. 诚实守信

在职场里，需要不失约、不失信的诚实守信的美德。自觉遵守职场的作息时间和其他规章制度，讲求信用，是得到同事赞誉的前提。守时是一个人职业化的标志，守时就是遵守承诺，按时到达约定的地方，没有借口，没有例外，任何时候都要做到。即使偶尔是因为特殊原因不得不失约，也要提前打电话通知对方，并向对方表达歉意。这不是一件小事，它代表了你的素质与做人的态度；迟到不守时就是对别人的不尊重；因此守时是一种礼貌，一种尊重，一种信誉。

总而言之，良好的职业印象有利于法科生在走上工作岗位后尽快在单位站稳脚跟，有利于建立工作的良好起点并顺利发展。但法科生不能片面追求让对方产生好的印象，而是应该尽快把自己融入集体当中，全方位地展示自己的才华；不应仅满足于良好的第一印象，更应通过长期的不懈努力，以自己良好的内在品质、正直的为人和出色的工作成绩去建立更高层次的长期的良好职业印象。

二、提升职业素养

近年来用人单位非常重视毕业生的职业素养，对毕业生职业素养的客观要求决定了具备良好的职业素养将有利于提高法科生应对职场变化的适应能力。那么，法科毕业生该提升哪些方面职业素养呢？

(一) 尊重法律，依法办事

法科毕业生进入工作岗位后成为依法执政、依法行政的中坚力量。他们的法治思维、依法办事的能力将直接决定依法执政理念的落实、影响依法行政的效果，也直接关系到整个社会主义法治国家建设的成败。所以，他们要牢固树立社会主义法治理念，努力提高法治素养，模范遵守宪法和法律；要始终把“法”字放在心上，真诚地尊重法律、信仰法律、敬畏法律，自觉地把法律作为处理各种问题的准则；要坚持依法决策，严格按照法定的权限、程序和方式执行公务，要强化遇事找法的思维，凡做决策、处理问题，先找法律依据，问问法律是怎么规定的，看看提出的处理措施是否符合法律规定；要严格依法履职，做到权由法定、权依法使，法定职责必须为、法无授权不可为；要强化人民授权和职权法定的思维，切实尊重和保护人民权利，自觉接受监督和承担法律责任，把权力的运行置于法律的制约、监督之下，按制度办事，用制度管事管人管权，任何时候都不能让权力游离于法律之外；要强化底线思维，做遵守法律的表率，始终坚持以法律为准绳，对照国家的法律法规，严格约束和规范自己的言行。

(二) 公平正义，办事公道

促进社会公平正义应该作为法科生工作的核心价值追求。从一定意义上说，公平正义是生命线，司法机关是维护社会公平正义的最后一道防线。政法战线要“肩扛公正天平、手持正义之剑”，以实际行动维护社会公平正义，让人民群众切实感受到公平正义就在身边。要重点解决好损害群众权益的突出问题，决不允许对群众的报警求助置之不理，决不允许让普通群众打不起官司，决不允许滥用权力侵犯群众合法权益，决不允许知法犯法造成冤假错案。

同时，维护社会大局稳定是政法工作的基本任务。要处理好维稳和维权的关系，要把群众合理合法的利益诉求解决好，完善对维护群众切身利益具有重大作用的制度，强化法律在化解矛盾中的权威地位，使群众由衷感到权益受到了公平对待、利益得到了有效维护。要处理好活力和秩序的关系，坚持系统治理、依法治理、综合治理、源头治理，发动全社会一起来做好维护社会稳定工作。

(三) 立党为公，执法为民

法科生要坚定对马克思主义的信仰，坚定对社会主义和共产主义的信念，不断增强道路自信、理论自信、制度自信；坚持中国共产党的领导，坚持党的基本理论、基本路线、基本纲领、基本经验、基本要求不动摇；把牢政治方向，坚定政治立场，严守政治纪律和政治规矩，增强党性修养，做到对党和人民绝对忠诚。要弘扬爱国主义精神，坚决维护国家安全、荣誉和利益，维护党和政府形象、权威，维护国家统一和民族团结；保守国家秘密和工作秘密，同一切危害国家利益的言行作斗争。要坚持以人为本、执政为民，全心全意为人民服务，永做人民公仆；坚持党的群众路线，密切联系群众，以人民忧乐为忧乐，以人民甘苦为甘苦；坚持人民利益至上，把实现好、维护好、发展好最广大人民根本利益作为工作的出发点和落脚点，切实维护群众切身利益。

(四) 恪尽职守，勤勉尽责

法科生要服务大局、奋发有为、甘于奉献，为党和人民的事业不懈奋斗；坚持原则、敢于担当、认真负责，面对矛盾敢于迎难而上，面对危机敢于挺身而出，面对失误敢于承担责任，面对歪风邪气敢于坚决斗争；精通业务知识，勤勉敬业、求真务实，兢兢业业做好本职工作。

(五) 遵纪守法，廉洁自律

法科生要带头依法办事，带头遵守法律，牢固确立法律红线不能触碰、法律底线不能逾越的观念，不要去行使依法不该由自己行使的权力，更不能以言代法、以权压法、徇私枉法。要坚持秉公用权、公私分明，办事出于公心，努力维护和促进社会公平正义；严于律己、廉洁从政，坚守道德法纪防线；为人正派、诚实守信，尚俭戒奢、勤俭节约。

三、具备职业道德

党的十九大报告强调指出："要提高人民思想觉悟、道德水准、文明素养，提高全社会文明程度……深入实施公民道德建设工程，推进社会公德、职业道德、家庭美德、个人品德建设，激励人们向上向善、孝老爱亲，忠于祖国、忠于人民。"相对于个人品德，职业道德是社会分工的产物，是与人们的职业活动紧密联系的具有自身职业特征的道德准则和要求，是履行职务行为的规范要求和行为指引。职业道德是专业从业者在特定工作和劳动中，以其内心信念和特殊社会手段来维系的，以善恶进行评价的心理意识、行为原则和行为规范的总和，是从业者在从事职业过程中形成的一种内在约束机制。

在内容方面，职业道德总是要鲜明地表达职业义务、职业责任以及职业行为上的道德准则。因此，职业道德往往表现为某一职业特有的道德传统和道德习惯，表现为从事某一职业的人们所特有的道德心理和道德品质，甚至造成从事不同职业的人们在道德品貌上的差异。

在表现形式方面，职业道德往往比较具体、灵活、多样。它总是从本职业的交流活动的实际出发，采用制度、守则、公约、承诺、誓言、条例，甚至标语、口号之类的形式，这些灵活的形式既易于为从业人员所接受和实行，而且易于形成一种职业的道德习惯。从调节的范围来看，职业道德一方面是用来调节从业人员内部关系，加强职业、行业内部人员的凝聚力；另一方面，它也是用来调节从业人员与其服务对象之间的关系，用来塑造本职业从业人员的形象。从产生的效果来看，职业道德既能使一定的社会或阶级的道德原则和规范的“职业化”，又使个人道德品质“成熟化”。职业道德虽然是在特定的职业生活中形成的，但它绝不是离开阶级道德或社会道德而独立存在的道德类型。

正如恩格斯所说的那样，每一个阶级，甚至每一个行业，都各有各的道德。[①] 因此，不同的职业，具有不同的道德要求。法律职业道德即是指律师、法官、检察官等法律工作群体在其职业行为与社会活动中所应遵循的法律执业伦理规范总和，更具有明显的客观性与社会性，因为它在一定程度上体现了法律职业的权威与严谨地位。人们普遍对法律人执业道德标准的期望和要求高于对普通职业者的。目前我国对法律职业道德的规范性规定主要有最高人民法院《法官职业道德基本准则》、最高人民检察院《检察官职业道德基本准则》、中华全国律师协会《律师职业道德和职业纪律规范》等。法律职业道德要求法律职业群体忠于法律，公开、公平、公正执法；维护司法廉洁，坚持司法为民，维护司法形象；严禁贪污受贿、徇私枉法等有损法律威严、有失司法权威、损害国家和公民权益等失德

① 马克思恩格斯选集．4卷．中共中央马克思恩格斯列宁斯大林著作编译局．北京：人民出版社，2012：247.

违法行为。具体分析如下：

关于法官职业道德。造就一支政治坚定、业务精通、作风优良、清正廉洁、品德高尚的法官队伍，是依法治国、建设社会主义法治国家的重要条件，是人民法院履行宪法和法律职责的重要保障。法官具有良好的职业道德，对于确保司法公正、维护国家法治尊严至关重要。为规范和完善法官职业道德标准，提高法官职业道德素质，维护法官和人民法院的良好形象，我国制定了《法官职业道德基本准则》，指出法官职业道德的核心是公正、廉洁、为民，基本要求是忠诚司法事业，保证司法公正，确保司法廉洁，坚持司法为民，维护司法形象。

《法官职业道德基本准则》在加强法官职业道德建设方面提出了很多具体的要求。比如，在"忠诚司法事业"中，强调要"热爱司法事业，珍惜法官荣誉，坚持职业操守，恪守法官良知，牢固树立司法核心价值观，以维护社会公平正义为己任，认真履行法官职责"；在"保证司法公正"中，明确规定要"严格遵守法定办案时限，提高审判执行效率，及时化解纠纷，注重节约司法资源，杜绝玩忽职守、拖延办案等行为"，强调"审理案件保持中立公正的立场，平等对待当事人和其他诉讼参与人，不偏袒或歧视任何一方当事人，不私自单独会见当事人及其代理人、辩护人"；在"确保司法廉洁"中，强调法官"不从事或者参与营利性的经营活动，不在企业及其他营利性组织中兼任法律顾问等职务，不就未决案件或者再审案件给当事人及其他诉讼参与人提供咨询意见"；在"坚持司法为民"中，明确指出要"尊重当事人和其他诉讼参与人的人格尊严，避免盛气凌人、'冷硬横推'等不良作风"；在"维护司法形象"中，强调"法官退休后应当遵守国家相关规定，不利用自己的原有身份和便利条件过问、干预执法办案，避免因个人不当言行对法官职业形象造成不良影响"等。因此，法官应当自觉遵守法官职业道德，在本职工作和业外活动中严格要求自己，维护人民法院形象和司法公信力。

关于检察官职业道德。在我国，检察机关被定位为"国家的法律监督机关"，检察官承担着"公共利益代表"的重要使命，因此，检察官有着不同于法官、律师的职业道德规范。2016 年 12 月，最高人民检察院发布了《检察官职业道德基本准则》，提出了以"忠诚""为民""担当""公正""廉洁"为主要内容的检察职业道德准则。第一，坚持忠诚品格，永葆政治本色；第二，坚持为民宗旨，保障人民权益；第三，坚持担当精神，强化法律监督；第四，坚持公正理念，维护法制统一；第五，坚持廉洁操守，自觉接受监督。

关于律师职业道德。律师是国家的法律工作者，其任务是对国家机关、企事业单位、社会团体、集体经济组织和公民个人提供法律帮助，以维护法律的正确实施，维护国家、集体的利益和公民的合法权益。律师这种工作的性质、任务和特点，决定了其道德规范的主要内容是：忠于宪法和法律，坚持以事实为根据，以法律为准绳，严格依法执业。律师应当忠于职守，坚持原则，维护国家法律与社会正义；应当诚实守信，勤勉尽责，尽职尽责地维护委托人的合法利益；应当敬业勤业，努力钻研业务，掌握执业所应具备的法律知识和服务技能，不断提高执业水平；应当珍视和维护律师职业声誉，模范遵守社会公德，注重陶冶品行和职业道德修养；应当严守国家机密，保守委托人的商业秘密及委托人的隐私；应当尊重同行，同业互助，公平竞争，共同提高执业水平；应当自觉履行法律援助义务，为受援人提供法律帮助；应当遵守律师协会章程，切实履行会员义务；应当积极参加社会公益活动。

关于人民警察职业道德。人民警察队伍是一支有着光荣传统和优良作风的队伍，也是和平年代牺牲最多、奉献最大的队伍。长期以来，人民警察牢记使命、忠诚履职，不怕牺牲、无私奉献，用辛勤的汗水乃至宝贵的鲜血和生命，为捍卫政治安全、维护社会安定、保障人民安宁筑起了一道坚不可摧的铜墙铁壁。人民警察为维护国家安全、社会稳定、人民利益作出重大贡献，恪守忠诚可靠、竭诚为民，秉公执法、清正廉洁，勇于担当、甘于奉献，不畏艰险、团结协作的职业道德。永葆公安队伍忠于党、忠于祖国、忠于人民、忠于法律的政治本色。

关于公务员职业道德。公务员职业道德是社会道德体系中的一个重要组成部分，是公务员职业道德范围内的特殊道德要求，是从事公务员职业的人所应遵循的，与其职业活动紧密联系的道德准则和规范，是公务员政治信仰、工作宗旨、职业理念和道德品质的具体体现。2016 年 7 月，中共中央组织部、人力资源社会保障部、国家公务员局联合印发《关于推进公务员职业道德建设工程的意见》，对引导和规范公务员正确履职尽责具有重要作用，要求把知与行、自律与他律、示范与引领有机结合起来，突出政治性、示范性、约束性、可操作性，以“坚定信念、忠于国家、服务人民、恪尽职守、依法办事、公正廉洁”为主要内容，让公务员真正成为社会主义道德的示范者、诚信风尚的引领者、公平正义的维护者。

法科生是法律职业队伍的后备力量，对于走向工作岗位的法科生来说，法律职业道德的培养是一个将法律职业道德内化的过程，是从感性正义到理性法治的跨越，是道德与法律的结合。法科生需要做到：一是不忘初心，严守底线。有分辨善恶对错的荣辱之心，有实现对公平正义的追求；二是加强学习，谨严辩证。法律职业需要的是法律化的道德，要以法律为准绳，以道德为纽带。因此，对于一个即将走上法律岗位的学生而言，培养法律职业道德的关键是对法律深入的学习，对法律和道德之间的关系的正确认知，法律规范是法律职业道德的底线和原则，“打铁必须自身硬”。

四、遵循职业行为规范

行为规范，是社会群体或个人在参与社会活动中所遵循的规则、准则的总称，是社会认可和人们普遍接受的具有一般约束力的行为标准，包括行为规则、道德规范、行政规章、法律规定、团体章程等。行为规范是在现实生活中根据人们的需求、好恶、价值判断，而逐步形成和确立的，是社会成员在社会活动中所应遵循的标准或原则，由于行为规范是建立在维护社会秩序理念基础之上的，因此对全体成员具有引导、规范和约束的作用。引导和规范全体成员可以做什么、不可以做什么和怎样做，是社会和谐重要的组成部分，是社会价值观的具体体现和延伸。根据法科生主要从事的职业分类，主要法律职业行为规范如下。

（一）法官行为规范

为大力弘扬“公正、廉洁、为民”的司法核心价值观，规范法官基本行为，树立良好的司法职业形象，根据《中华人民共和国法官法》和《中华人民共和国公务员法》等法律制定的，最高人民法院于2005年11月4日发布试行，于2010年12月6日修订后发布正式施行的《法官行为规范》，在“一般规定”中对我国法官职业行为规范明确提出了“公正司法、清正廉洁、一心为民”的要求，并要求在各个工作环节的具体规定中加以贯彻和体现，主要包括以下内容。

（1）忠诚坚定。坚持党的事业至上、人民利益至上、宪法法律至上，在思想上和行动上与党中央保持一致，不得有违背党和国家基本政策以及社会主义司法制度的言行。

(2) 公正司法。坚持以事实为根据、以法律为准绳，平等对待各方当事人，确保实体公正、程序公正和形象公正，努力实现办案法律效果和社会效果的有机统一，不得滥用职权、枉法裁判。

(3) 高效办案。树立效率意识，科学合理安排工作，在法定期限内及时履行职责，努力提高办案效率，不得无故拖延、贻误工作、浪费司法资源。

(4) 清正廉洁。遵守各项廉政规定，不得利用法官职务和身份谋取不正当利益，不得为当事人介绍代理人、辩护人以及中介机构，不得为律师、其他人员介绍案源或者给予其他不当协助。

(5) 一心为民。落实司法为民的各项规定和要求，做到听民声、察民情、知民意，坚持能动司法，树立服务意识，做好诉讼指导、风险提示、法律释明等便民服务，避免"冷硬横推"等不良作风。

(6) 严守纪律。遵守各项纪律规定，不得泄露在审判工作中获取的国家秘密、商业秘密、个人隐私等，不得过问、干预和影响他人正在审理的案件，不得随意发表有损生效裁判严肃性和权威性的言论。

(7) 敬业奉献。热爱人民司法事业，增强职业使命感和荣誉感，加强业务学习，提高司法能力，恪尽职守，任劳任怨，无私奉献，不得麻痹懈怠、玩忽职守。

(8) 加强修养。坚持学习，不断提高自身素质；遵守司法礼仪，执行着装规定，言语文明，举止得体，不得浓妆艳抹，不得佩带与法官身份不相称的饰物，不得参加有损司法职业形象的活动。

(二) 检察官行为规范

为规范检察官职业行为，保障和促进检察官严格、公正、文明、廉洁执法，最高人民检察院于2010年下发了《检察官职业行为基本规范（试行）》（简称《规范》），对检察官职业行为提出了统一要求。

《规范》对检察官职业信仰、履职行为、职业纪律、职业作风、职业礼仪、职务外行为等多个方面进行了详细规定。其强调检察官要坚定政治信念，维护国家安全、荣誉和利益，坚持党的事业至上，坚持人民利益至上，坚持宪法法律至上，维护公平正义，促进司法公正。

《规范》要求：检察官要坚持依法履行职责，严格按照法定职责权限、标准和程序执法办案，不受行政机关、社会团体和个人干涉；坚持客观公正，忠于事实真相，使所办案件经得起法律和历史检验；坚持打击与保护相统一，依法追诉犯罪，尊重和保护诉讼参与人和其他公民、法人及社会组织的合法权益；坚持实体与程序相统一，以程序公正保障实体公正；坚持惩治与预防相统一，依法惩治犯罪，立足检察职能开展犯罪预防；坚持执行法律与执行政策相统一，实现执法办案法律效果、社会效果、政治效果的有机统一；坚持强化审判监督与维护裁判稳定相统一，依法监督纠正裁判错误和审判活动违法，维护生效裁判既判力，保障司法公正和司法权威；坚持重证据，重调查研究，坚决杜绝非法取证，依法排除非法证据；坚持理性执法；坚持平和执法；坚持文明执法；坚持规范执法；重视群众工作，善于用群众信服的方式执法办案；重视化解矛盾纠纷，加强办案风险评估，努力做到案结、事了、人和；重视舆情应对引导，避免和防止恶意炒作；自觉接受监督，提高执法透明度；精研法律政策，维护职业信誉和职业尊严。

《规范》指出，检察官要严守组织纪律，确保检令畅通，反对自由主义；严守廉洁从检纪律，保持清廉本色；严守办案纪律，杜绝违规违纪办案；严守枪支弹药和卷宗管理纪律，确保枪支弹药和卷宗安全；严守公务和警用车辆使用纪律；严格执行禁酒令。

《规范》强调，检察官要慎重社会交往，约束自身行为，不参加与检察官身份不符的活动。从事教学、写作、科研或参加座谈、联谊等活动，应不违反法律规定、不妨碍司法公正、不影响正常工作。

检察官一旦违反职业行为规范，情节轻微的，对其予以批评教育；构成违纪的，依据《检察人员纪律处分条例》予以惩戒；构成犯罪的，依法追究刑事责任。

（三）律师行为规范

为规范律师执业行为，保障律师执业权益，根据《中华人民共和国律师法》和《中华全国律师协会章程》，2017 年全国律协常务理事会审议通过了新修订的《律师执业行为规范（试行）》（简称《律师规范》），该行为规范是律师规范执业行为的指引，是评判律师执业行为的行业标准，是律师自我约束的行为准则。

新修订的《律师规范》明确指出律师应当把拥护中国共产党领导、拥护社会主义法治作为从业的基本要求。律师执业基本行为规范包括：（1）律师应当忠于宪法、法律，恪守律师职业道德和执业纪律。

（2）律师不得利用律师身份和以律师事务所名义炒作个案，攻击社会主义制度，从事危害国家安全活动，不得利用律师身份煽动、教唆、组织有关利益群体，干扰、破坏正常社会秩序，不得利用律师身份教唆、指使当事人串供、伪造证据，干扰正常司法活动。

（3）律师应当诚实守信、勤勉尽责，依据事实和法律，维护当事人合法权益，维护法律正确实施，维护社会公平和正义。

（4）律师应当注重职业修养，自觉维护律师行业声誉。

（5）律师应当保守在执业活动中知悉的国家秘密、商业秘密，不得泄露当事人的隐私。

（6）律师对在执业活动中知悉的委托人和其他人不愿泄露的情况和信息，应当予以保密。但是，委托人或者其他人准备或者正在实施的危害国家安全、公共安全以及其他严重危害他人人身、财产安全的犯罪事实和信息除外。

（7）律师应当尊重同行，公平竞争，同业互助。

（8）律师协会倡导律师关注、支持、积极参加社会公益事业。

（9）律师在执业期间不得以非律师身份从事法律服务。

（10）律师只能在一个律师事务所执业。

（11）律师不得在受到停止执业处罚期间继续执业，或者在律师事务所被停业整顿期间、注销后继续以原所名义执业。

（12）律师不得在同一案件中为双方当事人担任代理人，不得代理与本人或者其近亲属有利益冲突的法律事务。

（13）律师担任各级人民代表大会常务委员会组成人员的，任职期间不得从事诉讼代理或者辩护业务。

律师执业过程中不得有以下行为：（1）产生不良社会影响，有损律师行业声誉的行为；（2）妨碍国家司法、行政机关依法行使职权的行为；（3）参加法律所禁止的机构、组织或者社会团体；（4）其他违反法律、法规、律师协会行业规范及职业道德的行为；（5）其他违反社会公德，严重损害律师职业形象的行为。

（四）人民警察行为规范

公安机关是维护国家安全和公共安全，维护社会治安秩序和社会稳定，保护公民、法人和其他组织的合法权益，保护公共财产，预防、制止、查处和惩治违法犯罪活动的专门力量，担负着维护一方平安、确保一方稳定的重大政治责任。加强公安队伍建设，造就一支政治坚定、业务精通、纪律严明、作风优良、执法公正的公安队伍，是做好公安工作的根本保障。人民警察，是公安机关中依法履行治安行政执法和刑事司法职能且被授予人民警察警衔的工作人员。人民警察须忠于中国共产党、忠于国家、忠于人民、忠于宪法和法律。人民警察必须做到：秉公执法，办事公道；模范遵守社会公德；礼貌待人，文明执勤；尊重人民群众的风俗习惯。人民警察遇到公民人身、财产安全受到侵犯或者处于其他危难情形，应当立即救助；对公民提出的解决纠纷的要求，应当给予帮助；对公民的报警案件，应当及时查处。人民警察应当积极参加抢险救灾和社会公益工作。

人民警察不得有下列违纪违法行为：（1）散布有损党和国家声誉的言论；（2）参加非法组织，参加非法集会、游行、示威等活动，参加罢工；（3）泄露国家秘密、警务工作秘密、商业秘密和个人隐私；（4）弄虚作假，隐瞒案情，包庇、纵容违法犯罪活动；（5）违反规定使用警械、武器；（6）刑讯逼供或者体罚、虐待违法犯罪嫌疑人、被监管人；（7）非法剥夺、限制人身自由，非法检查、搜查人身、物品、场所；（8）敲诈勒索，索取、收受贿赂或者接受当事人及其代理人的请客送礼；（9）违法实施处罚、采取强制措施、办理证照或者收取费用；（10）玩忽职守，不履行法定义务；（11）受雇于任何个人或者组织；（12）从事营利性的经营活动；（13）其他违纪违法的行为。

《中华人民共和国人民警察法》和《公安机关人民警察纪律条令》对社会危害大、影响恶劣的行为和群众反映强烈、严重损害人民警察形象的情形，实行了“零容忍”政策，这充分体现了条令刚性的特点和公安部门从严治警的毅力和决心，成为公安执法人员头上悬着的高压线，这既是公安工作的“紧箍咒”，也是公安工作的“护身符”，因为它让执法者“坚守己道”，不致偏离“出局”。

（五）公证员行为规范

为保证公证员依法履行公证职责，维护和增强公证公信力，根据《中华人民共和国公证法》，公证员应遵守以下行为规范。

（1）忠于法律尽职履责。公证员应当忠于宪法和法律，自觉践行社会主义法治理念；应当政治坚定、业务精通、维护公正、恪守诚信，坚定不移地做中国特色社会主义事业的建设者、捍卫者；应当依法办理公证事项，恪守客观、公正的原则，做到“以事实为依据、法律为准绳”；应当自觉遵守法定回避制度，不得为本人及近亲属办理公证或者办理与本人及近亲属有利害关系的公证；应当自觉履行执业保密义务，不得泄露在执业中知悉的国家秘密、商业秘密或个人隐私，更不能利用知悉的秘密为自己或他人谋取利益；在履行职责时，对发现的违法、违规或违反社会公德的行为，应当按照法律规定的权限，积极采取措施予以纠正、制止。

（2）爱岗敬业规范服务。公证员应当珍惜职业荣誉，强化服务意识，勤勉敬业、恪尽职守，为当事人提供优质高效的公证法律服务；在履行职责时，应当告知当事人、代理人和参与人的权利与义务，并就权利和义务的真实意思和可能产生的法律后果作出明确解释，避免形式上的简单告知；在执行职务时，应当平等、热情地对待当事人、代理人和参与人，要注重其民族、种族、国籍、宗教信仰、性别、年龄、健康状况、职业的差别，避免言行不慎使对方产生歧义；应当严格按照规定的程序和期限办理公证事项，注重提高办证质量和效率，杜绝疏忽大意、敷衍塞责和延误办证的行为；应当注重礼仪，做到着装规范、举止文明，维护职业形象；现场宣读公证词时，应当语言规范、吐字清晰，避免使用可能引起他人反感的语言表达方式；如果发现已生效的公证文书存在问题或其他公证员有违法、违规行为，应当及时向有关部门反映；不得利用媒体或采用其他方式，对正在办理或已办结的公证事项发表不当评论，更不得发表有损公证严肃性和权威性的言论。

（3）加强修养提高素质。公证员应当牢固树立社会主义荣辱观，遵守社会公德，倡导良好社会风尚；应当道德高尚、诚实信用、谦虚谨慎，具有良好的个人修养和品行；应当忠于职守、不徇私情、弘扬正义，自觉维护社会公平和公众利益；应当热爱集体，团结协作，相互支持、相互配合、相互监督，共同营造健康、有序、和谐的工作环境；应当不断提高自身的业务能力和职业素养，保证自己的执业品质和专业技能满足正确履行职责的需要；应当树立终身学习理念，勤勉进取，努力钻研，不断提高职业素质和执业水平。

（4）廉洁自律尊重同行。公证员应当树立廉洁自律意识，遵守职业道德和执业纪律，不得从事有报酬的其他职业和与公证员职务、身份不相符的活动；应当妥善处理个人事务，不得利用公证员的身份和职务为自己、亲属或他人谋取利益；不索取或接受当事人及其代理人、利害关系人的答谢款待、馈赠财物或其他利益；应当相互尊重，与同行保持良好的合作关系，公平竞争，同业互助，共谋发展；不得以不正当方式或途径对其他公证员正在办理的公证事项进行干预或施加影响。公证员不得从事以下不正当竞争行为：（1）利用媒体或其他手段炫耀自己，贬损他人，排斥同行，为自己招揽业务；（2）已支付介绍费、给予回扣、许诺提供利益等方式承揽业务；（3）利用与行政机关、社会团体的特殊关系进行业务垄断；（4）其他不正当竞争行为。

（六）其他公务员行为规范

公务员行为规范，是指国家公务员任职期间，在从事行政事务的管理活动中，在实施决策、执行公务、处理问题、协调行政关系的各项业务工作中所必须遵循的基本原则和行为标准，是对公务员的业务素质要求。

（1）政治坚定。努力学习马克思列宁主义、毛泽东思想、邓小平理论、“三个代表”重要思想、科学发展观、习近平新时代中国特色社会主义思想，树立共产主义理想信念，坚持党的基本理论、基本路线和基本纲领，坚定地走建设有中国特色的社会主义道路，坚定不移地贯彻执行党和国家的路线、方针、政策，在思想上、政治上和行动上与党中央保持高度一致。

（2）忠于国家。热爱祖国，忠于宪法，维护国家安全、荣誉和利益，维护国家统一和民族的团结，维护政府形象和权威，保证政令畅通。遵守外事纪律，维护国格、人格尊严，严守国家秘密，同一切危害国家利益的言行作斗争。

（3）勤政为民。忠于职守，爱岗敬业，勤奋工作，钻研业务，甘于奉献。一切从人民利益出发，热爱人民，忠于人民，全心全意为人民服务，密切联系群众，关心群众疾苦，维护群众合法权益，体察民情，了解民意，集中民智，珍惜民力，力戒形式主义、官僚主义，改进工作作风，讲求工作方法，注重工作效率，提高工作质量。自觉做人民公仆，让人民满意。

（4）依法行政。遵守国家法律、法规和规章，按照规定的职责权限和工作程序履行职责、执行公务，依法办事，严格执法，公正执法，文明执法，不滥用权力，不以权代法，做学法、守法、用法和维护法律、法规尊严的模范。

（5）务实创新。解放思想，实事求是，理论联系实际，说实话，报实情，办实事，求实效，踏实肯干。勤于思考，勇于创新，与时俱进，锐意进取，大胆开拓，创造性地开展工作。

（6）清正廉洁。克己奉公，秉公办事，遵守纪律，不徇私情，不以权谋私，不贪赃枉法。淡泊名利，艰苦奋斗，勤俭节约，爱惜国家资财，反对拜金主义、享乐主义。

（7）团结协作。坚持民主集中制，不独断专行，不搞自由主义。认真执行上级的决定和命令，服从大局，相互配合，相互支持，团结一致，勇于批评与自我批评，齐心协力做好工作。

（8）品行端正。坚持真理，修正错误，崇尚科学，破除迷信。学习先进，助人为乐，谦虚谨慎，言行一致，忠诚守信，健康向上。模范遵守社会公德，举止端庄，仪表整洁，语言文明，讲普通话。

公务员必须遵守纪律，不得有下列行为：1）散布有损国家声誉的言论，组织或者参加旨在反对国家的集会、游行、示威等活动；2）组织或者参加非法组织，组织或者参加罢工；3）玩忽职守，贻误工作；4）拒绝执行上级依法作出的决定和命令；5）压制批评，打击报复；6）弄虚作假，误导、欺骗领导和公众；7）贪污、行贿、受贿，利用职务之便为自己或者他人谋取私利；8）违反财经纪律，浪费国家资财；9）滥用职权，侵害公民、法人或者其他组织的合法权益；10）泄露国家秘密或者工作秘密；11）在对外交往中损害国家荣誉和利益；12）参与或者支持色情、吸毒、赌博、迷信等活动；13）违反职业道德、社会公德；14）从事或者参与营利性活动，在企业或者其他营利性组织中兼任职务；15）旷工或者因公外出、请假期满无正当理由逾期不归；16）违反纪律的其他行为。

（七）企业法律顾问行为规范

企业法律顾问是依法取得企业法律顾问资格，获准持有企业法律顾问执业证书，为聘用单位提供法律服务的专业人员。企业法律顾问对促进依法治国、保障公民的宪法权利、推进民主法制进程、保护市场主体的权利、推动市场经济的发展、维护社会秩序负有特殊的责任。企业法律顾问作为专业法律人士应当关注国家法律的制定与实施，通过高水平的执业活动促进法律的实施与完善。

企业法律顾问的执业权利源自聘用单位的授权及法律法规的规定。企业法律顾问作为聘用单位的代理人，应当按照聘用单位授权的范围和权限，按照法律的规定和企业法律顾问执业规范的要求，为聘用单位提供法律服务，履行各种职责。

企业法律顾问执业行为规范包括：忠实于宪法、法律，服从于法律，维护法律的尊严；诚实守信，勤勉尽责，忠实地维护聘用单位的利益；应当珍视和维护企业法律顾问职业声誉，模范遵守社会公德；应当保守国家机密、聘用单位的商业秘密及个人隐私；应当努力钻研业务，不断提高执业水平；应当尊重同行，同业互助；应当积极参加社会公益活动等。

第三节 职业发展路径

职业发展路径，概括地说就是从业者从自己现在和未来的工作中得到成长、发展和获得满足的强烈愿望和要求。为了实现这种愿望和要求，从业者希望在自己的职业生涯中顺利成长和发展，从而制定自己成长发展的职业计划的实施过程。法科毕业生要发展职业，要成为各行各业的职业精英，就必须要不断地学习，这样才不会在职场的竞争中被淘汰，职业的未来掌握在自己的手中，法科毕业生只有不断地学习才能更好为自己的职业创造更好的舞台。而且，职业发展的每个阶段，都会面临特定的成长任务，也会面临特定的成长难题，法科生应大致了解今后主要从事的职业的发展路径，了解职场环境，了解自己所从事行业、岗位，自己所感兴趣的行业、岗位的职业发展路径与能力发展路径，提高职业素养、工作能力与专业能力。

一、公务员的职业发展路径

按照公务员职位的性质、特点和管理需要可将公务员职位类别划分为综合管理类、专业技术类和行政执法类等类别。公务员职务分为领导职务和非领导职务。领导职务层次分为：国家级正职、国家级副职、省部级正职、省部级副职、厅局级正职、厅局级副职、县处级正职、县处级副职、乡科级正职、乡科级副职。非领导职务层次在厅局级以下设置。综合管理类的非领导职务分为：一级巡视员、二级巡视员、一级调研员、二级调研员、三级调研员、四级调研员、一级主任科员、二级主任科员、三级主任科员、四级主任科员、一级科员、二级科员。综合管理类以外其他职位类别公务员的职务序列，由国家另行规定。新修订的《中华人民共和国公务员法》最大的亮点之一是用职级制度取代非领导职务制度，职务、职级与级别3个因素构成公务员管理的基础，由此引起职务升降、考核、工资等一系列人事制度的连锁变化。职级序列是根据公务员的职位类别和职责设置的，与领导职务序列是并行关系。按照公务员分类管理的原则，职级序列也分为综合管理类职级序列、专业技术类职级序列和行政执法类职级序列。国家统一设置领导职务序列，所有类别的公务员都有机会担任领导职务。国家对综合管理类、行政执法类和专业技术类分别设置不同的职级层次和职级名称。其中，综合管理类的职级层次由下至上分别为科员、主任科员、调研员和巡视员4个层次，每个层次内部再细分为2—4个不同的等级。如科员包括二级科员和一级科员2个层次，调研员包括四级调研员到一级调研员4个层次，巡视员包括二级巡视员和一级巡视员2个层次。

职级的晋升条件同时包括基本条件和资格条件。其中，基本条件涵盖政治素质、工作能力和专业知识与工作实绩、群众公认度、晋升职级所要求的任职年限、资历及清正廉洁等。资格条件是指晋升职级所需的最低任职年限。晋升职级要求在满足基本条件和资格条件的基础上，还需要综合考虑工作需要、德才表现、职责轻重、工作实绩和资历等因素。此外，年度考核结果对所需任职年限具有一定的调节作用，以便更好地体现竞争择优的导向。职级、职务、级别三者共同成为确定公务员待遇的依据。据统计，我国60%的公务员在县以下基层工作，条件艰苦，工作任务十分繁重，直接为老百姓服务，是政府公共服务的主要提供者。习近平总书记强调，中国特色社会主义大厦需要四梁八柱来支撑，党是贯穿其中的总的骨架，党中央是顶梁柱。同时，基础非常重要，基础不牢、地动山摇……要有千千万万名优秀基层骨干，结合实际情况落实好各项工作。

二、法官的职业发展路径

法官是依法行使国家审判权的审判人员，包括最高人民法院、地方各级人民法院和军事法院等专门人民法院的院长、副院长、审判委员会委员、庭长、副庭长、审判员和助理审判员。党的十八届四中全会审议通过的《中共中央关于全面推进依法治国若干重大问题的决定》也明确提出了要推进法治专门队伍正规化、专业化、职业化，完善法律职业准入制度。法官员额制度是我国法院推行法官职业化建设的一项重要内容。法官员额制是指法院从事审判工作的法官按照案件数量、人口密度、法院设置等因素来固定法官人数，集中行使国家审判权的制度。它通过选拔的方式将法院内部的人员分门别类，具体分为三个类别：审判人员、审判辅助人员、司法行政人员。只有审判人员才属于员额制内的法官，其他两个类别的人员则属于员额制度之外的工作人员。将一部分法官入额，从而使得这些法官的工作仅限于审理案件，优化司法资源配置，提升司法公信力。目前我国法官的等级一共四等、十二级：(1) 首席大法官。(2) 大法官：一级、二级。(3) 高级法官：一级、二级、三级、四级。(4) 法官：一级、二级、三级、四级、五级。

三、检察官的职业发展路径

检察官是依法行使国家检察权的检察人员，包括最高人民检察院、地方各级人民检察院和军事检察院等专门人民检察院的检察长、副检察长、检察委员会委员、检察员和助理检察员。中国检察官的级别分为十二级。最高人民检察院检察长为首席大检察官，二至十二级检察官分为大检察官、高级检察官、检察官。近年来实行从基层机关逐层遴选制度，注重检察人员在基层方面的工作经验。随着检察院改革的深入，检察官的待遇会越来越好，同时对想从事检察工作的人来说，其就业也越来越难，需要有专业的基础知识和过强的抗压能力。检察官这一职业随着依法治国的全面深入以及检察改革的进一步推进向专业化、精英化进一步发展。

四、律师的职业发展路径

律师服务事业作为法治建设的一部分，正走在高速发展的道路上。根据司法部公布的数据，截至2020年年底，全国共有执业律师52.2万多人，律师人数超过1万人的省（区、市）有21个，其中超过3万人的省（市）有5个（分别是北京、上海、江苏、山东、广东）。2.93万多家党政机关、人民团体和6 400多家企业开展了公职律师、公司律师工作。从律师类别看，专职律师42.44万多人，占81.23%；兼职律师1.35万多人，占2.59%；公职律师5.91万多人，占11.32%；公司律师1.61万多人，占3.09%；军队律师1 500人，占0.29%。全国共有律师事务所3.4万多家。其中，合伙所2.06万多家，占60.59%；国资所870多家，占2.56%；个人所9 400多家，占27.65%。律师行业发展势头迅猛，但仍难以满足我国社会法治发展对法律服务的需求，随着我国社会主义法制的进一步完善，国家和社会对律师需求的增大是必然的。更多通过国家法律职业考试的法科生可以进入律师行业实现就业：第一种类型为单独执业型，这一类人员在初始执业青年律师队伍中数量比较稀少；第二种类型为团队型，这也是大多数初始执业青年律师的选择。青年律师在执业初始应当明确自身职业规划，根据实际情况不断进行微调。

需重视的是，今后人工智能技术的推广应用，会对律师行业中的人员结构产生重大冲击。相比于人类律师，人工智能技术有着强大的数据储存和运算能力，在法律检索、案例统计、法律顾问等常规业务的处理中有着明显的优势，可以以低廉的成本和精准的运算来提供相关法律服务，并且能够突破物理空间的限制来满足不同地域甚至不同国度客户的需求，在人工智能技术的冲击和市场竞争的挤压之下，那些规则明确、事实简单、程式性强的常规律师业务容易被人工智能技术所取代，对传统的律师助理、实习律师和初级律师等律师行业的从业者需求量会大幅减少。而在那些人工智能所不擅长的业务领域，比如在法律规范空缺、矛盾，事实情势复杂纠葛等情形下，需要进行价值选择、利益权衡、法庭对抗、情感沟通等的新的知识产权问题、侵权纠纷问题、责任配置问题、合规审查和风险控制问题等方面将成为律师新的业务增长点。

五、企业法务的职业发展路径

企业法务是指由企业聘任专门从事企业法律事务工作的企业内部人员，在企业专门负责处理诉讼和非诉讼法律事务的工作人员，需要具备丰富法律知识、专业水平和思维能力、判断能力、识别能力。其职责包括企业合同文本的制定、修改，对客户、员工、供应商合同的拟定、修改、审核；处理及收集整理资料配合律师处理企业有关法律事务；收集、分析与本公司业务相关之法律信息并结合公司情况提出专业意见，针对工作中发现的问题及时提出预防措施，为企业提供咨询和法务意见书，提供客户及员工的法律问题咨询，负责制订企业的各类法律文件等。通过完善管理制度及业务流程、参与交易模式设计、筹划税收、参与商务谈判、参与决策及起草审查合同等法律文件、指导合同履行、处理纠纷等方式帮助企业防范法律风险、降低损失、提升经营绩效。随着市场经济发展和法治化进程的加快，企业对法律顾问的需求急速扩大，这会造成法律顾问数量短缺以及比例过低的局面。企业法务的晋升路径一般为：法务专员—法务主管—法务经理助理—法务经理—法务总监。

六、公安人员的职业发展路径

“公安”广义上是指人民警察，分为公安部门管理的公安警察（狭义“公安”，包括治安警、户籍警、刑警、交警等）、国家安全部门管理的国家安全警察、司法行政系统的监狱人民警察和法院、检察院系统的司法警察五大类，是国家公务员。国家根据人民警察的性质特点和管理需要，对人民警察实行分类管理，建立有别于其他公务员的管理制度。国家建立专门的人民警察职务序列和职级晋升制度，人民警察实行总警监、警监、警督、警司、警员的五级警衔制度。

七、公证员的职业发展路径

公证员指符合法定条件，经法定任职程序取得公证员执业证书，在公证机构从事公证业务的执业人员。根据公证工作的性质和公证业务的实际需要设置的工作岗位。其职责是受理、承办具体的公证事项，草拟、出具公证文书，并在公证书上署名，包括初级公证员（公证员助理、四级公证员）、中级公证员（三级公证员）和高级公证员（二级公证员、一级公证员）。

八、其他岗位的职业发展路径

除以上提及的法科生主要从事职业的发展路径外，社会其他领域对具有“复合型知识结构”的法律人才也是需要的。如法科生可以继续深造，做一名法学学者，到大学担任法学教师，这也是法科学子的一大出路，学而优则师，传道授业，潜心学术，立德树人，从事太阳下最光辉的职业，做知识的传播者、文明的传承者。其可以选择去法律新媒体公司或法律科技公司，或去科研机构做法学研究人员，尤其是现在的互联网公司加大了对科研的投入，专门拨出一部分资金进行科学研发，其对法学研究的人才也有较高需求，比如现在的腾讯公司的腾讯研究院法律研究中心。还有很多法科毕业生会从事会计、审计、证券、环境评估、司法鉴定、房地产咨询、法制宣传等工作，或者从事法律英语翻译工作，翻译法律合同、文书（包括诉状、答辩状以及各种律师信函）、专利文件、法规以及各类市场推广的文件等。

参考文献

1. 河南省高校就业指导统编教材编写组. 大学生职业发展与就业指导财经政法类本科. 开封：河南大学出版社，2016.

2. 解廷民，苏进. 法学专业大学生职业发展与就业指导. 北京：高等教育出版社，2008.

3. 苏文平. 职业生涯规划与就业创业指导. 北京：中国人民大学出版社，2020.

4. 邓基泽. 大学生职业生涯规划与就业创业指导教程. 北京：中国农业大学出版社，2021.

5. 向健杰. 大学生职业规划 20 堂必修课. 广州：花城出版社，2014.

图书在版编目（CIP）数据

法科生职业生涯规划/石经海主编. --北京：中国人民大学出版社，2022.6

21世纪通识教育系列教材

ISBN 978-7-300-30629-2

Ⅰ.①法… Ⅱ.①石… Ⅲ.①法学-专业-大学生-职业选择-教材 Ⅳ.①G647.38②D90

中国版本图书馆CIP数据核字（2022）第087482号

21世纪通识教育系列教材

法科生职业生涯规划

主　编　石经海

副主编　张伟莉　张　亚

Fakesheng Zhiye Shengya Guihua

出版发行	中国人民大学出版社		
社　　址	北京中关村大街31号	**邮政编码**	100080
电　　话	010－62511242（总编室）		010－62511770（质管部）
	010－82501766（邮购部）		010－62514148（门市部）
	010－62515195（发行公司）		010－62515275（盗版举报）
网　　址	http://www.crup.com.cn		
经　　销	新华书店		
印　　刷	天津鑫丰华印务有限公司		
规　　格	185 mm×260 mm　16开本	**版　　次**	2022年6月第1版
印　　张	15.75 插页1	**印　　次**	2022年6月第1次印刷
字　　数	248 000	**定　　价**	38.00元

《　　　　　　　》※任课教师调查问卷

为了能更好地为您提供优秀的教材及良好的服务，也为了进一步提高我社法学教材出版的质量，希望您能协助我们完成本次小问卷，完成后您可以在我社网站中选择与您教学相关的 1 本教材作为今后的备选教材，我们会及时为您邮寄送达！如果您不方便邮寄，也可以申请加入我社的**法学教师 QQ 群：83961183（申请时请注明法学教师）**，然后下载本问卷填写，并发往我们指定的邮箱（cruplaw@163.com）。

邮寄地址：北京市海淀区中关村大街 31 号中国人民大学出版社 806 室收

邮　　编：100080

再次感谢您在百忙中抽出时间为我们填写这份调查问卷，您的举手之劳，将使我们获益匪浅！

基本信息及联系方式：※

姓名：＿＿＿＿＿＿＿　性别：＿＿＿＿＿＿＿　课程：＿＿＿＿＿＿＿＿＿＿

任教学校：＿＿＿＿＿＿＿＿＿＿＿＿＿＿＿＿　院系（所）：＿＿＿＿＿＿＿

邮寄地址：＿＿＿＿＿＿＿＿＿＿＿＿＿＿＿＿　邮编：＿＿＿＿＿＿＿＿＿

电话（办公）：＿＿＿＿＿＿＿　手机：＿＿＿＿＿＿＿　电子邮件：＿＿＿＿

调查问卷：※

1. 您认为图书的哪类特性对您选用教材最有影响力？（　　）（可多选，按重要性排序）
   A. 各级规划教材、获奖教材　　B. 知名作者教材
   C. 完善的配套资源　　D. 自编教材
   E. 行政命令
2. 在教材配套资源中，您最需要哪些？（　　）（可多选，按重要性排序）
   A. 电子教案　　B. 教学案例
   C. 教学视频　　D. 配套习题、模拟试卷
3. 您对于本书的评价如何？（　　）
   A. 该书目前仍符合教学要求，表现不错将继续采用
   B. 该书的配套资源需要改进，才会继续使用
   C. 该书需要在内容或实例更新再版后才能满足我的教学，才会继续使用
   D. 该书与同类教材差距很大，不准备继续采用了
4. 从您的教学出发，谈谈对本书的改进建议：＿＿＿＿＿＿＿＿＿＿＿＿＿＿

＿＿＿＿＿＿＿＿＿＿＿＿＿＿＿＿＿＿＿＿＿＿＿＿＿＿＿＿＿＿＿＿＿＿＿

＿＿＿＿＿＿＿＿＿＿＿＿＿＿＿＿＿＿＿＿＿＿＿＿＿＿＿＿＿＿＿＿＿＿＿

选题征集：如果您有好的选题或出版需求，欢迎您联系我们：

联系人：黄　强　宁丹丽　联系电话：010-62515955/5536

索取样书：书名：＿＿＿＿＿＿＿＿＿＿＿＿＿＿＿＿＿＿＿＿＿＿＿＿＿

书号：＿＿＿＿＿＿＿＿＿＿＿＿＿＿＿＿＿＿＿＿＿＿＿＿＿＿＿＿＿＿

备注：※ 为必填项。